译文经典

新教伦理与资本主义精神

Die protestantische Ethik
und der Geist des Kapitalismus

Max Weber

〔德〕马克斯·韦伯 著

袁志英 译

上海译文出版社

目　录

导　论

　　一个在近代欧洲文明中成长起来的人在研究世界历史时，必然会提出这样的问题：究竟是怎样的状况一环扣一环地导致在西方世界，并且只在西方世界出现了某些文化现象，后者——至少在我们看来——隐含着具有普世意义和普世价值的发展方向？

　　而今，只有在西方，"科学"才发展到了一个为人们所认可的发展阶段。但在世界其他地方，诸如印度、中国、巴比伦和埃及，其实也都有经验性知识，有对宇宙和生命问题的深层思考，也有极为深奥的哲学和神学智慧，极为精妙的学问与观察。然而，得到充分发展而具有完整体系的神学只有在受到希腊影响的基督教那里才会找到（伊斯兰教和印度的一些教派都没有完整的神学体系）；巴比伦等地的天文学缺少数学基础（在此情况下还有如此辉煌的成就越发令人惊叹不已），将数学最早用于天文学的是希腊人；印度的几何学是欠缺推理性"证明"的几何学，真正的几何学是希腊人才智的又一产物，希腊人还进一步创造出了力学和物理学。印度的自然科学虽然在观测方面卓有成就，却缺乏理性的实验。实验的方法可以追溯到古希腊罗马，从根本上来说，它也像现代实验室一样是文艺复兴的产物。因此，特别是在印度，其医学在经验技术方面极为先进，却缺乏生物学尤其是生物化学的基础。至于理性的化学，西方之外的任何文明地区都没有创出。

中国的史学固然高度发达，却没有应用修昔底德的研究方法。印度曾有先于马基雅弗利的治国论，但在亚洲所有的政治思想中没有哪一种取得了可与亚里士多德体系媲美的成就，相关的理性概念也付之阙如。对于一种理性的法学来说，在西方之外的地方，比如印度的弥漫差学派①，在法学方面曾有种种设想或预测，近东也有过大规模的法典编纂活动，印度及一些地方的法律书籍可谓汗牛充栋，然而它们全都没有体系严密的思想形式。而这种体系严密的思维形式对于罗马法以及受其影响的西方理性法学是不可或缺的。权威的教会法形式亦为西方独有。

艺术方面同样如此。其他民族的乐感可能比我们更为敏锐，至少不比我们差。形形色色的复调音乐遍布全世界。西方之外，也有多种乐器的合奏以及多声部的合唱。我们所有

---

① Mimamsa-Schule，梵语，意为"深思和详察"，是古印度六大哲学学派之一。——译注

那些合理音程也早已为人所共知并被计算过，但我们合理而又和谐的音乐，不管是多声部还是和声，都是基于三度和弦的三重泛音来构成的。文艺复兴以来，我们还有取代间隔休止而以理性形式为和声演绎的半音阶法与异名同音法；我们的管弦乐，是以弦乐四重奏为核心加上管乐合奏的整体组织；我们的低音伴奏、记谱系统使谱写和演奏现代音乐作品乃至作品留存成为可能；我们的鸣奏曲、交响曲、歌剧以及最终的诸如风琴、钢琴、小提琴等基本乐器，所有这一切只在西方才有，尽管在其他音乐系统中也有着标题音乐、音诗、变调和半音等表现手段。

说到建筑，尖顶拱门在别的地方也早已成为一种装饰手法，比如在古希腊罗马，在亚洲。尖顶拱门和十字形拱顶相结合的建筑艺术，东方人未必不知。不过，合理地使用哥特式拱顶来分散压力，统摄各种空间结构，特别是将其作为宏伟建筑而扩展到诸如中世纪所创造的那些雕塑和绘画的基础中，这在西方以外的地方是没有的。我们建筑学的技术基础固然来自东方，但后者不知道如何解决圆顶问题，并且也缺少那种合理化的类型（比如在绘画中合理利用线条和立体透视），而这对于任何艺术来说都具有经典意义。此乃文艺复兴所成就我们的。中国早就有了印刷术，但是唯有西方发展出了通过印刷且只有通过印刷才会产生的报纸和期刊。

中国和伊斯兰世界都有各种类型的高等教育机构，其中一些和我们的大学或科学院表面上极为相似。然而一种理性的、系统的专业科学研究以及与之相配套的专门人才，只在西方才有。在这里，首先体现在训练有素的公务员身上，他们不愧是现代国家和现代经济生活的中坚力量。说到公务员，以前对其没有明确的概念，根本就没有想到这个群体对于社会秩序竟是如此重要。毋庸讳言，公务员，特别是那些工作勤恳、训练有素的公务员，自古以来就见诸不同的文明中。可是世界上没有哪个国家、哪个时代像现代西方那样，其全部的生存运转，其赖以生存的政治、技术、经济的基础完完全全端赖业精于勤的公务员组织。社会日常生活中那些最为重要的功能也都操之于技术和商务上受过专门训练，尤其是精通法律的公务员手中。

在中世纪的等级社会里，政治团体和社会团体的等级组织是普遍存在的。不过，"朕即国家"（rex et regnum）式的等级国家只在西方出现过。组成政党，以此争得政权或对权力施加影响，全世界都是如此。然而通过选举"代议制"议会，议会里活跃着的群众领袖和党团领袖组成了对议会负责的政府，这样的代议制却是西方独有的。说到国家，它是拥有合理制定的"宪法"和法律，并由训练有素的公务员按照合理的规则和法令进行管理的政治机构，这样的机构，这样的国家，只存在于西方，尽管在世界其他地方也会出现这种国家的初级阶段。

我们现代生活中最具宿命魔力的资本主义，其情形也大体如此。

"孜孜为利""追逐利润"以及对金钱的贪欲，这本身和资本主义并没有什么关系。无论是侍者、医生、车夫、艺人，还是娼妓、贪官、兵丁、盗匪、十字军士兵、赌徒和乞丐，都有发财的强烈欲望。古往今来，概莫能外。可以这样说，世上任何国家任何时代的任何人，不论其实现发财愿望的可能性客观上有多大，这种念头都会始终纠缠着他。所以说，学习文化史的入门第一课就得说明，一定要抛弃那种幼稚粗浅的看法，即认为资本主义就是贪得无厌的。对于利润永无止境的追逐不仅不等同于资本主义，更有悖于资本主义精神。资本主义对于这种几乎无法遏制的非理性的发财欲念，反倒可以说是一种抑制力量，或者至少是一种理性的缓解。然而，资本主义就是要追逐利润，通过资本主义企业持续的、理性的运作赚取利润，无止境地追求利润，追求经济效益。之所以如此，乃是因为它不得不为之。当整个经济处于资本主义制度之下，任何一个资本主义企业如果不以利用机会营利为导向，那它必定死路一条。为了说得更确切一点，让我们先给资本主义行为下个定义吧。所谓资本主义的经济行为，就是期望利用交换的机会谋取利益的行为，即期望以形式上的和平交易来获取利益的行为。至于形式上和事实上诉诸暴力来获利的行为则另有其特殊法则，如将这种行为与最终以交换营利为导向的行为归于同一范畴，实属不当。要是有人偏要将两者混为一谈，那也只能悉听尊便。[1]只要资本理性地谋求利益，就会依照资本核算来调节自己的行为。也就是说，资本主义的获利行为会被纳入作为获利手段的物力人力的使用计划之中，在企业经营周期结束时，企业资产的货币价值（对于一个持续运营的企业就是被定期估价的货币资产）要超过原有的资本，即超过用于交换获利的物资估值。至于是将全部的生意委托给行商打理（所获之利可能体现为其他货品），还是通过厂房、机械、现金、原材料以及可抵偿债务的半成品和成品的制造企业也罢，反正都是一码事。关键在于要以货币形式进行资本核算。核算的方式既可采用现代簿记的方式，也可采用原始粗放的方式。在此，一切都以收支平衡为依归：一个企业项目启动时要有起始估算；在做出任何决策之前也要有一番核算，以弄清利润空间的大小；在该企业项目结束之时也要进行收支结算，以确定利润的多寡。比如一次"康曼达"交易，开始时资产并没有以货币来进行估值，但初期的收支评估将会决定有多少资产投入到此项交易之中；到这项交易完成时，即会进行最终的收支结算，以此作为分配利润或计算亏损的基础。如若所进行的交易是合理的，那康曼达交易双方的每一步都要进行核算。毋庸讳言，绝对精确的核算或估价是没有的，核算大多是在推断中进行，或者依照常规、惯例来进行。甚而直至今天，资本主义企业对于核算的精确度要求也不是太高，而这种精确度影响的只是资本主义营利的合理程度。

对资本主义经济行为下这样的定义乃是为着重说明，正是货币收入要和货币支出相协调来决定经济行为的实际取向，且不论这种协调的形式是多么粗陋。从这个意义上来说，"资本主义"和"资本主义企业"以及有着差强人意的资本核算的资本主义和资本主义企业，从经济史料的记载来看，早已出现在世界上各个文明国度了。在中国、印度、巴比伦、埃及、古代地中海地区，从中世纪至现代，莫不闪现它的身影。而且，资本主义和资本主义企业并非只是彼此隔绝、单打独斗，它的经营运转完全仰仗各个资本主义企业的不断创新和持续经营。然而长期以来，交易并不具备连续运行的特点，基本上是一系列各行其是的事业，只是后来行业取向的内在联系才逐步渗入大商人的行为之中。总之，不论是临时起意的资本主义企业及企业家，还是百年企业及其传人，都是自古有之且遍布世界各地的。

然而在西方，资本主义脱颖而出，不但数量上颇具规模，还出现了世界上其他地方所没有出现的类型、形式和发展方向。全世界处处有商人，有的从事批发，有的经营零售，有的搞内贸，有的做外贸；各种贷款形式以及具备各种职能的银行也已出现，其职能近似于我们 16 世纪时的银行。航海借贷、康曼达、类似分店式的店铺和合作社可说是早已遍地开花。凡是有处理金融事务的公共机构的地方，总会有放贷者的影子，比如在巴比伦、希腊、印度、中国和罗马等地就是如此。正是这些放贷者为战争、为形形色色的供货人和制造者提供了资金，他们是殖民地企业主，是役使奴隶、直接或间接压榨殖民地人民的大庄园主，因而左右着对外政策；他们拥有无数良田、办公场所，更重要的是，他们掌控着税收。他们资助党魁竞选，也资助参加内战的雇佣兵；他们是一群千方百计追逐金钱的投机家。世界各地都活跃着这样的企业主和资本主义的冒险家。他们积累财富的方式除了贸易、信贷和银行业务之外，要么是靠非理性的投机倒把，要么是靠明目张胆的巧取豪夺。他们的财富不是直接从战争中掠取，就是持续不断地榨取附属国而来。

公司创办人、大投机商、殖民者和现代金融家的资本主义活动，即使在和平时期，在当下的西方也有着这种毫无理性的印记。而以战争为取向的资本主义活动，尤为显著。大型国际贸易中的某些部分，幸而只是其中一部分，也一如既往地与这样的非理性成分相伴而生。但是，现代西方发展出了另一种完全不同并且独一无二的资本主义：（形式上）自由劳动的理性—资本主义组织。而在世界上其他地方则只是这种资本主义组织的萌芽。强制劳动的组织也只是在种植园和古代奴隶工场中很有限地达到某种程度的理性。但在现代初期，使用农奴和佃户劳动的领主庄园、手工工场和庄园家庭手工工场中，这种理性程度更是少之又少。在西方之外的地方，使用自由劳动的家庭手工工场可说是屈指可数。他们所使用的是短工或临时工，不会发展出我们西方中世纪那种手工工场，更不会产生手工业中具有一定合理性的学徒制。不过这当中也有少许例外，它们完全不同于现代（特别是国家垄断经营的）企业组织。现代的理性企业组织以市场机遇为导向，不同于暴力政治或非理性的投机倒把，这并非西方资本主义唯一的特殊之处。资本主义企业的现代理性组织还有两个重要发展因素：一是企业与家计的分离，这是现代经济生活的决定性因素；二是建立了理性的簿记制度，这一点与前者紧密相关。工作区域与家庭生活区域的分离在世界上其他地方也是司空见惯，比如说东方一些国家的市集和其他文明地区的奴隶工场就是这样布局的。在远东、近东和西方古代世界，也曾出现过有独立营业账簿的资本主义组织。然而与现代营利企业所具有的独立性相比，只能算是初级阶段而已。之所以如此，乃是因为独立性有其内在条件：理性的企业簿记；企业财产与私人财产在法律上的分离。而这些条件在某些地方不是完全缺失，就是刚刚起步。[2] 在其他各地显示出这样一种趋向：将营利企业并入王公贵族或大庄园主、大商人的家产（Oikos）。洛贝尔图斯①注意到了这一

① Johann Karl Rodbertus, 1805—1875, 德国经济学家, 社会主义者。——译注

点。而这种发展趋势与理性的资本主义可以说是背道而驰的。

　　西方资本主义的这些特质之所以在今天具有重要意义，归根结底在于其与资本主义自由劳动组织有着密切关联。即使是通常所说的"商业化"、有价证券的发展、投机的理性化和股票交易所的成立等，也都与自由劳动组织有关。要是没有资本主义自由劳动组织，上述一切，连同"商业化"，即便有可能出现，也绝不会如此重要，更不会产生西方那种社会结构以及与之相关的现代西方特有的问题。核算乃是一切的基础，而精确的核算只有建立在自由劳动的基础上方有可能。除了现代西方之外，还没听说过世界上哪里有理性的劳动组织，更别说什么理性的社会主义了。毋庸讳言，在其他地方也有城市经济、城市粮食供应政策、王公贵族的重商主义和福利政策、定额配给、经济管制、保护主义和放任主义（比如在中国）。相应地，世界其他地方也有共产主义经济和社会主义经济，比如基于家庭、宗教或者军事的共产主义，还有国家社会主义组织（比如在埃及）、垄断卡特尔组织、消费者组织。尽管世界各地都有城市的市场特权、行会和同业公会，并且城乡之间在法律上也有种种差别，但西方以外的地方并没有"市民"概念，也没有资产阶级的概念，更没有"无产阶级"概念。究其原因，乃是因为自由劳动的理性组织并不存在，而企业不是自由劳动的理性组织。"阶级斗争"以各种形态——债权人和债务者、地主和无地者、农奴或佃农、商人和消费者或地主——在世界各地上演。西方早在中世纪就出现了外包雇主（putters-out）与其工人之间的斗争，而在其他地方这种斗争还只是初露端倪，现代大工业企业主和雇佣工人之间的对立冲突更是无从谈起。因此，西方之外的其他地方也不可能出现社会主义的问题。

由此可见，从纯粹经济的角度来看，世界文化史的核心问题说到底并非资本主义发展本身，也不是这种发展在不同文化中表现出的不同形式——冒险家的资本主义、商业资本主义、战争资本主义、凭借政治或行政手段来获利的资本主义，而是以自由劳动的理性组织的市民阶层的资本主义企业（bürgerlichen Betriebskapitalismus）是如何形成的。从文化史本身来看，西方资产阶级及其特质的形成与资本主义劳动组织的兴起有着密切关联，但并不完全等同。这是因为等级社会意义上的"市民"一词早在西方特有的资本主义发展之前就已经存在了。当然，这只在西方才有。显然，各种技术可能性的拓展对现代西方所特有的资本主义有着极大的影响。而今它的理性特征基本上取决于那些具有决定性意义的技术因素的可靠性，后者是精确计算的基础。换言之，西方资本主义得益于西方的科学，特别是以数学和实验为基础的精确而又理性的自然科学。反过来说，科学的发展以及基于科学发展的技术进步应用于经济实践，取得效益后会反哺科技，从而又促进科技的发展。当然，西方科学的缘起不可归诸这种实用性机会。印度人使用代数和十进制计算法，他们是十进制计算法的发明者。然而，这种计算法对西方资本主义的发展起了很大的作用，却没有使印度借此发展出现代算术和簿记法。同样，数学和机械学也不是源于资本主义的利益驱使。不过，科学知识应用于技术对大众生活水准有着举足轻重的影响，这确实是受到了经济利益的驱动。可以说，在西方，经济利益对科学知识应用于技术极具动力。而这种动力源自西方社会秩序独特的结构。西方社会结构中有很多组成部分，但并非所有部分都同等重要。那么，经济动力究竟来自其中哪些部分呢？不言而喻，其中最为重要的部分乃是法律和行政的理性结构。这是因为现代理性资本主义不仅需要可靠的技术生产手段，而且需要可靠的法律体系和依照规章制度办事的行政机关。如果没有这些，冒险和投机的资本主义以及形形色色的政治资本主义就会应运而生，而有着固定资本和精确核算的理性的私人企业却无法兴起。这样的法律体系，这样的行政机关，在法律技术和规章制度的不断完善中为经营管理提供服务，而这样的情形也只出现在西方。于是，我们要问：这种法律从何而来？所有的研究都表明，一般而言，资本主义利益为受过专门训练的法学家支配司法和行政开辟了道路。但这利益绝非引向这条道路的唯一因素，也绝非最重要的因素，因为资本主义利益并没有从其自身创造出法律来。很显然，其他力量也对法律的形成起过作用。现在的问题是，资本主义利益为何没能在中国和印度发挥同样的作用？为什么在这些国度，无论是科学、艺术、政治的发展，还是经济的发展，都未能走上西方特有的理性轨道呢？

上述所有例子都可归结为西方文化中独有的理性主义。而对"理性主义"一词有着各种各样的理解，接下来的讨论中会充分说明。比如说，神秘冥想（Kontemplation）的理性化，这种以其他生活领域的观点来看特别非理性的行为亦有其理性化的一面，经济、技术、科研、教育、战争、法律或行政同样如此，而且这些领域中的任何一个都可以按照各种不同的终极价值和目标予以理性化。所以，以某种观点看来是理性的，从另一种观点来看则可能是非理性的。由此可见，所有文明地区的不同生活领域中都曾存在过各种各样的理性化。如果要从文化史的角度来描述它们之间的差异，那首先要弄清生活中的哪些领域理性化了，是朝着哪个方向理性化了？而这其中的关键便是认识西方的，尤其是现代西方理性主义的特质，并弄清其源流。鉴于经济因素具有基础性意义，任何对其进行解释的尝试都要考虑到当时的经济条件和经济环境。不过，也不可忽略反向的因果关系。因为经济上的理性主义肇始于理性的技术和理性的法律，同时也取决于倾向实践某种理性生活方式的人的能力和素质。而这种生活方式一旦受到心灵挂碍的阻挠，经济上的理性生活方式的发展也会遭遇强大的内在阻力。从前，世界上到处都有神秘力量、宗教力量，它们是塑造人们生活方式的最重要因素，人们也正是基于此形成了对职责伦理的信仰。本书所收录的文章便是来讨论这些力量的。

本书开头的两篇旧文就是试图从某个重要的切入点出发，探究上述问题最最难以把握的方面，亦即特定宗教信仰的内涵是如何制约"经济思想"，或者说某一经济形式的伦理的，并以现代经济伦理与基督教禁欲主义之间的关系为例来说明之。因此，此处的探究只触及因果关系的一个方面。接下来的几篇有关"世界宗教的经济伦理"的论文探讨的则是世界上最为重要的文明地区的宗教与经济以及社会阶层之间的关系，以便找到与西方发展进行比较的要点。因为唯有这样，才能使西方宗教的经济伦理区别于其他宗教的经济伦理的因素显现出因果关系。此处不再赘述。这些文章并非单纯想要对文明地区进行全面的文化分析，尽管有时候不得不如此，而是要强调各文明地区中与西方文明发展相对照的东西，也就是说，这些论文都着眼于那些对表述西方发展至关重要的问题。就此目的而言，其他任何研究方法都是行不通的。但是，为了避免误解，我们必须明确指出这一研究目标是有一定界限的，另外，还要提醒那些入行尚浅的研究者，切勿夸大本书中这些文章的重要性。汉学家、印度学家、闪族学家以及埃及学家想必不会在这些表述中发现什么新事物，我们只希望他们别在其中发现明显的根本性错误，那就谢天谢地了。作为一个非专业人士，能在多大程度上接近这一理想，我不得而知。很显然，一个人如果使用的是翻译资料，并且有赖于这些资料，那他就不得不了解在有争议的参考资料中那些巨著、参考文献的使用情况如何，对这些资料的评价如何。从其个人来说，他也无法评论这些资料的价值，那他就必须对自己的著述保持谦卑的态度。鉴于第一手资料（即铭文和资料原件）现有的译文（特别是有关中国的资料）与残存的重要资料相比少之又少，那就更要谦逊谨慎了。所有上述因素导致这些论文只有暂时的价值，有关亚洲的部分更是如此。[3] 只有专家才有资格进行最终评判。迄今为止，还没有相关专家抱持这样特殊的目标，从这样特殊的观点出发进行评述。因此，我们才写出了这些论文。而它们肯定会被超越，就像所有被称为科研成果的作品被超越一样，只不过程度更激烈，意义更重大。在比较研究的过程中，跨学科进入其他专业领域是在所难免的，这样做到底能在多大程度上取得成功也只能听天由命了。现今的风尚或文艺热潮往往使人认为专家学者可有可无，并将他们贬称为帮闲者。几乎所有的学术都受惠于非专业者提供的宝贵见解，但是若因此把外行人的建议当作发展学术的第一要义，学术就会走上末路。谁想要"直观"，不妨去电影院。目前在我们研究的这个领域里，有大量的以文学形式来表现的东西呈现在我们面前。[4] 这样的心态与意图通过严谨的经验研究进行论证陈述，简直是南辕北辙。而且，容我再多说一句，谁要是想听布道，干脆去参加秘密的宗教集会好了。至于相互比较的各文明之间存在怎样的价值关系，本书概不予讨论。人类命运的历程绵长，即使考察其中一段也会使人无比震撼，心潮澎湃。不过，他最好谨慎行事，将个人微不足道的感慨埋藏心间，就像望见高山大海时那样。除非意识到天将降大任于他，并赋予他雄才大略，可以进行艺术的呈现或预言式的表述。而在大多数情况下，喋喋不休地大谈"直觉"不过是在掩饰自己对研究对象并不了然的窘态。由此亦可判定，他对人类本身缺乏深入的了解。

以民族志研究在今天的地位来看，应用于宗教研究——特别是亚洲的宗教研究——已不可避免，也是当务之急。不过对于这里所追求的目标来说，几乎没有用到，这是必须加以说明的。之所以如此，不仅是因为个人的研究力量有限，主要是因为此处要探讨的问题与相关地区的"文化担纲者"阶层的特定宗教伦理有着密切的关系。这也确实事关这些阶层的生活方式造成的影响。不过，这些影响只有在与民族志—民俗学的事实进行比较之后，才能真正把握其特质。因此，我们必须承认并强调，这里确有缺憾，民族志研究者完全有理由提出质疑。而我希望能用宗教社会学进行系统的研究，从而对此缺憾稍作弥补。但这样一来，就会超出我们既定目标的研究范围。我们的任务是尽可能恰如其分地揭示出与我们西方的文化宗教进行比较的要点，能达到这一步也就满足了。

最后还要谈一下这些问题涉及的人类学层面。我们一次又一次地发现，尽管生活于看似彼此分隔的地区，但是在西方，唯独在西方，总会发展出某种形式的理性化。于是便会推断，此乃遗传基因在起作用。笔者倒不吝于承认，从个人主观角度上讲，生物遗传至关重要。尽管人类学研究已经取得了引人瞩目的成果，然而至今没有发现有什么方法可以精确地抑或大致地验证我们在此进行的研究究竟产生了多大的影响，以及通过什么方式产生了这些影响。社会学和历史学研究的首要任务，便是揭示所有可能的影响和因果关系之链，那些通过对命运和环境的反应可以充分解释的影响以及因果关系。只有在此之后，比起种族神经病学和种族心理学的发展超越了前景光明的初步阶段时，我们才能对问题的解答有所期待，或至少会出现解答的可能。[5] 在我看来，目前还缺少这样的条件，若大谈遗传因素就等于放弃已经获得的认知，并把问题推给当下仍未可知的因素。

第一部分

问　　题[6]

一、宗教信仰与社会分层

在一个各种宗教信仰混杂的国家，只要看一看那里的职业统计，就会发现一个屡见不鲜的现象[7]，一再引起天主教报刊和文献[8]以及德国天主教大会的热烈争论。那就是：在资本家、企业家以及现代企业的劳工中，高级熟练工人阶层，特别是受过较高的技术或商业培训的人员中，新教教徒占大多数。[9]这一情况不仅出现在存在教派差异、民族差异因而有文化发展差异的地方（比如说居住着德国人和波兰人的德国东部），而且几乎凡是在资本主义蓬勃发展时期任由居民按其需要形成社会分化和职业结构分化的地方，在宗教派别的统计数字上都会显现出同样的局面。居民的自由度越大，这种情况就越明显。毋庸讳言，在现代大型工商企业中，资本占有者[10]、领导层和高级工人之中的新教教徒所占比例甚高。[11]这一事实部分出于历史原因，而且可以上溯至遥远的过去，那时教派的归属并非出于经济原因，某种程度上倒是经济状况的后果。[12]从事上述经济职能是有先决条件的，或要占有资本，或要受过所费不赀的教育，多数情况下还要二者兼而有之。而在今天，非得拥有遗产或者自身相当富裕才行。正是昔日帝国中许许多多极为富裕的，自然环境或交通状况极为优越且经济上最为发达的地区，特别是那些富裕的城镇，在16世纪时皈依了新教。此事影响甚大，以致新教教徒在为生存而进行的经济斗争中至今仍处于有利地位。由此便产生了一个历史问题：经济最为发达地区为何会对宗教革命如此强烈地认同？而回答这一问题并非像人们想象的那么容易。从经济的传统主义中挣脱出来应该说是一个重要契机，它大大支持了人们怀疑宗教传统、反抗传统权威的倾向。然而，有一点常常被忽视但又必须注意，即宗教改革并非是要清除教会对人们生活的支配，而是要用另一种支配形式来取代它。也就是说，过去那种支配是非常随意的，实际上当时人们已经无感，在很多情况下已经流于形式；取而代之的是一种渗透进私人生活和公共生活的方方面面，对整个生活方式无休止地苛责且严阵以待的规则。天主教教会以"惩处异端，宽待罪人"的原则来进行控制。如今，这种控制已为具有完全的现代经济特征的各民族民众所服膺，一如15世纪初世界上最富庶、经济最发达地区的人们那样服膺于它，只不过当时的控制比今天更甚。而加尔文教派在16世纪的日内瓦和苏格兰，16、17世纪之交的荷兰大部分地区，17世纪的新英格兰以及一度在英国本土对于民众个人所实施的控制，在我们看来，其形式是前所未有并且令人无法忍受的。当时，旧有的广大城市贵族阶层，不论是在日内瓦、荷兰或英国的，都对此深有同感。但在那些经济发达地区，宗教改革者所抱怨的并非是对民众生活监管得太多，而是太少。当时，经济最发达国家以及我们稍后将看到的在其国内崛起的经济上的"市民"中产阶级，不仅忍受了这种史无前例的清教专制暴政，还为此辩护，并从中发扬出一种英雄主义。这种现象当作何解释呢？ 对市民阶级来说，这种英雄主义可谓空前绝后，以至于卡莱尔①称其为"我们最后的英雄主义"（the last our heroisms）。

进一步来讲，需特别强调的是： 新教教徒今天之所以在现代经济内部的资本占有和领导岗位上具有相当优势，一方面是因为在历史上传袭了较好的财富状况，另一方面，有些现象亦表明不可如此解释。为此，特举几例加以说明： 无论在巴登、巴伐利亚，还是匈牙利，天主教徒父母提供给子女的高等教育类别通常与新教教徒父母提供给子女的高等教育类别大相径庭。天主教徒在中学在校生和毕业生中的比例，远远低于天主教徒在当地总人口中所占比例。[13] 之所以如此，多半可以归因于前述遗产继承多寡的差别。而在天主教教徒的中学毕业生中，从为迎合现代资产阶级工商职业所

---

① Thomas Carlyle，1795—1881，苏格兰哲学家、历史学家。——译注

设立的、专事培养技术人才和工商从业人员的实科文理中学、实科中学和高级市立中学毕业的人数比例，也都大大低于新教教徒所占比例。[14] 而天主教徒所偏好的学校是能够提供人文教育的文理中学。这一现象不能以遗产多寡来解释，反倒可以说明天主教教徒为何以很少有人参与资本主义实业的营利活动。更引人注目的一个事实是，它有助于解释为何天主教教徒在现代大企业的熟练工人中只占少数。众所周知，工厂往往从青年手工业者中吸纳熟练工人，让青年手工业者对工人进行培训，培训完成之后，一般工人就成了熟练工人。而在满师的手艺人中，新教教徒的数量远远高于天主教徒。换言之，手艺人中的天主教教徒倾向于留在本行业内成为师傅；新教教徒则大多流向工厂成为高级技工和管理人员。[15] 这种现象中表现出的因果关系无疑源于教育培养出的精神特质，由家乡和父母家庭营造的宗教气氛决定了教育方向，进而决定了此后的职业选择与职业生涯。

更令人讶异的是，天主教徒较少参与德国现代工商业生活，这一点与自古以来[16] 以及现在所取得的经验背道而驰：少数民族或少数教派，作为"被统治者"集团面对作为"统治者"的另一集团，他们自愿或非自愿地被排除在有影响的政治地位之外，他们当中才华横溢者往往在政治舞台上无用武之地，于是会努力踏足工商界，以酬其雄心壮志。俄国和东普鲁士境内的波兰人即是如此，他们在这两地的经济发展要比在他们所统治的加利西亚快得多。再往前说，路易十四统治下的法国胡格诺教徒，英国的非国教派（Nonkonformisten）和贵格会教徒，以及不可不提的两千年来的犹太人，皆是如此。而德国的天主教徒却完全没有受到其所处社会地位的影响，或者说这种影响微乎其微。即使在过去受迫害或仅仅被宽容的岁月里，无论是在荷兰或英国，天主教徒都没有像新教教徒那样在经济上取得突出的进展。恰恰相反，新教教徒（特别是以后还要详加考察的新教运动当中的某些教派）无论是作为被统治阶层，还是统治阶层，无论是处于多数者，还是少数者，都表现出一种发展经济理性主义的倾向。但在天主教徒身上，无论他们处于上述何种情况，无论过去还是现在，都没有出现这种倾向。[17] 之所以有不同的表现，首先要从其宗教信仰持久的、内在的特质中，而不是单单从一时所处的外在历史—政治状况来找寻原因。[18]

　　重要的是，首先应该探讨一下各个教派的内在特质中，有哪些或曾经有哪些元素导致了前述那种态度倾向，并且其某部分还在继续发挥作用。如果只是进行一些浅表性观察，从现代的某些印象出发，就会对它们之间的差异做出如下表述：天主教"苦修来世"，其最高理想所具有的禁欲主义色彩必然导致其信徒对现世财富不大感兴趣。这种说法确实符合现今颇为流行的对这两个教派参与经济之方式的论证套路。新教一方便以此来抨击天主教生活方式的（真实的或所

谓的）禁欲主义理想；天主教一方则回敬说，新教带来的
"唯物主义"将所有的生活内容统统世俗化。一位当代学者
也相信两个教派对经济生活表现出相互对立的态度，他是这
样说的："天主教徒……较为恬淡，很少生意经；他们宁愿
安安稳稳过日子，即使收入少一点，也不愿过危险、刺激但
可能名利双收的生活。难怪民谚有云：要么吃得好，要么睡
得好。放在这里是说，新教教徒喜欢吃得好，天主教徒则宁
愿睡得安稳。"[19] 事实上，"吃得好"这句话概括了当代德国
对教会漠不关心的新教教徒的行为动机。尽管未必尽然，但
不乏形象之处。过去却不是这样的。众所周知，英国、荷
兰、美国的清教徒的典型特征正与"俗世享乐"相反，我们
下面还会谈到，这一点对我们来说正是最为重要的特征之
一。不仅过去是这样，比如说法国的新教，长久以来甚至至
今还在一定程度上保留着加尔文教派所具有的特征，这种特
征是宗教斗争时代的磨难留下的。尽管如此（或者说，正像
我们下面还要提到的，也许正因为如此？），不言而喻，这
些特征是法国工商业和资本主义发展的最重要因素之一，而
且在幸免于宗教迫害的小范围里至今仍是如此。如果把这种
严肃的态度和宗教利益主导的生活方式称为"苦修来世"，
那么法国的加尔文教派不论过去还是现在，至少都像德国北
部的天主教徒一样苦修来世。后者视天主教为须臾不可或缺
的大事，而世界上没有哪个民族会投入到如此地步。这两者

分别以同样的方式与国内占支配地位的教派相区分：法国天主教徒的下层耽于生活享乐，上层则公然敌视宗教；德国新教教徒欣欣然投身于尘世的经济生活，上层则对宗教异常漠然。[20] 上述比较再清楚不过地表明，一说到天主教，便想当然地认定它"苦修来世"；一说到新教，就想当然地以为它看重现世的物质享乐，诸如此类的含混说法解决不了本书中的任何问题。而以此来概括两者之间的区别，既无法说明今天的实际情况，亦不能说明过去的情形。如果要以这样的区别来探究问题，那么在上述说法之外，还得进行一些另外的考察，这些考察不可避免会导致这样的想法：一方是苦修来世、禁欲、宗教虔诚；另一方则投身资本主义营利活动，两者的相互对立中是否有着密切的内在联系呢？

事实上，从表面看，大批笃信基督教的精英多出自商业圈，特别是虔敬派，其中最热切的信徒都是这样的出身，人数之多，出人意料。或许这可以解释为由于其内在不适应商人的职业天性而对"拜金主义"的一种反动，一如阿西西的圣方济各①那样，许多虔敬派教徒也都这样来解释他们的皈依过程。许多资本主义大企业家，包括塞西尔·罗德斯，都出身牧师家庭，之所以从商，似乎也可以解释为对青少年时期所受禁欲教育的反叛。不过，当练达的资本主义企业精神

---

① 1182—1226，13世纪宗教改革运动的领导者。——译注

与贯穿并规范整个生活，有着无比强烈的形式感的虔诚，落在同一个人、同一个群体身上时，这样的解释就显得苍白了。况且上述情况并非个别现象，而是历史上许多最为重要的新教教会和教派群体所共有的显著特征。特别是加尔文派，无论在哪里出现，[21] 就一定会体现出这样的结合。当宗教改革（比如某个新教教派）在某个国家风起云涌时，加尔文派与某个阶级并没有息息相关的联系；在法国胡格诺教会中，修道士和实业家（商人和手工业者）改宗者却特别多；在宗教迫害时更是如此，[22] 这是很独特的现象，从某种意义上来说，也是很典型的。连西班牙人都知道，"异端"（即荷兰的加尔文派）"促进了商业精神的发展"，而这种说法与威廉·佩蒂勋爵①在研讨荷兰资本主义兴盛的原因时所阐发的见解如出一辙。格赛因[23] 曾不无道理地称加尔文教徒聚居之地乃是"资本主义经济的温床"[24]。甚至可以说，这些聚居区大多发源于法国和荷兰的经济文化，而这两国经济文化的优势才是决定性因素；或者说，这是流放的重大影响以及与打破传统的生活关系撕裂所致。[25] 然而法国自身，正如我们从柯尔贝尔②的奋斗中所知，在 17 世纪时情况仍是如此。就连奥地利都直接引进新教教徒手工业者，其他国家更不用说了。只不过，并非所有新教教派在这方面都有同样强大的影

① 1623—1687，英国古典政治经济学的创始人。——译注
② Jean-Baptist Colbert，路易十四的财政大臣。——译注

响。加尔文教派似乎在德国也是影响最大的。改革派[26]，即加尔文教派，不管是在乌珀塔尔，还是在其他地方，似乎都比其他教派更能促进资本主义精神的发展。加尔文教派所产生的推动作用要比路德教派大得多，无论是大体而言，还是就各地情况分别来看，都是如此，尤其是在乌珀塔尔。[27] 苏格兰的巴克尔①，英格兰诗人济慈都曾着重提到过这些关系。[28] 有一种更加令人吃惊的状况需要在此提一提：在一些教派里，特别是贵格派和门诺派②中有不少人既苦修来世，又腰缠万贯，他们将笃信宗教的生活方式和商业意识的强化发展结合了起来。贵格教派在英国和北美所扮演的角色，门诺派亦在荷兰和德国扮演着。在东普鲁士，尽管门诺派教徒断然拒服兵役，但由于他们是工业不可或缺的担纲者，腓特烈·威廉一世只能听之任之。这只不过是为数众多的足以说明问题的例证中的一个，但鉴于这位国王的性格，这应该是最有力的一个例证。对于虔敬派教徒来说，坚定稳固的虔诚终于和高度发达的商业意识相结合，并取得了成功，此乃众所周知的事实。[29] 在这里还应提到莱茵地区和卡尔夫③，不过在这仅是导读性质的描述中，无需再给出更多的例证。这几个例子说明了一个问题，"劳动精神""进步精神"或者人

① Henry Thomas Buckle, 1821—1862, 英国历史学家, 力求使历史成为一门严谨的科学。——译注
② Mennoite, 新教派别之一。——译注
③ 德国黑森州的一个小镇, 居民多为新教教徒。——译注

们倾向于归诸新教所提振的精神，不可理解为通常所说的
"俗世享乐"抑或某种具有"启蒙"意义的东西。路德、加
尔文、诺克斯①、沃特②的早期基督新教和今天所说的"进
取"几乎没有任何关系，今天连最极端的教派也不想加以拒
绝的现代生活的方方面面，昔日的基督新教却抱着敌视的态
度。如果说旧日的新教精神的某些特征与现代资本主义文化
有什么内在联系的话，那无论如何也不能在其（所谓的）或
多或少带有唯物主义色彩或者反禁欲主义的"俗世享乐"中
寻找，而应在其纯粹的宗教特性中寻找。孟德斯鸠在其著作
《论法的精神》（第20卷第7章）中提及英国人时，说他们
"在三个方面比世界上所有其他民族都要先进，那就是信
仰、商业和自由"。他们在商业上的优势，连同他们对自由
政治制度的顺应，会不会和孟德斯鸠所称许的宗教上的极端
虔诚有所关联呢？

　　当我们以这样的方式提出问题时，就会有一连串隐约朦
胧的关联浮现在我们眼前。鉴于无尽的多样性隐身于所有的
历史现象里，尽可能清晰地将浮现在眼前的模糊不清的关联
梳理出来乃是当务之急。为此，我们不得不抛开前面所提到
的笼统模糊的概念，努力深入地探究基督教历史上各个流派
的伟大的宗教思想的固有特质和彼此差异。

---

① Knox，16世纪苏格兰宗教改革领袖，苏格兰长老会的创始人。——译注
② Voët，荷兰改革派正统论的代表，多尔德宗教会议主要人物之一。——译注

不过，在此之前还得进行一些说明。首先，如何对我们所研究对象的特质进行历史解释；其次，这样的解释在我们的研究框架下具有怎样的意义。

二、资本主义"精神"

　　本章使用了"资本主义精神"这一标题，似乎大了些。这究竟该作何理解呢？通常，当我们尝试对某个事物下定义时，立即就会面临源于研究目的本质的某些困难。

　　如果说有某种对象，既可以使用这样的称谓，又具有某种意义的话，那么该对象只能是"历史个体"（historisches individuum），亦即在历史真实中相互关联的综合体，我们从文化角度将其统一为一个整体的实体。然而，这样一种历史概念由于在内涵上与一种历史真实中具有重要意义的现象有着密切的关系，因此不可按照"类＋种别"（genus proximum, diferentia specifica）的公式来加以定义，而应将从历史真实中抽取出来的部分慢慢整合在一起。所以说，概念的最终完成不是在研究之初，而是要在研究的结束之时。换言之，我们所理解的资本主义精神的最佳表述，即对我们所感兴趣的观点最为贴切的表述，只有在研讨的过程中，才会作为其主要成果显露出来。只不过，这些并不是我们考察、分析那些历史现象时唯一可行的观点（下面还要谈到这个问题）。在此，对任何一种历史现象进行考察都会产生不同于"基本观点"的观点和特征，由此可以得出这样的结论：所谓资本主义精神，既不能也完全没有必要理解为对我们的观点唯一重要的那种东西。之所以如此，乃是"历史概念形成"的本质造成的。在方法上，其目的并不是要将历史真实置于抽象的类别概念里，而是努力将其置于具体的、动态的相互关联之中，但这样做的结果往往会不可避免地带有个体色彩。

如果要明确我们正试图分析并做历史说明的这个对象，那么重点就不在于对其进行概念性的定义，而是首先至少要对我们所说的资本主义精神预做一番形象的描述。这样一种形象描述实际上对于了解研究对象是不可或缺的。为此，我们先来看一份有关资本主义精神的文献，它经典而纯粹地保留了我们正在寻找的那种内涵，同时又有这样的优点：与宗教完全没有直接的关系。这对我们的研究题目来说，没有任何先入之见。

切记，时间就是金钱。一个凭借自己的劳动一天能挣 10 个先令的人，要是有半天是在外闲逛或在家偷闲，即便他只为自己的消遣花去 6 个便士，也不可将此看成是他全部的花销；实际上他还花去了除此之外的 5 个先令，或者说有 5 个先令打了水漂。

切记，信用就是金钱。要是有人将钱存放在我这里超过了该交还的日期，那他等于是把利息或者说在此期间利用这笔钱所能赚取的利息赠给了我。一个人信用良好，能得到大笔贷款并善加利用的话，那他所得的利益就会相当可观。

切记，金钱具有再生繁衍性。钱能生钱，生出的钱又能生更多的钱，如此生生不已。5个先令经过周转可变为6个先令，再一周转就会变成7先令3便士，一直周转下去就会变成100英镑。手头的钱越多，经周转再生的钱也就越多，收益幅度也会节节高升，越来越快。杀一头母猪，等于消灭了她所能繁衍的成千上万头猪。若是毁掉了5个先令，那就等于毁了（!）它本可再生的所有的钱，不知有多少镑。

切记，俗话说：善于花钱的人也会善于掌控别人的钱包。一个人若被公认是会信守承诺准时还钱的人，无论何时何地他都能聚起他朋友所有的闲钱。这一点往往大有裨益。除了勤奋节俭外，凡与人交易，定要守时公道，这对年轻人安身立命至关重要。借人钱财，到期奉还，一刻也不可耽搁。一次失信，朋友的钱包就会永远对你紧闭。

事关你的信用，哪怕是最琐碎的事你也得小心留意。要是债权人清晨5点或晚上8点听到你锤子的敲打声，他就会安心半年。要是他看见你在该干活的时候玩台球，或者在酒馆吃喝，那他第二天就会派人前来讨债，要你把尚未使用的钱还给他。

此外，你的锤子声还表明你并没有忘记自己的债务，这让你看起来像个既细心又诚实的人，会给你的信用加分。

请注意，不要将你所拥有的一切视为己有，并依此来安排生活。许多动用到信用的人都陷入这样的错觉之中。为防止错误的发生，将你的支出和收入详加计算。花些工夫，一一列出细目，这样的好处是：你会发现，一笔笔微不足道的支出足以积聚成一大笔款项。这样你就会知道，什么花销可以省去，将来能够节省什么。

假如你是一个大家公认的聪明又诚实的人，你一年哪怕只有 6 个英镑的收入，却可以使用 100 个英镑。而一天浪费 4 个便士，一年就是浪费 6 个英镑，其代价为一年内不能使用 100 英镑。一天虚掷了 4 个便士的时间，日复一日，一年下来就是丧失了使用 100 英镑的权益。一天浪费了 5 个先令的时间，那就是白白损失了 5 个先令，等于把 5 个先令扔进了大海。损失了 5 个先令的人，实际损失的还不止这个数，还有它在周转中可能带来的全部收益，这个数额，积累到老年可能是一大笔钱。

这是本杰明·富兰克林对我们的教诲。[30] 斐迪南·屈恩贝尔格尔①在其既富才气又有些恶毒的《美国文化印象》[31] 一书中曾把这段话嘲讽为所谓的美国佬的自白书。富兰克林以独特方式宣告的资本主义精神，没人怀疑，但也没有人认为这

---

① 1821—1879，奥地利作家。——译注

段话将资本主义精神的全部内涵都囊括进去了。我们不妨在此停留一下，以体会其中的意味。屈恩贝尔格尔在书中将美国人的生活哲学概括为两句话："从牛身上刮油，从人身上刮钱。"然而，有信用的诚实君子的理想就是抱持这种贪婪的哲学，领略这种哲学的独特内涵并形成这样一种观念：自己有义务首先要使自己的资本增殖，增殖就是目的本身。事实上，这里所宣扬的不仅是发迹的伎俩，也是一种独特的伦理。违反这一伦理不仅是愚蠢的，而且是玩忽职守。问题的实质就在这里。它所教导的不仅是一种"生意经"，精明能干地做生意再常见不过了；它还展现了一种伦理气质，我们所感兴趣的正是这个。

　　有个业已退休的商界同仁劝雅克布·福格尔①退隐，说他的钱赚得够多了，也该给别人留点赚钱的机会。福格尔答道，有钱不赚是"胆小鬼"，他"（福格尔）可不这么想，只要有钱赚，就要一直赚下去"[32]。这种说法显然与富兰克林的说法大相径庭，前者表现出商人的胆略和道德上不具褒贬色彩的个人爱好，[33] 后者则是具有伦理色彩的劝世箴言。本书就是在此特殊意义上使用了"资本主义精神"这一概念。[34] 当然，这里说的资本主义是现代资本主义。鉴于研讨

---

① 1459—1525，15、16 世纪时德国家族企业的领导人。这个家族的产业以工商业和银行业为主，后来还获得了矿山开采权和货币铸造权，连国王和诸侯都向他们借钱。可谓当时德国最有影响力的一个家族，也算得上是基督教世界最富有的家族。——译注

的课题所限，此处所谈仅限于西欧和美国的资本主义。在中国、印度、巴比伦，在古代和中世纪，都曾有过资本主义。不过它们的资本主义缺少那种独特的伦理气质，下面我们还要谈到这个问题。

富兰克林所有的道德训诫都带有功利主义色彩：诚实有用，诚实会带来信用；守时、勤奋、节俭有用，所以说是美德。循此推论，在富兰克林看来，诚实的表面功夫就能成事，那么这个外表也就够了，道德上多做努力是徒劳无益的浪费。谁要是在富兰克林的自传[35]里读到他讲述自己是如何皈依这些美德的，或者读到他关于"用处"的表述——恪守谦逊的外表，对自己的贡献抱着故意谦抑的态度，从而获得众口一词的赞扬[36]——就会得出这样的结论：在富兰克林看来，所有的美德只是在其对个人有实际用处之时才称得上是美德。只要能成事，就不在乎什么表面，这可真是彻头彻尾的功利主义。在德国人的印象里，美国人所谓的美德不过是伪善，而在这里可说是证据确凿。实际上，事情远非如此简单。不仅本杰明·富兰克林个人的品格，这在其以少有的坦诚撰写的自传中已经表露无遗；还有他将美德的"用处"归诸上帝的启示（正是上帝通过启示使他走上了美德之路）这件事，表明其中另有文章，他并非是在美化那些以自我为中心的利己格言。其实，这种伦理所追求的"至善"（summum bonum）——即赚钱，多多益善，并杜绝一切无节制的享乐，排除幸福主义，甚而根除享乐主义——纯粹是目的本身，以致从个人所谓"幸福"抑或"用处"的角度来看，完全是超越感官直觉和非理性的。[37] 人活着就要赚钱，赚钱是人生的最高目的，而不是满足物质生活需要的手段。这对自然事态可说是本末倒置，非常荒谬，却公然成了资本主义的指导纲领。这样的本末倒置对于没有受到资本主义丝毫影响的人来说，也会觉得莫名其妙。然而，它同时包含着某种情操，与一系列宗教概念有着密切关联。要是问富兰克林为什么"从别人身上赚钱"，他在自传里引用了一句《圣经》里的话作答："你看见办事殷勤的人吗，他必侍立在君王面前。"[38] 本杰明·富兰克林是个无宗无派的自然神论者，他父亲则是个严格的加尔文派教徒。他在自传中提到，父亲不厌其烦地向他灌输这句箴言。赚钱，只要赚得合法，那在现代经济秩序中应算是忠于职守，是精明干练的结果和表现。这种精明干练乃是富兰克林的道德劝诫的关键，这一点无论是在上面的引言，还是在其所有著作中都不难看出。[39]

事实上，有关职业义务的这种独特观念，今天我们是如此熟悉，但其实又不认为是理所当然，这一观念正是资本主义文化的社会伦理最有代表性的特征，从某种意义上来说，正是其本质所在。个人应该能感觉到对本职工作的责任，而且应该能感觉到自己"职业"活动的内容；至于本职工作的内容是什么，至于他是利用自己的劳动力，还是利用自己的物质财富作为资本来进行职业活动，全都无关紧要。这并不是说，此种观念只在资本主义的土壤里滋长。后文将会追根溯源，探明它的根底。当然，我们更不能认为，对于今天的资本主义来说，让个别担纲者——比如现代资本主义企业中的企业主或工人——有意识地接受这些伦理准则，就是使资本主义继续存在下去的条件。当今资本主义经济秩序犹如浩瀚的宇宙，对于生长在其中的个体来说，它是无法突破的铜墙铁壁，不得不生存于斯，它迫使个人遵守资本主义经济行为规范，只要他被卷入市场关系的网络之中。要是工场主老是跟这些规范对着干，那他就注定会被市场经济淘汰；要是工人不能或不愿适应这些准则，那他就会变成失业者，流落街头。

如今资本主义已在经济生活中取得了主导权，以经济筛选的方式教育和造就它所需的经济主体——企业家和工人。正因如此，我们可以轻易看出，以"筛选"的概念来解释历史现象是有其局限性的。那种适合资本主义特质的生活方式和职业观若能被"筛选"出来，即从其他方式和观念中胜出，它首先必定是既已形成的，并且不是出自个别孤立的个人的观念，而是群体共有的观念。至于这种观念是如何形成的，才真正是需要解释的。朴素的历史唯物论认为，这样的"观念"是作为经济状况的反映或"上层建筑"产生的，对此我们会于后文详细讨论。在这里只要指出一点就够了：

无疑，在本杰明·富兰克林的出生地（马萨诸塞州），（我们所认为的）资本主义精神是先于"资本主义发展"出现的（早在1632年就有人抱怨新英格兰地区——相对于美国其他地区——工于计算、唯利是图的特殊现象）。而毗邻新英格兰的殖民地以及后来加入的美国南方各州，资本主义精神大大落后于新英格兰，尽管这些殖民地和南方各州都是由大资本家出于商业目的建立和开发的，而新英格兰殖民地则是由传教士和神学院毕业生连同小市民、手工匠人、自耕农出于宗教原因创建的。在此情况下，因果关系与"唯物论"立场所设想的正好相反。一般来说，这些观念的成长期经历了比"上层建筑"理论家们以为的更多的荆棘坎坷，而且其发展的复杂程度也远非草木生花可比。资本主义精神，就我们在此掌握的这一概念的意义而言，必得与整个敌对势力的世界进行过一番坚苦卓绝的斗争方才傲然挺立。前引本杰明·富兰克林的那段话所表现出来的精神，赢得了整个民族一代人的称誉，可在古代及中世纪[40]就会被斥为卑污贪婪、毫无自尊的表现。现今尚未卷入或者尚未适应现代资本主义经济关系的社会群体，对资本主义精神也往往抱着这样的拒斥态度。这并不是说，在前资本主义时代"营利欲"仍不为人知或很不发达，就像大家常说的那样；也不是因为无法抑制的"拜金欲"（auri sacra fames），就像耽于幻想的近代浪漫主义者所想的那样，在当时或今天，在市民的资本主义圈外没有资本主义特有的圈子内来得强烈。资本主义精神和前资本主义精神之间的区别,并不在这一点上。中国清朝的官员、古罗马贵族、近代庄园主的贪欲不比任何人的逊色。那不勒斯的马车夫或船夫,他们的亚洲同行,甚或南欧或亚洲国家的工匠,任何人都能体会到他们的"贪财"远比相同情况下的英国人更加强烈,更加肆无忌惮。[41] 这些国家的资本主义的发展按照西方标准来看还处于"落后"状态;也正是在这些国家,普遍盛行着在赚钱谋取个人的荣华富贵方面绝对的肆无忌惮,这已经成了它们突出的特征。正如每个工厂主知道的那样,这些国家的工人缺少劳动"自觉"(coscienziosità)[42],比如意大利较之于德国,这一点以前是这些国家的资本主义发展的主要障碍之一,现在某种程度上仍然是。资本主义不会雇佣那些不守纪律、"随心所欲"(liberum arbitrium)的人来劳动,也不可能用那些在与人交往中表现得极其无耻的商人,这是富兰克林告诉我们的。由此可见,资本主义和前资本主义之间的差别并不在于对钱财"欲求"的发展有多大程度的不同,对财富的贪欲就像人类历史一样古老。我们下面还要谈到,有些人全力以赴地投身于对金钱的追逐,就像"穿越地狱去寻宝,哪怕地狱之火烧焦船帆也在所不惜"的那位荷兰船长。然而这些人绝非让近代特有的资本主义"精神"滋长为普遍现象的那种心志的代表,明了这一点至关重要。任何时代、任何时间地点都有可能出现置一切道德规范于不顾的谋利行为。在与异族、非伙伴关系者进行不受规范束缚的自由贸易时，也像战争和海上劫掠时那样无所不用其极；凡在"兄弟间"关系中禁止的，在"对外道德"情况下却是允许的。而从外表来看，举凡懂得以货币方式积累财富并提供机会得以利用财富，经由康曼达、包税、举贷国债、战争筹款、宫廷王侯与官员等途径来获利的所有经济形态之中，总有土生土长的"冒险投机"的资本主义营利活动存在，而嘲弄伦理约束的投机家心态也是随处可见。获利过程中那种绝对的肆无忌惮往往与严守传统的态度形成鲜明对照。随着传统的解体以及自由经济或多或少地不断渗透进社会群体内部，这种新生事物并没有得到伦理的肯定，也没有发生重大影响，只是作为事实被容忍。这种事实要么被视为与伦理不相干，要么是令人不快的，却又不幸是难以避免的。这不仅是所有伦理学说的普遍立场，更为重要的是，也是前资本主义时代普通人在实际行动中所表现出的态度。所谓"前资本主义"，是指企业经营中理性地运用资本和资本主义劳动组织尚未成为决定经济行为取向的支配性力量。不过，这样的态度却是人们在适应有序的市民—资本主义经济秩序的前提条件时，普遍遭遇的最大心理障碍之一。

披着"伦理"外衣出现的，受着规范束缚的特定生活方式的首要对手，是人们可以称为传统主义的那种感觉与作风。在此必须终止做出最终"定义"的一切尝试，把一些特殊情况说说清楚，当然这也只是姑且说之。我们就从底层，也就是劳动者说起。

为了从劳动者那里获得尽可能最大值的劳动量并提高劳动强度，近代企业主常用的技术手段之一是论件计酬。例如在农业方面，收成的时候最讲究尽可能提高劳动强度；因为气候变化无常，收割速度往往关系到获得莫大的收益还是惨重的损失，所以在收获季节通常采用论件计酬制。雇主对收割的速度很是关切，其程度随着收益的增长和劳动强度的提升而加剧，因而会一再试图提高劳动者的计件工资，通过向劳动者提供短时间内获得高工资的机会，激励他们提高自己的劳动生产率。然而，雇主在此遭遇到独特的困难：提高计件工资的结果，往往是在同样时间内所干活计不是多了，而是少了；劳动者对于提高工资的反应不是增加而是减少其工作量。比如，每收割 1 摩尔干①土地的报酬是 1 马克时，某人一天收割了 2.5 摩尔干，挣了 2.5 马克。若是每收割 1 摩尔干土地的工钱提高到 1.25 马克，那么他本可以轻松收割 3 摩尔干而挣下 3.75 马克，但他并没有这样做，而是只收割了 2 摩尔干的地，如此一来照样可以挣到他已经习惯得到的 2.5 马克。套用《圣经》上的话说，他"知足"了。挣得多，不如干得少来得愉快，他不会问：我尽最大力干上一天能挣多少钱呢？而是问：我得做多少工，才能赚到我一向所得的

① Morgen，欧洲各国的土地面积单位，约等于 0.25—0.34 公顷。——译注

报酬（2.5马克），从而满足我的传统需求呢？这仅仅是我们称为"传统主义"行事方式的一个例子。人并非"天生"就想赚得越多越好，而是想单纯地过一种他所习惯的生活，能赚到维持这种生活所需的钱就好。举凡近代资本主义开始通过增加人类劳动强度来提高"生产力"的地方，都会遭遇到前资本主义经济劳动出于前述主导动机的顽强抵制；而且时至今日，它所依赖的劳动力越是落后（从资本主义的角度来看），所遭遇的抵制程度就愈烈。让我们再回到前述例子上来。既然通过提高报酬率来激活"获利心"的意图宣告失效，那反其道而行之的办法便不难想见，即降低劳动者的报酬率，迫使他要做比以往更多的工才能挣到与先前数目相同的报酬。过去人们认为，低薪酬和高利润之间有着对应的关系，工资支付得多，必然意味着利润减损。这样的肤浅之见，现在亦然。资本主义从一开始就一再采取减少薪酬的办法，数百年来人们都坚守着这样的信条：低薪可以"多产"，低酬劳能提高劳动效率。正如彼得·德·拉·库尔[1]所说，人们因为穷才去工作，只要一直受穷，就会一直工作下去。下面我们还会讲到，这样的思路完全符合早期加尔文教派的精神。

这种看似有效的手段，实际效用有限[43]。当然，资本主义为求发展需要人口过剩，以便能在劳动力市场用低价雇到

---

① Pieter de la Cour, 1618—1685, 荷兰经济学家。——译注

人工。这样庞大的"劳动后备军"有时确实有利于量的扩大，然而却有碍于其质的发展，特别是会对转型为劳动密集型经营形态有所妨害。低工资和廉价劳动并不是一回事。单从量的角度来看，劳动生产率会随着薪酬无法满足生理需求而下降，长此以往将导致最有违"适者生存"的后果。如今，在同一时间内，一个普普通通的西里西亚人即便竭尽全力也只能收割一个波美拉尼亚或梅克伦堡人所收割土地的三分之二多一点儿，后两者不仅报酬高，营养也好。而越是靠近东边的波兰人，其体力活的成果就越赶不上德国人。单就生意而言，举凡产品制造都需要某种熟练的劳动，或是要使用价高且易损的机器，或是一般而言需要某种程度的敏锐专注力与创新精神，而在此时，低薪制根本无法成为资本主义发展的支柱。低薪不仅不划算，而且会事与愿违。在这种情况下，不仅要有高度责任心，而且工作时不能分心去计较怎样才能最悠闲最省力地赚到同样的薪水，还得把工作当作绝对目的本身，即"天职"来做。然而，这样一种心态并非自然形成的，也不是通过高薪或低薪刺激出来的，而是长期不断的教育的结果。如今，资本主义已经占据支配地位，在所有的工业国家以及各工业国的所有产业领域，都能较为容易地招募到所需劳动力。而在过去，无论何种情况下都是个大难题[44]。即使在今天，要是没有一个强有力的帮手的支持，资本主义也难以所向披靡。下面我们将会看到，在资本主义发展期间，这个帮手一直伴随左右。对此，我们可以再举一例加以说明。今天人们常常以女工，尤其是未婚女工，来呈现落后的传统主义的劳动样式。雇用少女，特别是德国少女的雇主，常常抱怨她们不仅毫无能力和意愿放弃传统的、业已学会的劳动方式来使另一种更为实用的方法得以采用；而且也缺乏能力和意愿去学习和适应新的劳动方式，去集中或只是运用她们的才智。再怎么分析和说明如何能使其工作更加简单易做一些，更容易忍受一些，她们通常还是完全无法理解；提高论件计酬的标准碰到她们的习惯之墙也只能是徒然。只有那些有着特殊宗教教育背景，尤其是从虔敬派信仰流传的地区来的女孩子，会有所不同，这一点对我们的观察来说颇为重要。我们时常听说并且统计调查也证实[45]，这个群体最有可能接受经济教育。集中思考的能力，对工作的绝对专注的责任感，在她们身上往往与苛刻的节俭、自制结合在一起。节俭的品德会使人考虑到获利的多寡，自制会大大提高生产能力。所有这一切正是资本主义所要求的，以劳动作为目的本身，以工作为天职的观念，在她们身上找到了最有利的土壤，加之宗教教育的背景，这些都为战胜传统主义的慵懒散漫创造了最大的可能。对于现代资本主义的这层观察[46]再次表明，有必要问一问：适应资本主义的能力与宗教之间的关联在资本主义的成长期是如何形成的？从许多个别现象中可以推断出，两者之间的关系在当时就已与现在大致相似的形式存在了。例如18世纪时，卫理公会的工人遭到工友的厌恶与迫害，绝不只是或主要是因为其宗教的异端观点——英国曾有过更多更偏激的教派——而是由于他们有着今天所说的特殊的"劳动意愿"，当时许多关于劳动工具一再遭到破坏的记录也表明了这一点。

还是让我们回到当代，回到企业家身上，以便弄清"传统主义"在企业家身上到底意味着什么。

桑巴特①在讨论现代资本主义起源时[47]，把左右经济史走向的两大动因区分为"满足需求"和"营利"。前者致力于满足个人需求，后者则超越了个人需求的限制，致力于获取追求利得与获利的可能性；这两者决定了经济活动的形态与方向。乍一看，他所谓的"满足需求型经济体制"似乎与我们此处所表述的"经济传统主义"并无二致，要是把"需求"的概念等同于"传统的需求"，也确是如此。然而，如果需求的概念并不限于传统需求，那么按照桑巴特在其著作的另一处[48]对"资本"所下的定义，依其组织形式应被视为资本主义经济的众多经济类型就会被划出"营利"经济的范畴，归诸满足需求型经济的范围。换句话说，那些由私人企业家经营的，利用资本（包括货币及具有货币价值的物品）周转、购买生产资料并出售产品达到营利目的的经济类型，

① 1863—1941，德国经济学家、社会学家。——译注

亦即确定无疑的资本主义性质的经济类型，其自身可能同时具有传统主义的特性。这在近代经济史上非但不是个别现象，而且经常发生，尽管由于资本主义精神愈益强烈的侵扰，这种状况一再中断。一个经济的"资本主义"形式与引领此经济的精神之间，总的来说确有相互适应的关系，不过并非"法则上的"相互依存关系。尽管如此，我们在此还是暂且使用"（近代）资本主义精神"[49] 一词来描述这种我们在富兰克林的例子中看到的把工作奉为天职，系统性并理性地追求合法利得的心态。一方面，这种心态在近代资本主义企业中找到了与其相适应的形式；另一方面，资本主义企业也在此心态上汲取了相应的精神动力，这已成历史事实。

然而，这两者也很可能分别存在，互不相干。富兰克林浑身充满了"资本主义精神"，当时他的印刷工场在形式上与任何手工业企业毫无区别。下面我们还将看到，那些身为商业贵族的资本主义企业家既不是我们所谓的"资本主义精神"的那种心态的独一无二的载体，也不是主要承担者；承载那种心态的乃是那些正在崛起的产业界中产阶层。[50] 即使到了 19 世纪，资本主义精神的经典代表也非利物浦或汉堡等地的那些继承了祖上商业资产的举止高雅的绅士，而是来自曼彻斯特或莱茵兰—威斯特法伦，出身寒微，靠个人奋斗白手起家的新贵。其实，早在 16 世纪就出现了类似情形，当时新兴的工业企业大多是由这样的新贵创办的[51]。

像银行或大出口商、大型零售业，或者以出售家庭手工制品为业的大型商行，确实只有采取资本主义企业的形式才可能经营下去。然而，他们也完全可能是在非常传统主义的精神下运营管理：发行货币的大银行根本无法以其他方式来经营，各个时期的对外贸易全都建立在具有强烈传统性质的专卖权和法定特权的基础之上，至于零售业（这里所说的可不是那些规模小、资本少，整天喊着要政府救济的小商贩），一场旨在终结古老传统主义的革命正在全速进行。正是这样一场变革，导致旧日的批发体系分崩离析，而近代的家庭劳动和这种包工体制不过是在形式上与旧体系有类似之处罢了。这些情况早已司空见惯，但这场革命的经过及意义究竟如何，还是要举个实例来说明。

直至上个世纪[①]中叶，批发商的生活，至少在欧洲大陆纺织工业的某些部门里[52]，在今天看来还是相当悠闲的。其生活情形我们大致可以做如下想象：农民带着他们的纺织品（比如麻布，常常大多或主要是由农民自产的原料制成）来到批发商所居住的城镇，经过仔细的、多半是官方的品质鉴定之后，按常规价格领取货款。批发商的主顾是外地来的中间商，会将纺织品贩运到远方销售。中间商多半并不根据样品选货，而是按照习以为常的品质要求直接从批发商的货

---

① 指 19 世纪。——译注

栈中购货，抑或在交货日期之前早已向批发商下了订单，然后再由批发商向农民下订。主顾亲自前来的情况很少，即使来也是隔很久才来一次，书信往来足以解决问题。后来，寄送货样的做法也渐渐时兴起来。批发商工作时间不长，一天也就五六小时，有时还会更少，有市集的时候营业时间则会长些。他们收入不多，但足以维持体面的生活；年景好的时候还可以存点钱。竞争者之间对买卖规则一致认同，因而关系相对融洽；每天都到小酒馆开怀畅饮，消磨时光，志趣相投者还会相伴燕游，这真是舒适悠闲的生活。

上述情形无论从哪一点看，都是资本主义的组织形式——无论是说企业家的纯属商业性质的活动，还是说资本在商业活动中反复周转是不可避免的事实，抑或经济过程的客观面向和簿记方式，皆是如此。然而，从激励企业家奋发的精神即可看出，他们所从事的仍是传统主义的经济：传统的生活方式，传统的利润率，传统的工作量，传统的经营方法，传统的劳资关系，还有基本上传统的顾客圈子，招揽顾客和销售产品的办法也是传统的。这些支配着企业家的经营，也可以说是这群企业家的精神气质的基础。

有一天，这种舒适惬意的生活忽然受到干扰，而且是在组织形式没有发生根本性变化的情况下，比如从工场向封闭的工厂转变、从手工向机织过渡等都还没有发生。所发生的新情况常常不过是这样的：某个出身批发商家庭的年轻人从城市来到乡下，精心挑选符合其需要的织工，逐渐加强对他们的控制和监督并施以教育培训，使他们从农民变成工人。此外，他也尽可能直接接触终端客户，将零售业务全都掌握在自己手中；他还会亲自招揽顾客，每年照例一一走访；更重要的是，他会因应客户的需求和愿望来调整产品的品质，以迎合客户的"口味"，同时开始实行"薄利多销"的原则。这样一种"理性化"的过程无论何时何地都会一再产生这样的结果：若不跟进，就会落后离场。在刚刚开启的激烈竞争的压力之下，田园牧歌的景象土崩瓦解，荡然无存。财富大量聚集起来，却并没有用来放贷赚取利息，而是不断用于商业再投资，昔日闲适安逸的生活态度为严苛的讲求实际的态度所取代。迎头跟进的人之所以发家致富，乃是因为他们克勤克俭，不愿消费，只想获利；而仍然保持旧有生活方式的人则不得不节衣缩食[53]。在这些事例中，至关重要的是，这场变革的发生通常并不是由于资金源源不断地注入——据我所知，从亲友那里筹借几千马克就足以启动整个变革过程——而是由于新的精神，亦即"现代资本主义精神"注入并发生了作用。至于近代资本主义扩张的动力来自何方这样的问题，首先并不在于追究可供资本主义利用的资本量从何而来，而是在于资本主义精神的发展。凡是资本主义精神觉醒并能发挥作用之处，它便会筹措到所需资金作为其施展的手段，反之则不然[54]。尽管如此，资本主义精神的兴起一般来说并不一帆风顺，怀疑，憎恶，尤其是道德上的义愤，会如滔滔洪水般涌向最初的革新者，人们会不约而同地捏造有关他们个人生活隐私的流言蜚语，我本人就听到过这样一些事例。很少有人能坦率地承认：正是异常坚毅的性格才使得一个"新式"企业家能够始终保持清醒的自制，从而免遭道德上和经济上的灭顶之灾。新式企业家目光敏锐，行动力十足，尤其具有坚定和高度突出的"伦理"素质，所以才能在进行这些革新时赢得客户和工人不可或缺的信任；正是这样的伦理素质使他们保持着克服重重艰难险阻的力量，尤其是肩负起当今时代对于企业家的要求，他们必须承担起与日俱增的繁重工作，而这是与安逸的生活享受格格不入的。这样一种伦理素质与适合于传统主义的伦理素质是完全不同的。

这种伦理素质通常并不显眼，但对于资本主义精神渗入经济生活却具有决定性作用。而推动这种伦理素质发展的并非经济史上任何时代都常见的那些厚颜胆大的投机者和经济冒险家，也不是那些唯有钱而已的大金主，而是在冷酷无情的生活环境中成长起来的既精打细算又敢作敢当的人，更重要的是，他们无不稳健节制、诚实可靠、敏锐精明，带有严格的资产阶级观点和"原则"，全身心地投入到事业中去。

人们倾向于认为，这些个人的道德品质与任何伦理准则都毫无关系，更不用说什么宗教思想了。在这个方向上，从因袭的传统解脱出来的能力本质上是某种消极的东西——即最早的自由主义的"启蒙思想"——才是与这样一种商业生活方式相适应的基础。事实上，今天的情况正是如此。生活方式和宗教出发点不仅没有任何关系，即使有，通常也是一种消极的联系，至少在德国是这样的。现在，这些充满"资本主义精神"的人要么对教会抱有敌意，要么漠不关心。他们深信天国是无聊无趣的，会让天性活跃的人望而却步，宗教对他们来说似乎就是摆脱尘世劳作的手段。如果有人问他们这样忙忙碌碌有何"意义"，终日奔走永不餍足已有之所得，对纯粹此世的生活取向而言岂非显得毫无意义，他们兴许会这样回答："为了子孙后代。"可是，这种动机并非他们独有，"传统主义者"亦有同样的想法。更常见且更正确的回答应是：这种为事业永不止歇的操劳已成了他们"生活不可或缺的需要"了。事实上，这就是他们唯一确定的动机。而这种说法也表明：从个人幸福的观点来看，这是一种缺乏理性的生活方式，人在其中为事业活着，而不是反过来（事业为人而存在）。当然，毋庸讳言，凭借所占有的财富就能博取的权势与声名，也是孜孜求利的动机，就像在美国，一旦全民的梦想都贯注于纯粹的数量宏大的方向时，这种数字散发出的浪漫就会对商人中的"诗人"产生无法抗拒的魔力。而在那些并非如此的国家，沉迷于这种魔力的总体而言并非商界真正的领袖人物，尤其不可能是老牌的成功企业家。自己躲在家族财产世袭继承权和贵族头衔的荫护里，让儿子跻身高等学府和官僚体系，行事像是企图忘却出身背景，一如德国资本主义新兴家族中常见的那样，而这实际上是模仿学样的颓废产物。资本主义企业家的"理想类型"[55]，就像在我国出现的这类杰出代表，与那些或粗鲁或文雅、喜欢炫耀的野心家完全大相径庭。他们不但避免虚荣和不必要的花费，而且不颐指气使利用权势，还常常对自己获得的社会声誉的那些外在表征感到局促不安。换句话说，他们的生活方式有着某种如前述富兰克林的"训示"所展现出的禁欲色彩。这个于我们而言颇为重要的现象的历史意义，我们将会深入探究。尤其是他们身上的某种冷静自制，是种常态，而且本质上要比富兰克林见仁见智的那种自持来得更加真诚。他们的财富加诸个人身上，并没有给这个人带来任何好处，只给人一种"遂行天职"的非理性之感。

然而，正是这一点，在前资本主义时代的人看来是那么不可理解，那么不可思议，那么卑劣龌龊、令人鄙夷。在他们看来，如果有人把终生劳作当成生活的目的，带着巨额金钱和财富进了坟墓，那只能说这是倒错的本能，"拜金欲"的产物。

当代，在我们的政治、私法与交易体制下，在我们的经济特有的经营形态与结构中，正如人们所说的那样，存在着资本主义"精神"。不言而喻，它纯粹是适应的产物。资本主义经济制度需要这种以赚钱为"天职"的全力以赴的投入，这种对待外在财富的态度不仅适合资本主义经济制度的结构，又和经济生存竞争中的存活条件紧密联系在一起，所以如今不必再说"赚钱的营生"与某种单一统合的"世界观"有什么必然的联系。尤其是当资本主义经济制度再也无需任何宗教力量的支撑，而且教规对于经济生活的规制——若还能感觉到的话——不啻为一种妨碍，国家对经济生活的规制亦是一种障碍。这样，商业政策和社会决策的利害关系通常有决定"世界观"之势。谁要是在生活方式上与资本主义的成功条件不相适应，那他就会走向衰落沉沦，或者不会兴旺发达。然而，所有这一切都是近代资本主义凯歌高奏并从昔日支柱中解脱出来之后的时代才有的现象，一如它当初与日益强大的国家暴力结盟方足以冲破中古经济规制的旧有形式那样，我们姑且这样说吧，而今它与它所面对的宗教势力的关系恐怕也是同样的境况。我们所要探讨的是：是否确是同样的情况，并且在何种意义上如此。把赚钱当作人有义务达成的目的本身，当作"天职"，这样的观点与其他任何时代的道德观都是背道而驰的，这一点似已无须证明。早被纳入教会法且在那时（像福音书中有关利息的段落一样）[56] 被认为是真正的教义，并适用于商人活动的教条——"总非上帝所喜"（Deo placere vix potest），还有圣托马斯·阿奎那用来指称获利之欲的"卑鄙"（turpitude，这一说法甚至还用来指责那种无法避免的且伦理上容许的"利得”）一词，都包含了天主教教会对于意大利城市中的金融势力的极大让步。尽管相当多的人还抱持着激进的反营利观点，但意大利城市的金融势力与教会在政治上已经有了极为密切的联系[57]。而且，即便天主教教义对现实有了更多的迎合之处，但那种伦理观从不曾完全消失，即坚持认为为获利而获利的活动到头来终归是一种“可耻的行为”（pudendum），佛罗伦萨的安东尼主教①就是这样认为的。获利行为之所以被容忍，不过是尘世生活某些不变的需求所致。当时的一些道德家，特别是一些唯名论学派的伦理学家，接受了已经开始发展起来的资本主义经营方式并力图证明它们，尤其是证明商业经营是必要的，而在其中发展出来的“勤奋努力”（industria）是利得的合法来源且在伦理上无可非议，尽管这样的证明不无矛盾。然而，当时居于支配地位的学说仍将资本主义的获利精神视为可鄙的，至少不予以伦理上的正面评价。富兰克林的那种伦理观点在当时简直是不可思议的。而这其实是参与资本主义运作的人所抱持的看法，要是固守教会的传统，他们毕生的工作充其量不过是道德上不相干的、被容忍的，但由于始终存在着与教会禁止放高利贷取息的教义发生冲突的危险，因而会危及来世的幸福。各种资料表明，富人在临终之际往往会把巨额资财捐献给教会机构，以

---

① Antonin von Florenz, 1389—1459, 曾在 1446 至 1459 年任佛罗伦萨主教。是当时教会经济思想的代表人物之一。——译注

偿还"良心债";有的甚至将从债务人那里榨取的"重利"归还给他们。只有那些在思想深处摆脱了传统束缚的城市商业贵族才不会这么做,异教徒或其他一些被认为有问题的人亦是如此。而即便是怀疑论者或非教会人士通常也都借着大笔捐献来讨好教会,以保证自己死后不会遇到可能发生的种种不确定情况;或者因为(至少是根据广泛流行的观点)对教会戒律的表面顺从就足以保证他们死后得到救赎[58]。这正好将捐献者自己的态度表露无遗,即认为自己的行为要么出于表面道德,要么出于反道德。那么,充其量是在伦理上被容忍的行为怎么就变成了本杰明·富兰克林笔下的"天职"了呢? 这还得从历史角度加以说明。14、15 世纪的佛罗伦萨是当时世界资本主义发展的中心,是所有政治大国的货币市场和资本市场。当时的营利活动被认为是可以商榷的,或至多是可以容忍的。但在 18 世纪,地处边陲的北美宾夕法尼亚州仍是小资产阶级的社会状态,由于货币短缺,经济上常常不得不倒退回以物易物的地步,那里找不到大企业的影子,银行还处于起步阶段。而在这样的情况下,营利活动却被视为一种道德上值得赞许,甚而必须遵循的生活方式的内容。对此,要是说"思想观念这种上层建筑是物质状况的反映"岂不荒唐可笑? 那么,把表面看来纯粹是为了获利而进行的活动归入个人怀有义务感的"天职"范畴,究竟是出于什么样的思想背景呢? 因为正是这种思想为新式企业家的生活方式提供了伦理基础和支撑。

　　人们通常把"经济的理性主义"称为现代经济的基本动因,桑巴特更是对此做出了富有见地且影响深远的论述。如果说这指的是在科学观的指导下,对生产过程进行重组以摆脱人类天然的"生理上的"局限,从而提高生产率,那么这一说法无疑是正确的。这种技术和经济领域的理性化过程,毋庸置疑,也决定了近代资产阶级社会"生活理想"的一个重要部分。服务于向人类供应物质产品的理性组织,对于"资本主义精神"的体现者来说,无疑是其毕生工作的指向性目标之一。只消读一读富兰克林为费城的市政改善所做努力而写下的记述,就自然会明白这一显而易见的事实。为许许多多人提供就业机会,协力促成家乡城市与资本主义相结合,实现以人口和贸易量两个方面的增长为取向的经济繁荣,这自然会使人感到喜悦和自豪。所有这些对近代企业家来说,显然是一种特有的且无疑是"理想主义的"满足。同时,资本主义私人经济的基本特征之一便是在严格算计的基础上进行理性化、有计划且头脑清醒地谋求经济上的成功。这大大不同于农民只图勉强糊口的生存、古老行会工匠依仗特权独享的懒散以及以政治机遇和非理性投机为取向的"冒险资本主义"。

　　如此一来,"资本主义精神"的发展似乎干脆可以理解为理性主义整体发展中的局部现象,而且此种精神应该是从理性主义对于终极人生问题的根本性态度中引申出来的。由此，基督教新教只有作为纯粹理性主义人生观的头茬果实时，方才是历史观察的对象。然而，一旦我们试图认真地尝试时，就立刻会发现这样的解题办法是根本行不通的，因为理性主义的历史表明它在各个人生领域绝非并行不悖地向前发展的。比如私法的理性化，如若将其理解为对法律材料进行概念上的简化或者编排，那么这在古代末期的罗马法中就已经达到了迄今已知的最高程度。然而，在一些经济最为理性化的国家，私法的理性化程度仍然十分落后。特别是在英国，罗马法的复兴因为当时受到法律社团的强势阻挠而失败；反倒是在南欧的天主教国家，罗马法一直处于主宰地位。18世纪时，纯粹现世本位的理性主义哲学并不仅仅是，甚至并不主要是在资本主义高度发达的国家盛行。即使在今天，伏尔泰思想仍是拉丁语系天主教国家广大的上流阶层和（实际上更为重要的）中产阶层的共同财富。而且，如果将"实用理性主义"理解为有意识地将尘世的一切与"各个自我"的现世利益挂钩，并由此来评判这个尘世的一种生活方式，那么这样的生活形态无论过去还是现在都是诸如意大利人和法国人那种骨子里浸透着"自由意志"（liberum arbitrium）的民族的典型特色。由此，我们可以说服自己相信，在这样的土壤里，绝对滋长不出资本主义所需要的那种人以"职业"为使命的关系。人们正可在上述各种不同的观点中，循着不同的方向来使生活"理性化"，而任何对理性主义的研究都应该由这个简单的道理出发，但人们往往忽略了这一点。"理性主义"是个历史概念，其中包含着各种各样相互矛盾的事物，所以我们应该探讨的是，从"天职"思想和为职业劳动献身的精神中滋长出来的"理性"思维以及生活的具体形式，究竟是何种精神孕育而生。"天职"思想和为职业劳动献身的精神曾经是且至今仍是我们资本主义文化最有特色的组成部分，而我们已经看到，单从享乐主义的利己观点来看，它是如此非理性。这里，我们感兴趣的是存在于资本主义文化中，也存在于所有天职观中的非理性因素究竟从何而来。

三、路德的天职构想

如今，颇为明显的是，德语中"Beruf"一词与或许表达得更清楚的英语中的"calling"一词，至少会使人联想到一个宗教观念：神所交付的使命。而且，越在具体情况下强调这个词，就越能感受到这样的意涵。如果我们从历史角度、从文化语言角度来考察这个词，首先就会发现，在天主教占优势的民族找不到我们所谓的"职业"（就其在生活中的地位与一定的工作领域而言）一词，也没有类似含义的表述，古代亦是如此[59]。它反倒存在于所有基督教新教占优势的民族。这并非由于相关语言的某种民族特质所致，比如说，"职业"一词并不是所谓"日耳曼民族精神"的表述。这个词的现代意义恰恰来自《圣经》的译文，体现的不是《圣经》原文的精神[60]，而是译者自己的精神。路德所译的《圣经》中，似乎是在《便西拉智训》的某处首次使用了贴合现代意涵的"职业"一词[61]。其后，所有信奉基督教新教的民族的日常用语中很快便带有此词的现在意涵；而在这些民族此前的世俗文献乃至宗教文献中，根本看不到这一词义的踪影，就我所知，仅在一位日耳曼神秘主义者的著述中出现过。众所周知，他对路德颇有些影响。

这个词的含义是新的，这种思想也是新的，都是宗教改革的产物，这一点人尽皆知。然而，这并不是否认职业概念里所包含的对世俗日常劳动的正面评价，早在中世纪甚至（希腊化时代晚期的）古代就已经有其萌芽了。对此我们以后还会谈及。但无论如何，有一点绝对是全新的，即把履行俗世职业的义务评价为个人道德实践所能达到的最高意涵。这就不可避免地赋予世俗日常劳动以宗教意义，并在这个意义上第一次产生了天职概念。于是，这一"天职"概念表达出了所有新教教派的核心教义，即摒弃天主教将道德戒律区分为"命令"（praecepta）和"劝诫"（consilia）的做法，转而认为，为神所喜的生活的唯一途径并不是借僧侣的禁欲苦修来超越尘世道德，而是完成个人生活岗位所加诸其身的俗世义务，所谓"天职"即由此而生。

路德[62]在其进行宗教改革活动的最初十年发展了这种思想。起初，他也像托马斯·阿奎那所代表的中世纪传统那样[63]，认为尘世劳作虽说是神的意旨，却是生物性的，纵然是信仰生活必不可少的自然基础，其本身却如吃饭喝水一样，无关道德[64]。然而，随着"因信称义"（sola fide）思想日益成形且更加明确无误地贯彻推行，再加上随之产生的对于天主教修院生活所谓"受魔鬼支配"的"福音的劝告"①愈演愈烈的反对,职业的重要性也随之提高。此时,修道院的生活方式在上帝面前不仅毫无称义的价值,而且是一种逃避现世义务、自私自利、冷漠无情的产物。与此形成鲜明对照的是,俗世的职业劳作乃是博爱(Nächstenliebe)的外在表现,尽管这一观点的论据完全脱离实际,并与亚当·斯密在这个问题上的著名论点形成近乎诡异的对立[65],后者认为劳动分工迫使每个人都为他人工作。不过,这种基本上属于经院式的论证很快就消失了,留存下来的说法越来越强调在任何情况下都要履行世俗的职责,这是让神满意的唯一途径。而这样的途径,也唯有这样的途径,才合乎神的愿望,因而在神的眼里,任何正当的职业都具有完全同等的价值[66]。

赋予世俗职业生活这样的道德意义,是宗教改革,特别是路德影响深远的重要成果之一。这一点毋庸置疑,甚至可以说是有目共睹的[67]。这样的职业生活观与帕斯卡②的冥想哲学有着天壤之别。帕斯卡深信,对于俗世活动的尊重只能出于虚荣或狡诈的动机,因而痛恨并拒斥世俗活动[68]。这种

① 福音书中有三个劝告,即清贫、贞洁、服从。但在天主教,这三个劝告并非用来约束一般信徒,而是约束修士,因此福音的劝告可以指代修道士的生活。——译注
② Blaise Pascal, 1623—1662,法国数学家、物理学家、思想家,压力的单位帕[斯卡]即以其姓氏命名。——译注

观点与耶稣会士的或然论所导致的对于尘世宽大的功利主义的妥协相去更远，但新教这一成就具体有什么实际意义，一般说来只能模糊地感受到，不能清晰地认知。

首先，几乎可以肯定地说，路德与上述意义上或其他任何意义上的"资本主义精神"并没有什么内在的关联。现今那些常常对宗教改革的"事功"大加赞扬的教会界人士，总的来说，绝非任何意义上的资本主义的朋友。路德本人也明确无误地否认和富兰克林所表露出来的那种心态有任何联系，当然，我们也不能把他对于像福格尔家族那样的巨商大贾的指控拿来作为例证[69]。因为16、17世纪针对某些大型商贸公司在法律上的或者实际的特权地位所进行的斗争，正好可以拿来与近代对托拉斯的讨伐相比，而这种讨伐并非传统主义思想的表现。清教徒和胡格诺派教徒曾与这些人以及伦巴第人、"钱庄"，还有受到英国国教会、英法两国国王和国会庇护的专卖商、大投机商和银行业者进行过激烈斗争[70]。克伦威尔在邓巴战役（1650年9月）之后写信给长期国会说："恳请改革各行各业的弊端，使多数人受穷、少数人致富，实与共和政体不合。"此外，我们又会发现，克伦威尔遵循的是"资本主义"特有的思维方式[71]。路德发表过很多批判高利贷和任何形式的放贷利息的言论，相对于后期的经院哲学（从资本主义立场来看），这些言论中表露出的对资本主义营利本质的看法显然是落伍了。尤其是货币不具生产性的观点，更是早已被佛罗伦萨的安东尼主教驳斥过[72]。不过在这里无需深入探讨，因为宗教意义上的"天职"思想对于现世生活方式来说有能力塑造出不同的花样。宗教改革的功绩首先在于：与天主教观点相反，对于现世列于天职的工作予以极大的道德重视和宗教奖赏。各个宗教改革、各教派有多大的虔敬程度，表达这一变化的"天职思想"就会在多大程度上得到继续发展，"天职"思想端赖于虔敬程度的深刻影响。路德自认为他的"天职"思想来自《圣经》的权威，而《圣经》原典本身却有利于进行传统主义的解析。特别是《旧约》，虽则在真正的先知书里根本找不到抬高世俗道德的提法，其他书卷里也只有一些零星的痕迹和端倪，但它塑造出了严格意义上与传统主义相类似的宗教思想。都谨守着自己的生计，让不信神的家伙去谋利吧；这就是直接与世俗活动有关的全部句章的含义。只有《塔木德》[①]有部分不同的立场，但也并非根本的不同。耶稣个人的姿态则以如下典型的古代东方的祷告词显示出经典的纯粹性："我们日用的饮食，今日赐给我们。"这种激烈地拒斥俗世的气质，也在他的"不义之财"之说中有所表现，从而一举排除了将近代职业思想与耶稣本人直接挂钩的所有可能[73]。《新约》中所记述的，尤其是由圣保罗所代表的基督教的使徒时代，对

---

① 犹太教法典，与《旧约》同为犹太人古老经典。——译注

于世俗职业生活要么漠不关心，要么报以传统主义的态度，这是因为最初几代基督徒的心里无不怀着转世的期望。既然是期待着主的降临，那就只能谨守蒙主召唤时的身份，一如既往地从事世俗劳作；如此一来，他就不致变成穷人，可怜巴巴地招教友们厌烦，这种事即便是瞬间也会令人不快。路德是顺从自己各种状态下的情绪来阅读《圣经》的，而且在1518至1530年这段发展过程中，他的整个心态一直是传统主义的，不仅如此，甚而变得越来越传统主义[74]。

路德在其从事宗教改革活动的最初几年里，由于认定职业基本上是被创造出来的，因而在有关现世活动应是何种性质的问题上一直抱持冷漠的态度。这种态度与保罗的末世论相近，一如保罗在《哥林多前书》第七章中所示[75]：人无论从事什么职业都可得救，所以在人生短暂的旅途上无需在乎职业的类别。追求超出自身需要的物质利益，是欠缺天恩的表征。而谋取这样的利得必会损害他人的利益，应直接予以谴责[76]。随着路德日益卷入世俗事务，他对职业工作的评价也越来越高。但同时，各人的具体职业对各人自己来说也愈益成为神所给的特别命令，这种具体的地位乃是神的安排。在与"宗教狂徒"（Schwarmgeistern）及农民骚动展开斗争之后，路德越来越认为，神使各人所处的客观历史秩序乃是神的意旨的直接流露[77]；他日益强调神意在各人人生进程中的作用，其"天命观思想"日趋表现出浓厚的传统主义色彩：原则上，各人应永远安于神指派给他的职业和身份，其世俗活动应局限于既定的生活地位的范围。如果说，路德的经济传统主义起初是保罗那种漠视现世的态度的结果，那他后来却日益强烈地流露出对天意的信仰[78]，基于此信仰，无条件地服从神[79] 并无条件地安于既定环境，两者形同一体。在此情况下，路德没能在职业劳动和宗教原则之间建立起原则上是新的、基础性的联系[80]。他认为，教义的纯正性乃是确保教会永无谬误的唯一标准，在他历经 20 年代的斗争之后愈加坚信这一理念。而单单这一点便足以妨碍他在伦理问题上提出什么新的观点。

因此，路德的职业概念始终是传统主义的[81]。他所谓的职业就是人必须接受且适应的神定之事。这样一种说法，遮蔽了当时存在的另一种"天职观"，即职业劳动本来就是一项任务，甚而是神所安排的一项任务[82]。正统路德教派的发展更是发扬了这一特色。于是，唯一的伦理收获不过是消极性的，即借由禁欲的义务来超越现世的义务已经不复存在，却连带着训诫人们要服从威权、安于现状[83]。下文中在我们讨论中世纪的宗教伦理时将会说到，路德的职业思想在很大程度上早已被德国的神秘主义者探讨过，特别值得一提的是陶勒尔①。他认为，神职和世俗的职业本质上具有同等价

---

① Johannes Tauler，1300—1361，德国神秘主义神学家。——译注

值，而灵魂对于在恍惚狂喜的冥思里接引圣灵独具重大意义，因此他并不太看重传统的禁欲形式所具有的价值[84]。某种意义上，路德教派实际上比神秘主义者还要落后，因为在路德那里，更不用说他的教派了，其理性的职业伦理所需的心理基础相较于神秘主义者大大削弱了（在这一点上，神秘主义者的观点使人想到虔敬派及贵格派的信仰心理）[85]。下面还将看到，正因为他对作为劳动的救赎的禁欲自律有所怀疑，所以这一特质在路德教派教会里愈益退居次要地位。

此处应确定的路德意义上的"职业"思想[86]，就我们迄今所见来说，对于我们探索的问题充其量也只有不明确的重要性。但这绝不是说路德在宗教生活秩序上的革新对我们的考察对象没有任何实际意义。恰恰相反，只是这样的意义不能从路德及路德派教会对世俗职业的态度中直接推导出来，而且也不像基督新教的其他教派所秉持的态度那样显而易见。因此，我们最好先从其他教派的一些形式研究起，毕竟在这些形式下生活实践与宗教出发点之间的联系要比在路德教派那里更容易探知。先前我们已经提到过加尔文教派和新教的其他教派在资本主义发展史上所起的显著作用，正如路德在茨温利①身上发现了完全不同于自身的"另一种精神"，路德的精神继承人也在加尔文教派那里发现了不同于

---

① Huldrych Zwingli, 1484—1531，瑞士宗教改革家。——译注

他们的"另一种精神"。而天主教会一向甚而至今仍把加尔文教派视为真正的对手。之所以如此，起初是纯粹的政治原因所致：若是没有路德个人的宗教精神的发展，宗教改革是不可想象的；而且从精神上来说，宗教改革也受到他的人格的长期影响。要是没有加尔文教派，路德的事业也不可能持续发扬光大。然而，无论是天主教，还是路德教派，都厌恶加尔文教派，其原因就在于加尔文教派的伦理特点。单从表面来看，加尔文教派在宗教生活与世俗活动之间的关系完全不同于天主教和路德教的，这一点在宗教主题的文学作品中也都看得出来。例如在《神曲》的结尾，诗人但丁伫立于天国，无欲无求，默默思考上帝的奥秘。而在被称为"清教神曲"的弥尔顿的《失乐园》的结尾，在描述亚当、夏娃被逐出乐园的情节后是这样收尾的：

> 他们回望伊甸园的东面，
> 片刻之前那里还是他们的幸福家园，
> 如今烈焰熊熊，火剑冲天；
> 孔武的身影，手执火器，
> 站在门前。
> 他们的眼泪夺眶而出，
> 又随即擦去。
> 广袤的世界展现在他们面前，

何处栖息，有神意指引，

他们缓步向前。

手挽手，穿过伊甸，踏上寂寞旅途。

此前一段中，天使米歇尔曾对亚当说：

……你有知识

只要加以力行，

再加上信仰、美德、忍耐和节制，

加上爱，加上被宣扬为基督之爱的博爱，

此乃其他一切德行的魂灵，

你就不会不乐意离开

这乐园，而你的心灵会因此

有更幸福的美景。

任何人看到这些诗句都会立即感觉到，这里强烈地表达了清
教徒对尘世的严肃关切，把尘世生活视为一项任务，而中世
纪的作家不可能写出如此有力的文字。但这种表达与路德教
派，比如路德和鲍尔·格哈德①的赞美诗所表现的意向迥然
不同。所以，现在我们应以较为精确的逻辑思想来取代这种
模糊的感觉，并探知这种差异的内在原因。有人将这种差异

---

① Paul Gerhard, 1607—1676, 德国杰出的教会赞美诗诗人。——译注

归之于"国民性",那不仅等于承认了自己的无知,而且在我们这种情况下也是站不住脚的。若有人认为 17 世纪的英国人有着统一的"国民性",那根本就是个历史错误。无论是"骑士党人",还是"圆头党人",①不仅都认为各自分属两个党派,甚而觉得彼此是根本不同的两类人。仔细体察,不得不说这样的说法是对的。[87]另一方面,人们也没有发现英国的商业冒险家和古老的汉萨同盟②商人之间有什么性格上的对立,也没有发现中世纪末期的英国人和德国人在性格上有什么本质的区别。若有,不外乎是以双方政治命运的差异来直接加以解释[88]。今天我们所意识到的差异乃是宗教运动的力量造成的,这是首要力量,但并非唯一的力量。[89]

如果我们在探讨早期的新教伦理与资本主义精神发展之间的关系时,从加尔文、加尔文教派以及其他"清教"教派的成就出发,那就不能理解为,我们期望在这些教团的某位创立者或代表人物身上发现有谁是被我们此处所谓的"资本主义精神"唤醒,并在某种意义上视此为自己毕生事业的目标。我们实在无法相信,他们当中的某个人将追逐尘世财富

---

① 英国历史上有"骑士党"和"圆头党"之争。骑士党即英国资产阶级革命的保皇党集团,因其主要成员是官僚和贵族,戴假发(长发),佩长剑,仿效中世纪的骑士,被叫做"骑士党"。圆头党亦称"议会党",留短发,克伦威尔是其领导人。——译注

② 汉萨同盟是德意志北部城市间形成的商业和政治同盟,13 世纪逐渐形成,14 世纪兴盛,加盟城市最多达 160 多个,在繁荣了 4 个世纪之后才逐渐衰落。——译注

当作目标本身，并认为这件事是具有伦理价值的。我们尤应永远牢记的是：就我们的研究目的而言，从没有哪个宗教改革者，诸如门诺、乔治·福克斯和卫斯理①等人，会把提出伦理改革纲领当成自己的核心任务。他们并非为"伦理文化"而结社的社团创建者，也非人道主义的社会促进团体的代表人物或文化理想的倡导者，他们的生活和工作的唯一支点乃是灵魂的救赎，也只有灵魂的救赎才是他们的人生和事业的基础，他们的伦理目标以及教义的实际影响全都建立在这一基础之上，而且只是纯宗教动机的必然结果。因此，我们必须对以下情况有所准备：宗教改革的文化影响有很大一部分，就我们这项研究的特殊观点来看，是改革者们不曾料到的，也不是他们希望出现的后果。这些影响往往同他们所要达到的目标相去甚远，甚至背道而驰。

下面的研究也许会对我们了解"理念"是如何在历史上发挥作用的有些微帮助。不过，为了避免各位从一开始就误会我们此处主张纯粹理念具有历史作用的用意，或许有必要在这篇绪论的讨论结束前稍加说明。

首先要说明的是，此项研究并非试图对宗教改革的某种意义上的思想内涵进行价值判断，无论是从其社会政治方面，还是从其宗教方面。为本书的研究目的考虑，我们常常

---

① 乔治·福克斯是教友派的创始人，卫斯理是美以美教派（亦即"卫理公会"）的创始人。——译注

要与宗教改革的方方面面打交道。就纯正的宗教意识而言，发生影响的往往是那些边缘的和表层的方面。在这里所要做的，不过是弄清楚在我们这个由不计其数的、一个个的历史因素中生发出的现代特有的"此世"取向的文化发展网络中，宗教动机究竟产生了多大影响。换句话说，我们只是想探知这种文化的典型内涵在多大程度上可以归因于作为历史原因的宗教改革的影响。为此，当然要摆脱这样的观点，即认为宗教改革这个"历史的必然"结果可以从经济变革中推衍出来。无数的历史场景，特别是纯粹的政治进程，既不可能嵌入任何"经济规律"，也无法以任何经济观点加以解释，它们必定是共同参与其中发挥作用，从而使新创立的教会得以存续。但另一方面，我们也无意主张一种荒谬而教条的论点[90]，比如认为"资本主义精神"（暂时按照前文使用的意义）只能是宗教改革特定影响的结果，甚或认为资本主义经济体制是宗教改革的产物。众所周知，早在宗教改革之前，资本主义商业经营的某些重要形态就已经存在了，这个事实是对上述说法的驳斥。而我们要弄清楚的是，宗教影响是否参与以及在多大程度上发挥作用，使资本主义精神的质得以形成并推动其在全世界进行量的传播；此外，奠基于资本主义之上的这种文化到底在哪些具体层面上可以追溯到宗教改革的力量。在宗教改革文化时期的物质基础、社会与政治组织形式以及精神内涵之间有着极为错综复杂的相互影响，鉴于此情，我们只能这样处理：首先，研究宗教信仰的某些形式和职业伦理之间是否有并在哪些点上有清晰可辨的"亲和性"。同时，尽可能弄清宗教运动如何通过这些亲和性影响物质文化发展的方式以及大方向是怎样的。只有在对这些情况基本明了之后，我们才能试图对现代文化内涵的历史起源做出评估，看它在何种程度上可以归因于宗教动机，又在何种程度上可以归因于其他力量。

第二部分
禁欲主义新教的职业伦理

一、入世禁欲的宗教基础

历史上，禁欲主义新教（就这里所使用的新教意义而言）主要有四种教派：1. 加尔文教派，西欧是其主要的活动地区，特别是在 17 世纪；2. 虔敬派；3. 卫理公会；4. 从再洗礼派运动中诞生的诸教派[91]。这些教派运动中，没有一方是与其他方完全分开的，即使是和那些非禁欲的宗教改革教派之间也并不是泾渭分明。卫理公会是 18 世纪中叶从英国国教会内部发展出来的教派，按其创立者的本意，并非要创立一个新的教派，而是要重新唤起禁欲的精神，只不过是在其发展过程中，特别是在向美国拓展的过程中，才和英国国教会分道扬镳。虔敬派最初是以加尔文教派为基础出现在英国，特别是荷兰，并且通过一些毫不起眼的渠道与正统保持着联系，始终是加尔文教派中的一个派别。直到 17 世纪末，才在施本尔①的领导下调整了部分教义并加入路德教派。其后，虔敬派仍是路德教派内部的一个派别，只是在摩拉维亚弟兄会受到胡斯派②和加尔文派的影响并因此与辛生道夫③连接起来的那些人（亨胡特兄弟会教派），被迫违心地形成了一个特殊教派，一如卫理公会的经历。加尔文教派和再洗礼派在发展初期曾一度尖锐对立，然而在 17 世纪晚期两者又密切接触，结合于再洗礼派的教义之中。早在 17 世纪初期，英国和荷兰的各个独立教派也都开始了这种逐步转变的进程。正如虔敬派所显示的那样，其与路德派的合流也是渐进的；加尔文教派与英国国教会之间的情形亦复如是，虽则无论从外部特征还是从信徒一贯之精神来看，英国国教会与天主教更为相似。广义上被称为"清教派"⁹²（一个意涵暧昧的词语）的这个禁欲运动的广大教众，特别是那些坚定不移的捍卫者，曾攻击过英国国教会的基本教义；即便如此，也只在斗争中两者的对立才愈益尖锐。就算是把人们不太感兴趣的那些政治制度和组织的问题完全抛开不论，也改变不了这种尖锐对立的状况。教义上的差异，甚至包括有关预定论和称义说等最为重要的差异，都以极其错综复杂的方式混杂在一起，这种状况早在 17 世纪就时常阻碍教会内部的统一，尽管不无例外。我们所关切的重要现象，即道

① Philipp Jacob Spener, 1635—1705, 德国神学家，虔敬派领军人物。——译注
② Jan Hus, 1369—1415, 捷克宗教思想家、哲学家，后以异端罪名被处死。——译注
③ Nikolaus Ludwig von Zinzendorf, 1700—1760, 德国伯爵，哲学家、宗教和社会改革家，摩拉维亚弟兄会主教，虔敬派代表人物之一。——译者

德的生活样式，以类似的方式存在于形形色色教派的信徒身上。这些教派要么是上述四种教派之一，要么是多种教派组合的产物。下面我们将会看到，相似的伦理准则是能够和形形色色的教义基础结合在一起的。即使是对灵魂的司牧活动具有相当影响的文学辅助手段，尤其是各种不同教派的决疑论手册，也随着时间的推移而相互影响，人们发现其中有很多相似之处，尽管如大家共知，其生活方式有着极为不同的实践。表面上看来，我们最好不要去管那些教理基础和伦理学说，只要专注于道德实践就可以了。但这实际上是不可行的。禁欲伦理的各种不同的教理根基在经过可怕的斗争之后都消亡了，而原初对教义的坚持在后来"非教条的"伦理中留下了深刻的印痕，所以，只有对原初的思想内涵有所了解，才会明白那种伦理道德与来世观之间的关系，明白后者是如何完全占据那个时代有着丰富精神世界的人们的思想的。若是没有这种使其他一切都黯然失色的力量，那个时代也不会出现大大影响生活实践的道德觉醒。对我们来说，重要的当然并不是那个时代伦理纲要中的理论和官方的教诲。毋庸讳言，它们也通过教会活动、灵魂司牧和布道产生了实际作用[93]；而我们关注的完全是另外的问题，即探知由宗教信仰和宗教生活实践所创造出来的动力，这种动力为生活样式指明了方向，并让个人固守这一方向。只是这种动力在很大程度上源自宗教信仰观念的特质。那个时代的人似乎只是在符合其理解力的程度上思考抽象的教义，如果我们明了教理与实际的宗教关怀之间的内在联系，就会看到这一点。对教理做一番考察[94]势在必行，这会令不谙神学的读者觉得索然无味，而对有着神学素养的读者来说又太过草率和肤浅，但这是无法避免的。而我们能做的仅止于用一种人为的编排来使其前后一以贯之，即用历史真实里难得的"理想型"方式表达这些宗教思想。当然，在历史现实中不可能划出严格的分界线，因此我们只能寄希望于在研究其贯彻始终的形式中触及它们独有的效果。

在16、17世纪的荷兰、英国、法国等资本主义高度发达的文明国家，曾为信仰[95]展开了大规模的政治和文化斗争，其中最值得一提的是加尔文教派，所以，我们的研究从它开始[96]。加尔文教派最具特色的教义乃是神恩蒙选论（Gnadenwahl），当时是这样认为的，现今也是。不过，对于神恩蒙选论是新教最根本的教理还是附属的教理，一直众说纷纭。对某种历史现象的本质进行判断，要么是价值判断和信仰判断，即仅仅关涉令人感兴趣的问题或者具有永恒价值的问题；要么以其对其他历史进程产生的影响来追究因果关系的重要性，这关涉历史责任判断。此处如果要采行，也必定是从后一种观点出发，也就是根据其在文化史上所起的作用来探讨该教理所具有的重要意义，那么它必然受到高度评价[97]。奥登巴尼菲尔德①所领导的文化斗争之所以失败，正是因为这个教义，而英国国教会内部的分裂在詹姆士一世治下之所以无可挽回，也正是由于王室与清教徒在教义上有分歧。总之，加尔文教派之所以被视为危害国家的因素而屡受当局打压，最主要就是因为这一教义[98]。17世纪重大的宗教会议，特别是在多德雷赫特和威斯敏斯特召开的，还有为数甚多的小型会议，其核心议题都是将此教义提升到教会权威教理的地位；"战斗的教会"（ecclesia militans）②为无数英勇斗争的教会英雄提供了坚强的精神支柱。18、19世纪，这一教义导致了教会的分裂，并在大规模的宗教觉醒运动中发出了战斗的呐喊。因此，我们不可置之不理，而是首先要学习它的内容，但其内容并不为任何受过教育者所熟知，所以我们最好从1647年《威斯敏斯特信仰宣言》的原文来了解它。独立教派和洗礼派在这一点上只是重复了这一宣言的内容[99]。

第九章（论自由意志）第三条：人由于堕入原罪状态，已经完全丧失达至神圣之善并随之得救的全部意志力。所以，一个自然人若是与善背道而驰，且在原罪中死去，那就没有能

① Johan van Oldenbarneveldt, 1547—1619, 荷兰政治家。——译注
② 传统上，基督教会可分为三种：战斗的教会，胜利的教会，受苦的教会。——译注

力改变自己的心，或者准备改变自己的心。

第三章（论上帝的永恒旨意）第三条：按照神的旨意，神为了彰显他的荣耀，一些人便被选定得永生，一些人便被选定受永灭。

第五条：人类中蒙神选定得永生者，是神在创世前就按照他永恒的、不可变更的目的以及自己意志的隐秘计划和美意选择了耶稣基督，并赋予他永远的荣耀，这纯粹出自神自由的恩宠和慈爱，并非预见到人或基督的信仰、善举或者这两者中的坚韧性，也并非预见到被造物身上的其他任何事情作为选定他的条件或理由。总之，一切都是要使他荣耀的恩典得到称赞。

第七条：对于其余的人类，神乃是依据自己意志的深不可测的计划来施与恩宠或者保留慈爱，为了展现他在被造者身上所彰显的无所不能之荣耀，他乐意因其原罪而使其蒙受羞辱或触怒上天，以使他荣耀的正义得到颂扬。

第十章（论有效的恩召）第一条：神欢喜在由他决定的适当时刻，以他的道与精神，有效地召唤所有他赐予永生之人出离本性之罪与死的状态……剔除他们的铁石之心，赐予他们肉做的心，更新他们的意志，并以全能的威力促使他们从善……

第五章（论神意）第六条：至于那些为着前世的罪孽而盲目顽固的邪恶之人和不虔信神之人，神作为公正的审判者不仅拒绝给予他们恩宠，这恩宠本可开启他们的悟性，软化他们的心肠，而且有时还要收回他们已得的恩赐，并将这些天赋和他们堕入罪孽联系起来。同时，神放纵他们的欲望，用尘世的诱惑和撒旦的魔力来引诱他们，于是他们的心肠愈发硬如铁石，上帝用来软化他人的方法也无法改变其铁石心肠[100]。

"哪怕要将我下地狱，也不能强令我尊敬这样一个神。"这是弥尔顿对这一教义所下的著名评语。[101] 不过，我们所关切的并不是这一教义的价值判断，而是它的历史地位。在此，我们还得花点时间简略地谈谈这一教义是如何形成的，又是如何融入加尔文教派的神学思想体系的。可能的路径有两条。自奥古斯丁以降，基督教史上一再出现这样的现象：那些最积极、最热情的崇信者身上的宗教救赎感情和一种感觉连接了起来，这所有的一切都要归功于客观力量的作用，万万不可归之于个人自身的价值。强烈的喜悦放松卸去了压在人们心头的巨大罪恶感，而这种似乎突如其来的强烈感受直接冲击着信徒，使他们根本无法想象这种空前的恩宠赐予可以归功于他们自身的行为，或是可以与他们自身信仰和意志的成绩或素质相联系。在路德的宗教天赋得到最好发挥的年代，亦即他写作《论基督徒的自由》时，对他而言，最确切不疑的是，神的"密旨"就是他所受宗教恩宠的绝对唯一的终极来源。[102] 之后，他也没有正式放弃这一思想，只不过这种"密旨说"在他那里没有占据核心地位，而是随着他作为教派领袖不得不投入"现实政治"，这一思想日愈退居幕后。梅兰希顿①则完全刻意回避将那个"危险而隐晦"的教义纳入《奥格斯堡信纲》。在教义上，路德教派的长老们也坚定地认为，恩宠是有可能失去的（amissibilis），但可以通过忏悔后的谦卑以及虔诚信仰神的话语、履行圣礼来重新获得。在加尔文那里，情况则完全相反，[103] 在他与教理上的对手进行论战的过程中，这一教义的重要性明显提升。不过这一教义在其《基督教原理》第三版中才得以充分展开，并在其死后的大规模文化斗争中才上升到核心位置，而这些斗争正是多德雷赫特和威斯敏斯特召开的宗教会议试图终结的。对加尔文来说，神的这种"可怕的裁定"（decretum horribile）并不像路德那样来自亲身体验，而是思考出来的。因此，随着加尔文只关注神而不关注人的宗教关怀在思想上的坚定性不断加剧，这一教义的重要性也愈益提高。[104] 并非神为人而存在，反倒是人为了神而存在。世间所发生的一切，包括加尔文深信的事实，即只有一小部分人被选中获得永生，若有什么意义可言，也只在于它是神彰显自己荣耀的手段。按尘世的"正义"标准来衡量神的至高意旨，不仅毫无意义，也是对神的亵渎，[105] 因为神是，并且唯有神是自由的，他不受任何法则的约束，神在多大程度上显露自己的旨意，我们就在多大程度上理解和知晓这些旨意。我们所能

---

① Philip Melanchthon, 1497—1560，德国宗教改革家，马丁·路德的战友。——译注

把握的只是永恒真理的碎片，而其余的一切，包括我们个人命运的意义，全都隐于幽深的奥秘之中，去探知它既不可能，又是僭越。被判堕入地狱之人抱怨自己命不该如此，这就如同牲畜抱怨自己没有生而为人。一切被造物都与神隔着一条无法逾越的鸿沟，除非神为着自己的荣耀而做出另外的决定，否则一切生物只有永灭。我们所知晓的唯有：部分人得永生，其他人注定死。如果设想人的功过会对其命运产生影响，那不啻是说亘古以来神绝对自由的决断会因为人的影响而有所改变，这简直是痴心妄想。《新约》里的那位"天父"会为罪人的幡然悔悟而喜悦，犹如那个妇人会为一枚 10 芬尼的钱币失而复得而高兴，在这里变成了一个超验的存在，人类的理解力无法企及。神高深莫测的旨意决定了每个人的命运，并支配宇宙间一切微小之物。[106] 只因神的旨意不可更改，那么神的恩宠在他赐予之人身上就永远不可能失去，神拒绝赐予恩宠之人也就永远不可能得到这种恩宠。

如此悲壮的不近人情的教义，势必会对信奉它的人造成严重的后果，尤其是让各人内心产生一种空前的孤寂感。[107] 对于宗教改革时代的人来说，人生中至关重要的事莫过于永恒的救赎，而今只能形单影只，一个人孤独上路，走向那被决定的永恒命运，没有人能施以援手。教士也无法帮助他，因为只有被神选中的人才能用心灵来理解神的话语；圣礼也不能帮他，因为圣礼尽管是神为增添自己的荣耀而制定的，必须严格遵守，但并非获得神的恩宠的手段，不过是主观上的信仰的"外在的辅助手段"（externa subsidia）；教会也不能帮他，因为大家相信"教会之外无救赎"（extra ecclesiam nulla salus）之说，意即谁脱离了教会，谁就永远不会成为神的选民。[108] 然而，神所舍弃之人也在（外在的）教会里，他们应该属于教会并服从教规，不是为了借此得到救赎，这是不可能的，而是为了神的荣耀必须恪守神的戒律；最后，神也帮不了他，因为就连基督也只为了被选定之人而死，[109] 神裁定基督永远为他们殉难。这样一来，就完全排除了教会—圣礼救赎的可能性（而路德教派的教义中从未推导出如此终极的结论），这也形成了与天主教鲜明的具有决定性意义的对照。现世除魅（Entzauberung der Welt）[110] 这一宗教史上的伟大进程，始于古代犹太先知并与希腊的科学思想结合，将所有巫术性质的救赎手段斥为迷信与亵渎，在此走到了它的终点。真正的清教徒甚至在送葬时也拒绝一切宗教仪式，即使是埋葬最亲近的人时也不会挽歌盈耳、哀乐低回，以防"迷信"借机兴风作浪，使人们误信巫术—圣礼的救赎威力。[111] 对于上帝决计拒绝赐予恩宠的人，不仅无法通过巫术来获得恩宠，甚至任何手段也不管用。这种个人的内在孤独，与那种有关神的绝对超验性以及视一切被造物毫无价值的严苛教义结合在一起，一方面可以解释清教徒何以对文化和宗教信仰中所有的感官—情感因素抱着彻底否定的态度——因为它们不仅无助于救赎，反倒平添了多愁善感的幻想和偶像崇拜的迷信，这也正是清教徒厌弃一切感官文化的缘由所在。[112] 而另一方面，这种孤独感也是具有幻灭的、悲观色彩的个人主义的根源之一，[113] 在具有清教历史的民族的"民族性"与制度中，这样的个人主义至今仍在发挥作用，并与后来的启蒙运动借以看待世人的另一种截然不同的视角形成鲜明对照。[114] 在我们所研究的时代，救赎预定论产生影响的痕迹，即使是在预定论作为一种教义其影响已经式微的情况下，仍在生活方式与人生观的基本现象中清晰可辨。在这里，我们要研究分析的只是那种对神的信赖具有排他性的最极端形式。例如一些清教著作，特别是英国清教徒的著作中，一再告诫人们切勿相信他人的帮助以及人世的友谊。[115] 甚至连温和的巴克斯特①也劝告人们，即使对至亲好友也要心存提防；贝利②则直言不讳地告诫人们，切勿信赖任何人，切勿对人让步，唯有神才是你真正可信的朋友。[116] 与这样的人生态度相关的是，在加尔文教派盛行的地区，个人告解制度悄然消失，而加尔文自己不过是对个人告解抱有疑虑，认为它有可能会引起对圣礼的误解，这一点与路德教派形成强烈对比，并且意义重大。首先，这是加尔文教派产生

---

① Richard Baxter，1615—1691，英国清教徒领袖。——译注
② Lewis Bayly，1565—1631，英国清教传道者，对德国的虔敬主义影响颇大。——译注

影响的一种征兆；再者，对于加尔文教派发展其伦理态度也是一种心理动力。于是，个人告解这一定期"释放"原罪意识的手段被废弃了。[117] 它对日常生活的伦理道德实践造成的后果，我们稍后再谈，但它对人们的整个宗教状况带来的明显影响是显而易见的。尽管为了获得救赎就必须加入真正的教会，[118] 但加尔文派教徒与神的交流依然是在深深的内心孤独之中进行的。谁若想感受一下这种气氛的特殊效果[119]，那就读一读班扬①的《天路历程》（*Pilgrim's progress*）[120]吧，此书是清教徒文学作品中流传最广的。书中描写了一个名叫"克里斯蒂安"的人意识到自己居住的乃是"毁灭之城"之后的表现：他应神之召命前往天国朝圣，妻子儿女围抱着阻挠他，他捂着耳朵一边大叫"生命啊，永恒的生命！"，一边跟跄着毅然前行。这位在监牢里写作的补锅匠受到了广大教友的赞扬，无论什么样的生花妙笔都难以企及他笔下的那种素朴的情感，他魂牵梦绕的是如何得到救赎，反映了清教徒中有识之士的心情。这使人想到了戈特弗里德·凯勒②所著的《正直的制梳匠》，书中主人公与朝圣同路人在途中热忱交谈。只不过他在确定自己安然抵达之后，才想到要是全家与他同在该有多好。这样一种对死亡和彼岸

---

① John Bunyan, 1628—1688，英国著名作家、布道家。原是英国小镇的补锅匠，因信奉纯正的基督教而入狱，用 12 年时间在监牢里完成了这本巨著。——译注

② Gottfried Keller, 1819—1890，瑞士诗人、作家，用德语写作。——译注

的焦虑恐惧，我们在多林格尔①笔下的阿方索·利古奥里②身上也能强烈地感受到。这与马基雅弗利当年在称许佛罗伦萨市民时所表现出的那种高傲的现世精神完全不可同日而语，市民们在与教皇和教权禁令进行斗争时曾高喊："要故土，胜过要救赎。"而相去更远的是理查德·瓦格纳借主人公西格蒙德之口所表达的感情："代我向奥丁致意，代我向瓦尔哈拉③致意……但真的不要再跟我说什么欢乐易逝了。"同样的恐惧在班扬和利古奥里那儿产生了迥异的效果，这种恐惧导致利古奥里无所不用其极地自我羞辱，却鼓舞班扬与人生展开了无休无止、深谋远虑的斗争。这样的天差地别究竟是如何产生的呢？

首先，加尔文教派在社会组织方面有着毋庸置疑的优势，与上述那种将个人内心与尘世千丝万缕的联系斩断的趋向是如何结合在一起的，似乎颇令人费解。[121] 尽管乍看之下有些奇怪，但此乃源于基督教的"邻人之爱"通过加尔文教派的信仰在个人内心孤独的压力下造成的特殊结果。这结果首先是教义衍生出来的。[122] 现世之所以存在，就是为了神的荣耀，也仅仅是为了神的荣耀。神的选民在尘世间唯一的使

---

① Johann Josef Ignaz Dollinger, 1799—1890, 德国神学家。——译注
② Alfons von Liguori, 1696—1787, 意大利天主教修会赎主会的主教圣师。——译注
③ 亦称"英灵殿"。——译注

命就是全心全意遵行神的诫命，尽其本分增添神的荣光。但是，神还要基督徒进行社会工作，要按照他的诫命来组织社会生活形态。加尔文派教徒在尘世中的社会活动[123]，仅为"增添神的荣耀"（in majorem gloriam Dei）。由此，服务于整体尘世生活的职业劳动也具有这种性质。在路德那里，我们看到，分工的职业劳动也是源于"邻人之爱"，但仍停留在不确定的、纯属思想萌芽的设想；在加尔文那里，却是伦理体系中颇具特色的部分。由于"邻人之爱"只是为了神的荣耀[124]，而不是为了服务于神所造之物[125]，所以首要的是表现在履行通过自然法所交付的职业任务，在此过程中，完成这些任务便有了一种特别为事而非为人的性质，即一种服务于合理建构我们周遭社会秩序的目的。无论依《圣经》的启示还是人的天生直觉来看，这个宇宙奇妙且目的明确的组织与安排显然是神设计出来供人类使用的，所以服务于社会效用而非人的福祉可以看作是能增添神的荣耀且为神所喜的。将神义论的难题以及那些令人苦恼的有关尘世和人生意义的一切问题完全摈除，对于清教徒来说是不言而喻的事，对犹太教徒亦复如是，只不过后者是出于迥然不同的理由。在一定意义上来说，对于非神秘主义的基督教信仰亦是如此。为了省事省力，加尔文教派又增加了一个在同样方向发力的因素。（克尔恺郭尔所说的那种）"个人"和"伦理"之间的分裂，对加尔文教派而言并不存在，尽管它要求个人自行承担宗教上的事。在这里，我们暂且不去分析个中原因，也不去分析这些观点对于加尔文教派的政治和经济理性主义有何重大意义。但加尔文教派伦理的功利主义性质全都来源于此，加尔文教派的天职观的重要特点亦源于此。[126] 不过，我们现在要回过头来专门考察救赎预定论。

对我们来说，至关重要的问题在于：在一个认为相较于现世生活，来世所有的利益更加重要，而且在许多方面更加确定的时代，[127] 人们是如何接受这种教义的呢？[128] 我是被神拣选出来的吗？我如何才能确知我是被预选出来的呢？[129] 这样的问题迟早会出现在每个信徒的面前，并使得其他所有关切都退后。对于加尔文本人来说则根本不是。他自认是神的"战斗装备"，并确信自己能得到救赎。至于各人如何能确知自己已被神选中的问题，加尔文只有这样一个答案：我们只要认识到神已经做出决定，并且应以真诚的信仰坚守对基督持久不衰的信赖，便算是功德圆满了。加尔文原则上斥责这样的假定：人可以从他人的行为表现看出神已对其施了恩宠抑或拒绝赐予恩宠。他认为，这是强行窥探神的密旨的行为，是一种不正当的企图。表面上看，被神选中的人在现世生活中与被神舍弃的人并无二致。[130] 被选中者所有主观的体验，比如"圣灵的戏弄"（ludibria spiritus sancti），被舍弃者也可能会体验到，唯一的例外是那种凭借对神的笃信而坚守"到底"（finaliter）的信赖。因此，被选中者是并且永远是神的不可见的教会。加尔文的继承者，比如早期的贝扎①，尤其是广大教众，自然是不会认同加尔文这种态度的。对他们来说，没什么能比"救赎的确定性"（certitudo salutis），即确知恩宠状态更重要的事了。[131] 所以，凡是信奉恩宠预定论的地方，必然会遇到这样一个问题：是否有切实的标志能够让人据此认识到自己确属神的"选民"。这一问题对于在宗教改革基础上成长起来的虔敬派一直具有重要性，某种意义上讲，甚而是虔敬派的根本。不仅如此，假如我们考察一下宗教改革后有关圣餐仪式的教义与实践在政治上和社会上所具有的重大意义，便会知道，在整个17世纪，即使在虔敬派之外，确定个人的恩宠状态所起的作用是多么重大。比如，这决定了个人能否获准参加圣餐仪式，而这种核心的宗教仪式事关参加者的社会地位。

至少当个人对自身的恩宠状态出现疑问时，他不可能停留在加尔文的指示上，满足于恩宠作用使人产生的坚定信仰，[132] 尽管这一指示从来没有被正统教理正式放弃过。[133] 尤其是灵魂司牧的实际工作往往亦步亦趋地伴随着教义所引发的内心苦闷，这一指示更不可能令教众满意。牧师各显神通地应付各种各样的难题。[134] 然而，只要恩宠预选论不被重新解释或者放宽解释，抑或干脆放弃，就势必出现两种相互

① Theodore Beza, 1519—1605, 法国清教徒神学家。1558 年，加尔文创办日内瓦学院，贝扎为首任院长。——译注

联系且各具特色的教牧类型。[135] 一是每个人都相信自己是神的选民,并把所有的疑虑统统当作魔鬼的诱惑而与之斗争[136],因为疑虑的出现乃是信仰不够坚定、缺乏自信的结果;也就是说,恩宠还没有充分发挥作用。圣徒劝诫人们"恪尽"个人天职,在此被解释为个人有义务在日常生活的奋斗中争取自己已得选民资格和正宗的主观确定。由此,路德所推崇的谦卑的罪人——只要悔悟、虔信神亦可得到恩宠——而今被信心满满的"圣徒"取代[137],我们可以在资本主义英雄时代那些意志坚如钢铁的清教徒商人以及今天的个别范例中发现他们的身影。二是反复教导人们要以孜孜不倦的职业劳动作为获取自我确认的最佳手段。[138] 这样,也只有这样,才能驱散宗教的疑虑,获得恩宠状态的确证。

世俗的职业劳动之所以被认为有这样的事功,即被视为消除宗教不安的最恰当手段,其原因可在改革教会所培养起来的那种具有宗教情操的根本特征中找到。其最明显的表现在于改革派与路德派在因信称义说上的分歧。对于这种分歧,施乃肯布尔格①在其出色的演讲集中已经做了非常精妙、客观且回避了价值判断的分析[139]。而以下的简短说明基本上都是依据他的说法。

路德教派的虔敬之心,特别是在 17 世纪的发展过程中

① Matthias Schneckenburger, 1804—1848, 德国神学家。——译注

孜孜以求的最高宗教体验乃是与神灵的"神秘的合一"（unio mystica）[140]。顾名思义，这是一种实体沉浸在神性中的感觉，一种神性真正进入信仰者灵魂的感觉，这对改革派来说是闻所未闻的事。其本质同德国神秘主义者的沉思默祷所要达到的效果类似，即渴望在神那里求得安宁的被动性格，主要诉诸纯粹情感的内心世界。哲学史表明，带有神秘主义倾向的宗教意识不仅能与具有鲜明的现实主义特征的实在意识在经验领域很好地结合，还因其拒斥了辩证的教理而常常成为这种实在意识的支撑；而且神秘主义甚至恰好可以间接地促进理性的生活方式。但是在与尘世的关系上，神秘主义对外在活动缺少正面的评价。此外，路德教派还将"神秘的合一"与那种因原罪而生的深刻的无价值感结合了起来，而这种感觉对于路德派教徒为保持赦罪所不可或缺的谦卑和纯洁而坚持进行的"每日悔改"（poenitentia quotidiana）至关重要。相反，改革派从一开始就反对路德教派完全内向的情绪化的虔诚，也与帕斯卡尔①的寂静主义的逃避世界截然不同。而神性之实在进入人的灵魂是根本不可能的，因为与所有的被造物相比，神具有绝对的超验性，即"有限不能包含无限"（finitum non est capax infiniti）。神与得到其救赎者之间结成的共同体，只有神作用于他们身上而后者意识到此作

---

① Blaise Pascal, 1623—1662, 17 世纪法国的天才数学家、物理学家、哲学家。——译注

用——也就是说，这些人的行为源自蒙神之恩宠而产生的信仰，这种信仰反过来又通过他们行为的性质而证实是受神作用的——神和选民的共同体才会真的存在，选民也才会意识到它的存在。对所有实际的宗教意识加以区分时，一般的有效方法是明确展示关键性救赎状态的根本差别，[141] 即教徒可以从两方面来确认自己的恩宠状态：要么觉得自己是神的威权的容器，要么觉得自己是神的威权的工具。如是前者，其宗教生活就会倾向于神秘的感情文化；如是后者，就会倾向于禁欲行为。路德接近第一种情况，加尔文则属于第二种情况。改革派教徒也希望"因信称义"而得救，但在加尔文看来，如果单是感觉和情绪，无论其看上去多么高尚都是虚妄，[142] 信仰必得受到客观效果的检验，从而为"得救的确定性"提供一个可靠的基础。也就是说，信仰必须是"有效的信仰"（fides efficax），[143] 得救的召命也必须是"有效的神召"（《萨伏依宣言》的用语）。如果我们进一步追问，加尔文教派到底凭借什么样的成果来认定自己有能力明确地辨识出真正的信仰？答案便是：凭借基督徒的生活方式，用以增添神的荣耀的生活方式。至于什么样的生活方式能够增添神的荣耀，我们可以从神的意旨中找到答案。其意旨或直接通过《圣经》启示，或从神创造的自有章法的世界秩序（自然法）[144] 中间接体现出来。通过比较，特别是通过自己的灵魂状态与神的选民——比如《圣经》所说的以色列族长——的灵魂状态进行比较，人们便可知悉自己的恩宠状态。[145] 只有神的选民才真正拥有这种"有效的信仰"[146]，也只有神的选民才能通过"再生"而使其整个生命"神圣化"（sanctification），凭借实实在在的而非虚有其表的善功来增添神的荣耀。在此之中，他意识到自己的转变，至少是在基本性格和长远打算方面，仰仗活跃于自己内心为增添神的荣光而工作的力量，[147] 这不仅仅是神的意愿，更是神的作为所致，[148] 由此他达到最高的善，亦即这种宗教所追求的恩宠的确定。[149] 信徒是可以达到这一结果的，有《哥林多后书》第 2 卷第 13 章第 5 节为证。[150] 然而，善功是无论如何不可作为获得救赎的手段的，因为即便是选民，也还是神所造之物，他们所做的一切总与神的要求相去甚远。可是，作为选民的表征，善功还是不可或缺的。[151] 善功是一种技术手段，但并非用以收买救赎，而是为了摆脱关于永生与否而产生的不安。从这个意义上来说，善功有时会被直接视为救赎的必需之举，[152] 或者说"得救的拥有"（possessio salutis）亦取决于善功。[153] 实际上这意味着：自助者，神助之。[154] 所以，常有人说，加尔文派教徒的得救——正确的表述是得救的确定性——是他们自己"创造"的。[155] 不过，这种创造不可能像天主教所认为的那样，存在于逐步积累的个人善功之中，而是处于时刻面对的非此即彼的选择——即是被选中还是被舍弃的——以及系统地自我检视之中。由此，我们来到了此番考察中极为重要的一点。

这种思路日益被归正教及其各教派明确倡导,[156] 却一再被路德教派指斥,称其退回到了"善功得救论"。[157] 受到指责的归正教则反驳说自己的教理立场与天主教的不可同日而语。然而,一旦这些对归正教一般信徒的日常生活产生了实际影响,所谓的指责也不无道理。[158] 因为恐怕还没有哪个教派像加尔文教派一样,在其信徒中创出了那种对道德行为无比强烈的宗教上的尊重。就这种"善功得救论"的实际意义而言,起决定性作用的乃是对与其相适应的生活样式的特殊性质的认识,它有别于中世纪普通基督徒的日常生活的特殊性质。在伦理上也许可以这样说,中世纪的普通天主教徒[159] 过着一种勉强糊口的日子,他们尤其认真地履行着那些传统的职责。除此之外,他们的善行一般来说还没有形成一种相互联系的生活体系,或者说至少尚未形成理性化的生活体系,只是一个个单独的行为。有时他们会以善行来抵消某些具体的罪过,或者是在灵魂司牧的感化下,在其生命行将结束之际将其作为一份保险金。毋庸置疑,天主教的伦理乃是一种"观念伦理",但个别行为的"动机"(intentio)决定了行为的价值。善行或者恶行都会记在行为者名下,并且影响其今生或者来世的命运。天主教会极为现实地估计到,人并非绝对按照一贯动机行事并进行价值判断的统一体,其道德生活通常会受到相互冲突的动机的影响,致使其行为充满矛盾。不言而喻,天主教会的理想也要求个人生活来个根本性转变。然而这一要求（对一般教众来说）却因为天主教会最重要的一个权力手段和教育手段——即悔罪圣礼——进行的变革而再度弱化。这一圣礼的功能又和天主教综合意识最为内在的特质有着深刻的联系。

现世"除魅"，即作为救赎手段的巫术去除[160]，在天主教的虔敬里并没有像在清教徒（以及清教徒之前的犹太教）的宗教意识里那样彻底。对天主教徒来说，[161] 教会的圣礼恩宠是一种弥补自身不足的手段。教士便是巫师，在弥撒里完成变体的奇迹，手中则握有通向永生的钥匙。信徒在告解和悔改时可向他求助，从他那里获得赎罪的机会、恩宠的希望以及对宽恕的信心，从而由可怕的紧张状态中解脱出来。生活在难以缓解的紧张之中乃是加尔文教徒注定的命运，无法逃脱，也无法借助他力。对他们来说，友爱而又温情的抚慰是不存在的，他们也不能指望像天主教徒和路德教徒那样，利用他日善功的提升来补偿现下因心志软弱和轻浮草率而犯下的过错。加尔文教派的神并不要求其信徒做出个别的善举，而是要求他们逐步提升到一个完整体系的圣洁生活状态。[162] 在犯罪、悔罪、赎罪、解脱然后再犯罪之间的那种真正属于人性的起起落落，或者说通过地上的惩处来获得赦罪，通过教会的恩宠手段来清偿整个人生的差额，在加尔文信徒身上是不可能的，而在天主教徒那里却是可以的。这样一来，一般人的伦理实践不再是无计划、无系统的了，而是形成了一套使其整个生活样式能贯彻始终的方法。18 世纪清教思想的最后一次大复兴的担纲者被冠上"卫理派"之名绝非偶然，正如具有同样含义的"严谨派"这一称谓被用于其 17 世纪的精神先驱身上一样。[163] 因为只有在每一时刻、每一行动中对其整个生活意识来个彻底改变[164]，才能证明将一个人从"自然状态"（status naturae）提升到"恩宠状态"（status gratiae）的效果。圣徒的生活只追求一个目标：救赎，达到永生之超验结局。正因如此，其现世生活完全理性化了，支配其生活的观念是"在尘世间增加神的荣耀"。从来没有人能比他们更不折不扣地尊奉"一切都是为了增加神的荣耀"（omnia in majorem dei gloriam）这一立场。[165] 唯有借恒久的反思来引领生活，方能克服人的自然状态：笛卡尔的名言"我思故我在"在此伦理的重新阐释下被当时的清教徒接受了。[166] 这样的理性化赋予归正教的信仰一种独特的禁欲主义特点，为其内在的亲和性奠定了基础，同时也为其与天主教的冲突埋下了祸根。[167] 不用说，天主教也会有类似的感受。

基督教的禁欲，就其外在现象和内在意涵而言，包含了极为不同的表现形式。在西方，禁欲的最高表现形式早在中世纪就已经有了理性的特征，有的甚至可以追溯到更早的古代。西方隐修的生活方式相比东方隐修的生活方式更具有世界史意义，虽非整体如此，不过一般来说是这样的。之所以如此，是因为西方隐修生活是建立在理性基础之上的。在圣本尼迪克特的教规中，隐修生活已经从无计划的遁世和自我折磨中解脱了出来，克吕尼派的僧侣与西多会的修士莫不如此，耶稣会修士则最为特出。此种隐修生活已经逐步形成一套理性生活样式的系统化建构的方法，旨在克服人的"自然状态"，使人摆脱非理性的冲动以及对尘世与自然的依赖，臣服于神至高无上的有计划的意志支配，[168] 不断对自己的行为进行检视并审慎考虑自己行为的伦理价值。如此一来，从客观上讲，僧侣便被训练成服务于神的国度的工人，主观上确保了僧侣的灵魂得救。这种积极的自制（Selbstbeherrschung）便是圣依纳爵"苦修"（exercitia）的目的，也是一般理性的僧侣品德的最高形式，[169] 同时亦是清教徒具有决定性意义的实际生活理想。[170] 在清教殉教者的审判记录中可以看到，面对极度的轻蔑，面对那些高级教士和官员的疯狂叫嚣，清教徒总是镇定自若，漠然以对，[171] 对这种冷静自制的崇尚，今日仍可见诸英国"绅士"及英裔美国绅士中最为典型者。[172] 用现在的话来说，[173] 就是清教的禁欲如同任何一种理性的禁欲，力求赋予人一种这样的能力：坚持按照他的一贯动机行事，特别是按照清教禁欲锻炼出来的动机行事，反对感情用事。换句话说，从其形式—心理的意义上讲，它是在力图培养人的"人格"。与某些流行的看法相反，清教禁欲旨在让人过一种警醒、自觉而明澈的生活，其最迫切的目标是杜绝没有节制的本能的享乐，最为重要的手段则是使教徒的生活样式井然有序。所有这些至关重要的观点在天主教僧侣的生活中，与加尔文派教徒的修炼生活中，[174] 都同样显著和影响深刻。[175] 两者都有着惊人的克服尘世的力量，都建立在对整体人格有步骤有条理的掌控上，而加尔文教派能够作为"战斗的教会"捍卫新教对抗路德教派，正源于此。

另一方面，加尔文教派的禁欲与中世纪的禁欲之间的差别在此看来也是极为明显的，它表现为加尔文教派的"福音劝谕"（consilia evangelica）被废除以及随之而来的将禁欲改造为纯粹的现世活动。这并不是说，天主教内部"讲求方法的"生活只限于修道院僧侣的房间之中，理论上和实践上都不是这样的。恰恰相反，就如之前提到的那样，尽管天主教的道德要求较为和缓，但其伦理上毫无系统的生活无法企及尘世生活所树立的最高理想——即使对于现世生活，也是以此为理想的。[176] 例如，圣方济各会创办的第三修道会便是力图将禁欲贯彻于日常生活中的一项尝试，而且众所周知，这也不是唯一的一次。事实上，诸如《追随基督》（*Nachfolge Christi*）这样的著作通过其发挥强大影响力的方式表明，书中所宣扬的生活样式使人觉得高于最低限度的日常道德，而后者也不可能达到清教所要求的标准。此外，教会某些制度的施行，尤其是赎罪券的售卖，必然一再扼杀尘世禁欲系统的发展，因此，在宗教改革时代，人们觉得这些措施并不是无足轻重的滥权，而是根本性的罪恶。不过，具有决定性意义的是：过着宗教意义上讲求方法的生活的、最杰出的人一向只有僧侣，并且仍将只是僧侣。所以，禁欲越能紧紧抓住某个人，就越能使其脱离日常生活，因为他特别神圣的生活正是对世俗道德的超越。[177] 路德并不遵守什么"发展趋势"，而是完全从其个人经验出发，起初并没有取得确切的结果，后来却受到政治形势的推动；路德首先对上述发展趋势予以摒弃，而加尔文教派却从其手中接了过来。[178] 塞巴斯蒂安·弗兰克①说，宗教改革的意义就在于：此后任何一个基督徒都不得不终其一生作为僧侣。这句话道出了这种宗教类型的核心特征，如同预先筑起了一道堤坝，挡住了禁欲主义日渐脱离日常世俗生活的趋势。那些激情满怀而又严肃认真之辈，若在往日或可成为出类拔萃的僧侣，而今只能在职业生活中追求其禁欲的理想了。不过，加尔文教派在其发展过程中也增添了某种积极因素，即生发出这样的思想：在世俗的职业生活中考验人的信仰。[179] 这种思想积极推动了一心向往宗教的广大阶层的禁欲活动，随着加尔文教派在救赎预定论中确立自己的伦理观，身处俗世之外和俗世之上的神职贵族便被亘古以来由神预先选定的俗世中的精神贵族所取代。[180]

---

① Sebastian Franck, 1499—1542，承继路德，引领德意志思潮的著名人物。——译注

后者具有"不可抹除的印记"① (character indelebilis)，与那些亘古以来被舍弃者之间隔着一道原则上无法逾越而又无法看见的鸿沟，[181] 它比中世纪时僧侣与俗世割裂的程度更为可怕，是一道尖锐深刻地渗入一切意识形态里的鸿沟。因为选民或曰圣徒得到神的恩宠，在面对邻人的罪孽时不是反躬自省到自己的弱点并对其施以援手，反而将其视为神的寇仇，憎恨、蔑视他们，以为神将他们打入万劫不复之地。[182] 这样的意识常常会异常高涨，甚而形成教派。比如17世纪的独立派运动中，真正的加尔文教派的信仰认为，为了神的荣耀，被舍弃之人也应服膺于教会律法。但这样的信仰被另一种信念所压倒。后者认为，如果不得再生的灵魂身处神的殿堂并参加各种圣礼，甚或作为牧师主持圣礼，那是对神的侮辱。[183] 因此，一言以蔽之，当作为义证的思想导致多纳图派的教会概念出现结果时，就会形成教派，一如加尔文教派中出现了洗礼派一样。此外，正在形成的各个教派都要求建立"纯洁教会"，即建立一个经受考验的、再生选民的共同体，就算不能形成教派，也会促成各种教会制度的诞生。教会状态的某些改善也都来自要建立纯洁教会的努力：将教徒中能够再生者与不能再生且不具备参加圣礼资格之人区别

---

① 根据天主教教义，七大圣礼中的浸礼、坚信礼、品级礼都赋予灵魂"不可抹除的印记"，这些圣礼只有一次，接受圣礼的人将永远保有这一印记。——译注

开来，确保教会的治理权和特殊地位留给前者，并且只任命那些再生者为牧师。[184]

这种禁欲主义生活样式赖以遵循的固定规范当然来自《圣经》，它显然也需要这样一种规范。要指出的是，人们常常提起加尔文教派的"《圣经》至上主义"，但对我们来说，最为重要的是《旧约》和《新约》中的道德诫命都是受神的启示而写下的，因此应该获得同样的尊重。只要这些道德诫命不单单是针对犹太教当时的历史情境而规定的，或者是已被基督明确否定的。对于加尔文派教徒来说，这种律令即便不能完全实现，也不失为理想的规范。[185] 路德则反其道而行之，起初他把信徒不刻板依从律法的自由视为神授特权。[186] 希伯来人既敬畏上帝，又具有头脑清醒的生活智慧，体现在清教徒所熟读的《圣经》篇章，即所罗门的箴言和一些诗篇中，在清教徒整个生活气氛里可以感受到这种智慧的影响。其中，尤其是清教的理性特点，它对宗教神秘主义方面以及对一般感情方面的压制，桑福德① 早已正确地指出，[187] 这是受《旧约》影响的结果。《旧约》自身的理性主义本质上是小资产阶级传统主义的类型，其中不仅有先知和许多诗篇的激情，而且早在中世纪就为独特的唯情论宗教意识的发展提供了触发点。[188] 所以说，归根结底，是加尔文教

---

① John Langton Sanford, 1824—1877, 著有描写英国清教革命的历史作品。——译注

派自身那种独特的而且正是禁欲主义的根本性质，选择并汲取了《旧约》中适合加尔文教派的诸元素，并使之同化于自己。

而今，加尔文教派的禁欲与天主教修院生活的理性形式共通的伦理生活方式的系统化，单从外在看，明显地浮现于"严正的"清教徒持续不断检视自身恩宠状态的方式上。[189] 与最为热忱的归正教徒一样，最初是由耶稣会士创出的近代天主教的虔敬信仰（尤其是在法国）通过一种信仰日志，将种种的罪恶、诱惑和恩宠进展的状况持续地记录了下来。[190] 但在天主教那里，记日志的目的是为了忏悔的完整，或者为"灵魂司牧者"（directeur de l'ame）提供依据，以便对基督徒（多半为女性）进行权威指导；归正教徒则借助日志来感知自己的"脉搏"。所有著名的道德神学家都提到过这种日志。本杰明·富兰克林就曾列表记下自己在各项品行方面的进步，从而为这类日志提供了一个经典范例。[191] 另一方面，在中古早期（甚至古代）就有神的日志这一观念。班扬则将其推到毫无兴味的极端境地，即将罪人与神的关系比作顾客与店主的关系，无论是谁，一旦欠了债，便可以一切功德的成果来偿付累积的利息，但永远还不清本金。[192] 后来的清教徒也审视神的行为，如同其自我审视一样，并在生活的方方面面看到了神的指痕。所以，与加尔文教派的真正教义相反，清教徒总能知道神何以会采取这样那样的举措。由此，生活的神圣化几乎具有了企业经营的性质。[193]

加尔文教派不同于路德教派，就在于它要求人们遵守这种伦理生活样式的方法论，其结果是整个生活完全基督教化。这种方法论对于生活的影响是关键所在，明白了这一点才能正确理解加尔文教派的影响。由此，我们可以得出两个结论：一方面，正是这一显著特质才产生了那样的影响；另一方面，如果其他教派在此关键点——即义证思想——上亦抱有同样的伦理动机，必然会产生同样的影响。

　　至此，我们的探讨是以加尔文教派的宗教意识为基础，并因此假定救赎预定论是方法论和理性化的伦理生活样式这个意义上的清教徒道德观的教理基础。之所以这么做，乃是因为这一教义的影响已经远远超出单一宗教派别——所有方面都固守加尔文主义原则的"长老派"——的范围，成为改革教会教理的基石，信徒广布。不仅 1658 年独立派的《萨伏依宣言》，而且 1689 年洗礼派的《汉撒诺理斯信仰告白》，都包含了这一教义，甚至在卫理公会内部也占有一席之地。尽管卫理公会的伟大组织者约翰·卫斯理是普遍恩宠论的拥护者，但卫理公会第一代伟大的鼓动家、矢志不渝的思想家怀特菲尔德（Whitefield）却是救赎预定论的信徒，还有围绕在亨廷顿夫人（Lady Huntingdon）周围的那群一度发挥过很大影响的人，全都赞成"特殊恩宠论"。正是由于这种教义宏大而又完整统一，在 17 世纪那个动荡丛生的年代，坚定了那些勇敢捍卫"神圣生活"的战斗代表们的信仰，使他们确信自己是神的战斗工具，是神的意旨的执行者，[194] 从而防止了以此世为取向的纯粹功利主义的教义过早涣散人心，而这样的教义是绝对不可能激发人们为那些非理性的理想目标做出巨大牺牲的。对有效规范的绝对无条件信仰与绝对宿命论以及神的完全超验性相结合，造就了这一教义极为独特的形式。而原则上来说，它要比那种诉诸感情并将神也置于道德律之下的更为温和的教义更具现代性。尤其是我们还会在下文中一再看到，对我们的研究具有根本意义的义证思想，作为方法论的道德实践的心理出发点，正好可以以"纯净培养"的方式对恩宠预定论及其对于日常生活的意义进行研究。因为这种思想作为连接信仰与道德的框架在我们所要考察的各个教派中有规律地反复出现，所以我们必须先从其最为彻底的整合形式的预选说出发，对这一教义进行研究。在新教内部，预选说必然对早期信徒禁欲的生活方式造成影响，并与路德教派道德上（相对的）软弱无力形成强烈反差。路德教派的"可能丧失的恩宠"（gratia amissibilis）可以随时通过真诚的忏悔重新获得，所以它本身显然缺乏根本动力去促成本书所认为的禁欲的新教最重要的结果，即整个伦理生活系统而理性的安排。[195] 这样，路德教派的信仰使得本能行为和朴素的情感生活的自然活力更加肆无忌惮，其中缺少加尔文派令人生畏的教义所具有的动力，即驱使人坚韧、沉毅、自制、不断自我检视，从而有条不紊地安排和调整自己的生活的动力。像路德这样的宗教天才，自由地生活在开放的世界里，只要他力所能及，他就没有重新堕入"自然状态"的危险。路德派代表性人物具有的那种朴实、典雅而又情绪化的虔敬信仰以及自由的道德观，为路德教派高层教徒增光添彩，这在纯正的清教里是罕见的，而在温和的英国国教会内部却有较多类似的例子，比如胡克、奇林华斯①等。不过，对于路德教派普通教徒来说，即使再优秀的教徒所确知的也无非是：某次忏悔或者布道感染了他，使他暂时脱离"自然状态"，没有什么比这更使其感到安全的了。众所周知，归正派的王公贵族与路德教派里经常沉溺于酗酒和粗俗的王公贵族，两者伦理教养水平形成的鲜明反差常常令同时代人感到惊诧。[196] 同样，路德教派的神职人员的颟顸无能，只是不断强调信教，亦与洗礼派的禁欲运动形成鲜明对比。德国人给人的感觉是"温和敦厚""天真率直"，相反，英裔美国人的生活氛围乃至相貌至今仍未彻底消除"自然状态"之后果，而这导致德国人对他们的评价是狭隘、拘谨、内心压抑，不是同路人。这种生活方式的对立，究其根本乃是因为路德教派禁欲思想对生活的渗透程度远不及加尔文教派。天真率性的"尘世之子"对于禁欲的反感，全都表现在了上述感觉之中。路德派因其恩宠论而缺少

① Richard Hooker, 1554—1600, 英国神学家。William Chillingsworth, 1602—1644, 英国神学家。——译注

使其生活方式系统化的心理动力，如有这种动力，就会迫使其生活方式走向方法上的理性化。这种决定信仰的禁欲性质的动力可以通过不同种类的宗教动机制造出来，下面马上就要说到，加尔文教派的救赎预定论也只是若干可能性之一。不过，我们坚信，救赎预定论具有独一无二的一贯性，而且还具备非凡的心理效能。[197] 如果纯粹从禁欲的宗教动机出发来考察，非加尔文教派的禁欲运动似乎不过是加尔文教派内在一贯性的缓和淡化而已。

不过，在现实的历史发展进程中出现的情况大多是：归正教派的禁欲形式要么被其他禁欲运动模仿，要么是在自己的发展中偏离出来或将自己的禁欲原则与归正派的进行比较并补充，以逐步接近归正派。如果各个教派的信仰基础有所不同，但仍然出现了类似的禁欲结果，那通常是教会制度导致，对此我们将在他处进行讨论。[198]

无论如何，在历史上，救赎预定论乃是通常被称为"虔敬派"的禁欲运动的出发点。只要虔敬派的禁欲运动仍然运作于归正教会内部，就无法在虔敬派加尔文教徒和非虔敬派加尔文教徒之间划出明显的界限来。[199] 几乎所有的清教主要代表人物有时都可算作虔敬派教徒，而且，把救赎预定论和义证论之间的所有联系看成是虔敬派对加尔文派原始教义的发扬，这样的观点也是完全得当的；它对我们上文讨论过的获取主观的"救赎确证"抱有根本的关切。禁欲主义在归正教派内部（特别是在荷兰）的复兴，通常伴随着暂时被忘却或被削弱的救赎预定论的重生。所以，英国人不大使用"虔敬派"一词。[200] 不过欧陆（荷兰和下莱茵地区的）虔敬派，至少就其重点来说，一如贝利的那种宗教意识，直接提升了禁欲主义。由于特别强调"虔敬实践"（praxis pietatis），教义的正统性反倒退居次要地位，有时甚而显得无关紧要。救赎预定论的蒙恩之人有时也会犯教义上的错误，就像犯下其他罪一样；经验表明，没有受过经院神学教育的基督徒反而多能展示出明显的信仰成果；而只通晓神学知识并不能保障他们在转变中经得起信仰的考验。[201] 这就是说，神学知识再多也不能确保通过神的预选考验。[202] 所以，虔敬派开始对神学家的教会抱有深深的怀疑，[203] 这也是该教派的特色，虽则它公开来看还属于这种教会，暗地里却将那些"虔敬实践"的教徒聚集到远离俗世的秘密宗教集会中。[204] 它想将神之选民的不可见的教会变成俗世间的有形教会，在没有形成独立教派的情况下，让信徒在这个集会形成的共同体中过上一种摆脱俗世间一切烦扰，不折不扣按照神的意旨行事的生活，从而在保持日常生活外在特点不变的同时确保自己的再生。这种真正皈依者的"小教会"希冀借由对禁欲的不断强化，在今生今世就能与神交会，共享安乐，这一点是真正的虔敬派所共有的。为今生今世能与神共安乐而做的努力，与路德教派的"神秘的合一"有着内在的亲缘性，常常比一般加尔文教徒更注重对宗教感情方面的照拂。在我们看来，这可能是"虔敬派"在归正教范围内发展的最为重要的特征。因为这种感情因素起初对于加尔文教派是完全陌生的，反而与中古宗教意识的某些形态有着内在的亲和性，由此引导实际的宗教意识走向追求现世得救享乐之路，而不是为了确保来世的前程而进行禁欲的奋斗。这种情感之强烈，可以直接使宗教信仰达到歇斯底里的状态，有关事例不胜枚举，这可从神经病理学角度加以解释，即交替出现半醒半睡的宗教迷醉状态与感觉到"神已远离"的精神虚脱，而这与清教徒的那种系统化的神圣宗教生活要求人们清醒而又严格地修炼形成了直接的对立。如此一来，也使加尔文派教徒的理性人格免于堕入"情感"泥淖的堤坝面临决溃的危险。[205] 同样，加尔文教派所强调的有关被造物之堕落的思想，比如从感情上来说的所谓"蠕虫情感"的形式，也会扼杀职业生活的进取心。[206] 如若救赎预定论与纯正的加尔文教派的理性趋向背道而驰，成为情绪感情的对象，那么救赎预定论思想本身也会导致宿命论。[207] 最后，将神的选民隔绝于俗世之外的冲动随着感情的日趋强烈，也会导致一种半共产主义性质的僧侣教团组织的出现，一如虔敬派，甚至归正派内部的虔敬派就一再表明了这一点。[208] 然而，只要没有出现强调感情所造成的那种极端效果，只要归正派内部的虔敬派仍致力于在世俗职业生活中追求其救赎确证，那么虔敬派基本原则的实际效果就只是在职业中对生活方式进行更加严格的禁欲主义的监控，从而为职业道德提供一个更加坚实的宗教根基，较之一般归正派基督徒那种单纯的世俗"声望"更加稳固；那些"纯良的"虔敬派教徒视世俗声望为二流基督教的表征。所有归正派的禁欲主义发展之处，越严格奉行禁欲主义，就越会出现宗教贵族，而这种宗教贵族会在教会内部自发进行秘密集会，就像在荷兰那样。但在英国的清教中，有的导致教会制度中出现积极教徒和消极教徒的区分，有的则如上文所述，导致各种教派的形成。

与施本尔、弗兰克、辛生道夫等人的名字联系在一起，并在路德教派基础上发展起来的德国虔敬派却偏离了救赎预定论的轨道。但它并没有脱离这种思路的范围，正是这种教义构成了这种思路始终一致的结论，英国—荷兰的虔敬派对施本尔的影响即可证明这一点，他在最初几次秘密集会上宣读贝利的著作亦是证明。[209] 从我们的特定角度来看，虔敬派说到底不过是有计划有方法地培养并监控生活的那一套，亦即禁欲的生活样式，对非加尔文派领域进行渗透。[210] 路德教派必定会觉得这种理性的禁欲是一种异物，由此生发的困境所造成的后果便是德国虔敬派教理的一贯性的缺失。施本尔将路德教派的思考方式与归正教特有的善功标志，即"为神增添荣耀"的想法结合起来，以此作为系统的宗教生活样式的教义基础。[211] 他还有一个使人联想到归正派的想法，即相信神的选民有可能在相当程度上成为一个完美的基督徒。[212] 可惜的是，这一理论并没有贯彻始终，尽管基督徒生活样式的系统化性质对于施本尔的虔敬派来说具有本质性意义，但深受神秘主义影响[213]的他更多是试图以一种不那么确定，本质上却属于路德教派的方式去加以描述而非论证它。他并没有从"神圣化"中推导出"救赎的确定性"，只是接受了我们在前面提到过的把信仰与善功较为松散地联系在一起的路德派观念，以此取代义证思想。[214] 比之感情因素，只要理性的禁欲因素在虔敬派中占上风，那些对我们的观点至关重要的一些观念就会一再获得其合法性，即：1.自身的圣洁生活在可以按照律法监控的情况下，有条理地发展到具有越来越高的确定性和完满性，这便是恩宠状态的表征；[215]2.神的意旨在如此日臻完善之人身上发生作用，只要他们耐心等待并进行有条理的思考，神就会给他们打上印记。[216] 在 A. H. 弗兰克①看来，职业劳动也是极佳的禁欲手段。[217] 换句话说，神本身也是通过劳动成果降福于他的选民，弗兰克对此确信无疑。清教徒亦作如是观。作为"双重教令"（doppeltes dekret）的替代品，虔敬派以一种本质上类似加尔文教派但较为温和的方式创造了一系列观念，据此形成了仰仗神的特

---

① August Hermann Francke, 1870—1930, 德国摩拉维亚弟兄会的传教士，著名藏学家，任教于柏林大学期间，傅斯年曾师从其学习藏文。——译注

别恩宠的选民贵族阶层，[218] 并造成了上述种种心理后果。例如其中的所谓"忏悔期限论"[219]，虔敬派反对者说它源自虔敬派，其实这并不公正。"忏悔期限论"认为，恩宠人人有份，但具体到每个人来说，要么是在生命的某一特定时刻，要么是在生命的最后时刻，会被赐予一次，也是最后一次。[220] 任何错过了这一时机的人都将无缘于这种恩宠普遍论，会与加尔文派教义所说的被神舍弃者处于相同的境地。与此颇为相似的还有另一种理论，它是由弗兰克从自身体验中概括出来的，在虔敬派中广泛流传，也可说占据支配地位。这种理论认为，恩宠只在某些特殊的、一次性的、独一无二的情形下，也就是说在预先忏悔之后才能"应验"。[221] 因为在虔敬派看来，并非人人都能有这样的体验，那些按照虔敬派的指导运用了禁欲的方法却依然没能得到恩宠之人，在再生者看来就是一种消极的基督徒。另一方面，为实现预先忏悔而创造出一种方法以获取上帝的恩宠，实际上成了人类理性活动的目标。对于忏悔告解的做法，许多虔敬派教徒怀有疑虑，虽非全体（比如弗兰克就没有什么疑虑），但比如施本尔就是疑虑重重，从其对此一再表示质疑便可看出。虔敬派牧师对忏悔告解更是怀有疑虑，这疑虑源自得到恩宠的贵族，它使得路德教派中的个人告解丧失了根基。通过忏悔在救赎的转变中获得恩宠，这种看得见的效果必然会对是否被允准赦罪起到决定性作用，仅仅满足于"悔罪"

(contritio) 是不能得到恩宠的。[222]

辛生道夫面对正统派的攻击有些动摇，但其宗教立场总是一再将他自己归于神的"战斗工具"。不过，除此之外，这位有些怪异的"宗教门外汉"——里敕尔①曾这样称呼他——的思想立场在对我们的研究相当重要的一些问题上，几乎没有什么明确的说法。[223] 他一再宣称自己是"保罗—路德教派基督教"的代表，反对恪守教规的"虔敬派—雅各立场"。但是，兄弟教团自身及其实践早在 1729 年 8 月 12 日的公证议定书中就已表明，它在许多方面都站在了与加尔文教派选民贵族极为类似的立场。[224] 尽管辛生道夫一再强调自己是路德教派，[225] 但他还是承认并鼓励了这一立场。他将长老职务归于基督的立场，曾经引得议论纷纷，终于在 1741 年 11 月 12 日落定。这种说法同样是一种类似立场的外在表达。兄弟教团共有三种"立场"，其中加尔文派和摩拉维亚派就其本质而言，从一开始就接受了归正派的职业伦理。甚至辛生道夫本人也依照清教徒的方式对约翰·卫斯理说出了反对他的看法，即：尽管蒙恩者本人对自己的恩宠状态未必了然，但他人却可以从其行为中识别出他的恩宠状态。[226] 从另一方面来说，在亨胡特派特有的虔敬意识中，情感因素占有领先地位，特别是辛生道夫个人一再在其教团内

① Albrecht Ritschl, 1822—1889, 德国路德教派神学家。——译注

部坚持不懈地抵制清教意义上的禁欲主义圣化的倾向，[227] 并以路德派的方式扭转善功得救的解释。[228] 在摒弃秘密集会和保留忏悔告解的影响之余，以圣礼圣事为中介的救赎活动发展了起来，这与路德教派的立场本质上并无二致。这样一来，辛生道夫所持有的原则，即一个人的宗教感情里的"童心"乃是这种情感真挚的标志，加上以占卜作为神意启示的手段，都抵消了生活方式的理性影响，以致就虔敬派整体而言，这位辛生道夫伯爵的影响所及之处，[229] 亨胡特派虔敬意识中的反理性的情感因素要远比其他教派的更能发挥作用。[230] 在施庞根贝格①的《兄弟会信仰观》（*Idea fidei fratrum*）中，道德和赦罪之间的连接已经像路德教派那样松散了。[231] 辛生道夫拒斥卫理公会的那种致力于追求完善，在这里和在其他地方一样，符合他的幸福论理想。依此理想，应当让人在当下就从情感上体验到至福（他称之为"幸福"），[232] 而不是引导他们通过理性的劳动来确保彼岸的至福。[233] 另一方面，兄弟教团与其他教会不同，其决定性价值在于过一种积极向上的基督徒生活，在于传教的使命感以及与此相联系的职业劳动，[234] 这样的价值观使其生命充满活力。此外，生活的实际理性化从效用角度看，也是辛生道夫人生观里具有根本意义的组成部分。[235] 这样一种人生观对

---

① August Gottlieb Spangenberg, 1704—1792, 德国摩拉维亚弟兄会主教。——译注

于他，也像对其他虔敬派代表人物一样，一方面源自对危及信仰的哲学思辨的坚决拒斥以及与此相应的对于个别经验知识的偏爱，[236] 另一方面则源自职业传教士处世之精明机敏。兄弟教团既是传教中心，也是企业，引导其成员走向入世的禁欲之路，即无论走到哪里，首先是找"任务"，然后将禁欲任务清醒而又有计划地完成。然而，当着蒙神特选预定救赎的"信徒"[237] 的面，对使徒一贫如洗所具有的神授魅力进行赞美会构成障碍：这种赞美源自试图在传教生活中树立榜样，其结果实际上意味着"福音劝谕"部分地复兴。按照加尔文派的方式创立理性的职业伦理，可说是障碍重重。但正如再洗礼派运动的转化提供的榜样所表明的，这样的创建并非不可能；相反，它可以通过为天职而劳动的思想，怀着强烈的内心愿望为这种创建做好准备。总之，要是从对我们的研究殊为重要的角度来考察德国的虔敬派，那我们不得不断言，其禁欲的宗教基础处于动摇不定的状态，远远不及钢铁般坚定不移、首尾一贯的加尔文派。这一方面是源自路德教派的影响，另一方面是受宗教意识感情特征制约的结果。把这种感情因素当成虔敬派有别于路德教派的突出特点，固然有失偏颇，[238] 但与加尔文教派相比，其生活理性化的强度必定更弱；这是因为对恩宠状态不断重新加以证明的那种思想的内在动力，在虔敬派里从情感层面转移到了当下；而恩宠状态要不断接受考验，还要保证永世长存；神的选民力图在孜孜不倦且硕果累累的职业劳动中不断获取的自信，为谦卑和敬谨的态度所取代。[239] 这态度，部分是寻求内心体验的情感刺激的结果，部分是路德派的忏悔告解制度所致。[240] 路德派的忏悔制度常常遭到虔敬派的质疑，但总的来说还是加以容忍的。所有这一切都表明路德教派特有的寻求救赎的方式，对他们来说，至关重要的并非生活实践上的神圣化，而在于对罪孽的赦免。通过有计划的理性的努力获取并保持有关未来（彼岸）幸福的确切认知，而今已被与神同呼吸共命运的需求所取代。一如经济生活中，追求眼前享乐往往会妨碍对未来进行考量而做出理性的"家计"安排。同理，这种情况某种意义上也存在于宗教生活领域。因而很显然，将宗教需求导向至当下的内在情感的满足，对于加尔文教派的神的选民专注于彼岸世界进行考验的需求而言，缺少将尘世行为理性化的动机；而宗教需求的调整对拘泥于《圣经》和圣礼的正统路德教派的传统信仰来说，更加有利于宗教对生活方式进行有条理有计划的渗透。总的来说，从弗兰克、施本尔到辛生道夫，虔敬派越来越强调感情因素。不过，这也并非某种内在发展趋向的表现，而是那些宗教领袖所处宗教（社会）环境不同所造成的差异的结果。此处我们无法深入探讨这一问题，也不可能讨论德国虔敬派的特色是如何影响其在社会和地理上的发展的。[241] 在此，我们不得不再次提醒自己，从感情性的虔敬派到清教的神之选民的宗教生活样式之间，包含着逐步分阶段演进的结果。要是对这种差异的实际结果予以，至少是暂时予以概括的话，那么我们或许可以说，虔敬派所培育的德行更多地展现于"恪尽职守"的官吏、职员、劳动者及家庭生产者身上，[242] 还有一些则在为神所喜（辛生道夫式）的恩赐态度的家长式作风的雇主身上。相比之下，加尔文教派显然与市民—资本主义企业家那种严格、正直、富有积极进取心的做派有着更为密切的联系。[243] 纯粹感情性的虔敬派，到头来正如里敕尔所指出的那样，[244] 成为"有闲阶级"的业余宗教爱好。不管这样的概括是多么以偏概全，至今仍然有助于解释分别受到这两种禁欲运动影响的民族在经济特点上的差异。

富有情感而又奉行禁欲的宗教意识，同时还对加尔文派禁欲的教义基础日趋无视甚至拒斥，这些描述刻画出了与欧陆虔敬派相对的英美一些教派的特色，即卫理公会[245]。这一名称本身表明，其信徒给同时代人留下了这样的印象：生活样式有着"讲求方法"的系统性，以期达到救赎的确证。在此，救赎的确定性从一开始就是关键所在，并始终是此派宗教努力的核心。尽管与德国虔敬派的某些流派存在种种差异，但它们之间又有着确定无疑的相似性，[246] 尤其表现在将此种方法运用于诱发"皈依"的感情性行为上。约翰·卫斯理因受亨胡特派—路德派的影响而强调情感的作用，这使得他在大众中传教从一开始就诉诸情感，以致卫理公会带有强烈的感情色彩，这在美国尤为突出。在某些情况下，逐步升级的忏悔告解甚而会达到一种极度恍惚忘我的状态，美国（信众集会）的"焦虑之席"（Angstbank）上时而会出现这样感情激越的场面，使得信徒产生一种无功而获得神的恩宠的信仰，并同时直接导致义认和赦罪的自觉意识。如此一来，这样诉诸感情的宗教便与被清教一劳永逸打上理性化烙印的禁欲伦理建立了独特的联系。当然，这其中还有不少难题要加以克服。首先，加尔文教派将所有仅有感情的因素疑为欺瞒或者幻觉，与此相反，卫理公会则将一种纯粹情感性、直接来自精神印证的确信——通常会在恰当时刻如期而至——视为救赎确定性的唯一可靠的依据。卫斯理的"圣化"说明显背离了正统教义，但也确实将圣化教理发展到理论极致。他认为，这样的再生者借助已在其身上起作用的恩宠之力，通过一种经常是分别而来但又往往突发而至的内心转变，亦即"圣化"来取得摆脱罪恶感意义上的完善意识，在今生即可得到救赎。不管达到这一目标是多么困难，大多要到生命的尽头才有望达到，但也要坚定不移地努力争取，因为这终将保证"救赎的确定性"，并以宁静安详的自信取代加尔文教徒的那种阴郁的焦虑。[247] 由此，追求这一目标的人必然会以"罪孽至少已不再能主宰他"这样一种事实来向自己及其他人证明，他是真正的皈依者。尽管感情自证有着决定性意义，但以律法为取向的圣化转变还是要坚持的。无论卫斯理在何地掀起反对善功的斗争，也只不过是在重振旧时的清教思想：善功并不是救赎状态的真正原因，而只是识别它的手段，并且只有在它们仅仅被用来表现神的荣耀时才能成为这样的手段。正如他的亲身体验那样，仅有善行义举是不够的，还得有对恩宠状态的感情。卫斯理自己有时也将善举说成是恩宠的"条件"，在 1771 年 8 月 9 日的宣言中他就强调，[248] 不为善行者绝非真正的信徒。卫理公会的教徒始终认为，他们同英国国教在教义上并无轩轾，区别仅在表达虔诚的方式上。信仰的"果实"之意义在《约翰一书》第 3 章第 9 节已有论证，在这里转变行为被看成再生的明确标志。尽管如此，还是产生了一些难题。[249] 对于信奉救赎预定论的卫理公会教徒来说，救赎的确定性并非源自禁欲主义生活方式一直受到新的考验所得出的恩宠意识，而是来自那种即时的恩宠和完美的感觉[250]，因为"持久恩宠"的确定性仅依赖于只此一回的忏悔奋斗；这就意味着以下二者必居其一：要么是弱者从二律背反的角度诠释"基督徒的自由"，由此也瓦解了讲求方法的生活方式；要么是否定这种诠释，使获救者的自信达到无与伦比的高度，[251] 即令清教徒式的情感得以提升。面对对手的种种攻击，[252] 卫理公会教徒一方面试图愈益强调《圣经》的规范性和恩宠考验的必要性，以应对攻击所造成的后果；另一方面则在运动内部提倡恩宠可能丧失的说法，有效强化卫理公会反加尔文派倾向的力量。卫斯理本人经由兄弟教团而受到路德教派的强烈影响，[253] 强化了这种发展趋势，也加大了卫理公会道德的宗教取向的不确定性。[254] 到头来，实质上只有再生这一概念，即直接作为信仰的果实而生发的感情性的救赎确信，成了恩宠不可或缺的基础，由此达到的救赎（或者说圣化）的结果（至少是潜在的）从罪恶力量中解放出来，被视为恩宠的当然证据。而外在的恩宠手段的重要性，特别是圣礼的重要性，则相应被削弱了。总之，卫理公会到处唤起"一般的觉醒"，包括在新英格兰，这意味着恩宠和特选教义的发扬。[255]

鉴于此，从我们的考察来看，卫理公会的伦理观似乎也像虔敬派的那样建立在不那么确定的基础之上。不过，对"更高生活"与"二次降福"的追求使得救赎预定论成了一种替代品，而且卫理公会源出英国，其伦理实践与那里的归正教派基督教的方向一致，并一心希望重振归正教派的雄风。皈依的情感性行为是讲究方法的，皈依之后，并非按照辛生道夫的情感性虔敬派那样虔诚地享受与神的交会，而是立即要将觉醒的情感引导至对完美的理性追求中。因此，宗教的情感性质并不会导致德国虔敬派那样的内心情感性的基督教。施乃肯布格早就指出，这和原罪感（部分归因于皈依的情感过程所造成的结果）不那么强烈有关，而且一直是对卫理公会进行讨论却没有解决的一点。这里作为标杆的仍然是具有加尔文教派基本特质的宗教感觉。感情的激越具有宗教狂热的性质，虽则偶然迸发，却会带来极大的震撼，只不过并不会损害生活方式的其他理性特质。[256] 所以说，卫理公会的"再生观"只是为纯粹的善功得救说创造的一种补充，亦即在救赎预定论被放弃之后为禁欲主义生活方式创建一种宗教基础。转变所显示出的标志作为真正皈依的不可或缺的监督基准，甚或像卫理公会所说的作为是否真正皈依的"条件"，实际上一如加尔文教派的主张。卫理公会是后来者，[257] 对天职观的发展并没有什么新贡献，在下文的讨论中我们大体上不会再谈到它。[258]

欧洲大陆的虔敬派与盎格鲁-撒克逊诸民族的卫理公会，就其思想内涵和历史发展来看，都是次生现象。[259] 与此形成鲜明对比的是，新教的禁欲主义除加尔文教派外还有一个独立的担纲者——即再洗礼派——以及从这运动中直接分出来或吸纳其宗教思维方式于 16、17 世纪成立的各个教派，[260] 比如洗礼派、门诺派，特别是贵格派。[261] 我们将由此切入来探讨那些与加尔文教派的教义基础有着本质不同的教派团体，并且侧重于对我们来说具有重要意义的内容来进行概括，至于这一运动的多样性则不可能面面俱到。当然，我们将再度把重点放在老牌资本主义国家的发展状况上。所有这些宗教团体在历史上和原则上重要的思想，在其处于萌芽状态之时我们已有所了解，那就是"信者的教会"[262]。而此思想对于文化发展的影响则要另做讨论才能厘清。所谓"信者的教会"，即宗教共同体，或用宗教改革时期新教各教派的话来说，是一种"可见的宗教"[263]，不再能被视为服务于彼世目的的一种信托机构，或一个必然包括义者和不义者在内的机构——无论是为增添神的荣耀（加尔文教派），抑或为给人类带去救赎方法（天主教和路德教派）——而仅仅被视为由那些相信再生的信徒个人，并且单单这些人组成的共同体。换句话说，它不再被看成是个"教会"，而是被看成一个"教派"。[264] 只有这一点象征着[265] 本身纯粹是外在的一个原则：仅仅对那些亲身取得内心信仰并皈依的成年人施行洗礼。这种因信称义，是再洗礼派教徒在所有的宗教讨论中一再坚持的，与今世为基督效力的思想完全不可同日而语，这种思想曾经主宰旧时的基督新教的正统教义。[266] 而因信称义是在内心里将基督的救赎功业占为己有。不过，这要靠圣灵对个人的启示实现，舍此无他。人人皆可得到启示，只需等待圣灵的驾临；不可耽于俗世的享乐，这会阻碍圣灵的到来。面对这样的境况，了解教义与以忏悔寻求神的恩宠意义上的信仰的重要性大幅降低，随之而来的是一种原始基督教的圣灵宗教思想的复兴，当然也处于不断演进变化中。比如说门诺·西门所著《基督教原理》（*Fondamentboek*，1539）一书首创了一种可说是一以贯之的教派，如同其他的再洗礼派一样，希望成为一种真正无罪的基督的教会，一如那些完全由神唤醒和召唤的人所组成的教团。再生者，且只有再生者，才是基督的兄弟。这是因为他们像基督一样，都是神借着灵直接生出的。[267] 由此便造成早期再洗礼派诸教团出现以下情况：坚决回避现世，回避一切与世人无绝对必要的交往，最为严谨地解读《圣经》，以最初几代基督徒的生活为榜样。并且，只要这种传统的精神依然存在，回避现世的原则就不会完全消失。[268] 再洗礼派从支配其早期信徒的动机中选取出一条原则，以为永恒的财富。这一原则是：绝对摒弃一切"被造物崇拜"，认为这种崇拜会有损神的独尊地位。[269] 对此不同的解读，我们在讨论加尔文派时已有所了解，只是其基础略有不同，而其根本重要性会一再显现出来。瑞士和南德早期的再洗礼派教徒与青年时代的圣方济各相似，很是激进，认为严格按照《圣经》规范的生活方式便是与俗世一切享乐彻底决裂，过一种以使徒为模范的生活。一些早期的再洗礼派代表人物的生活，也的确令人联想到圣伊吉狄乌斯①的生活方式。[270] 然而，对《圣经》戒律的严格遵守，在面对宗教意识的灵性特质时并没有牢固的基础。神给予先知和使徒的启示，并非他能够和愿意给予的启示的全部。相反，神的话语经久不衰的生命力并不在于被记载下来的原始文献，而在于它是圣灵作用于信徒日常生活的力量，

---

① St. Aegidius, 圣徒。——译注

是圣灵直接对任何一个愿意倾听的人所说的话。正如施文克费尔德①在反对路德时，后来福克斯②在反对长老会时所说，根据原始教会文献来看，这种生命力是真正的教会独一无二的标识。从永续的启示这个思想生发出后来贵格会始终如一地发展的著名教义：圣灵在理性和良知中的内在见证作为终极权威具有决定性意义。这并没有否定《圣经》的价值，而是否定了它独一无二的权威。最终出现了这样的情况，同时也消除了通过教会而得救这一教义的一切残余。贵格会便是这样，甚至激进到连洗礼和圣餐礼都去除了。[271] 再洗礼派诸教派以及救赎预定论的信徒，尤其是严格的加尔文派教徒，都以最为激进的方式贬损作为救赎手段的一切圣礼，并以一以贯之的最坚决的态度推行宗教上的现世"除魅"。只有借助于永续的启示的"内心之光"，才能使人真正理解《圣经》中的神的启示。[272] 另一方面，至少根据贵格教派学说得出的结论，这"内心之光"对那些从不知道《圣经》的启示形式为何物之人也能发挥作用。而"教会之外无救赎"的信条，只适用于受圣灵启示者的不可见的教会。如若没有内心之光，自然人，包括受到自然理性引导之人[273]，也纯粹是行尸走肉。再洗礼派以及贵格教派曾对其远离神的

---

① Caspar von Schwenkfeld, 1489—1561, 西里西亚贵族，曾与路德讨论圣餐问题。——译注
② George Fox, 1624—1691, 英国宗教运动领袖。——译注

态度加以抨击，其激烈程度甚至比加尔文教派有过之而无不及。再则，圣灵因我们的翘首以待和真心相付而带来的再生，基于神力的作用可以让人达到彻底战胜罪恶之力的状态，[274] 使其不可能再度堕落或丧失恩宠状态。不过，正像后来的卫理公会那样，这样一种状态的获得并不被认为原则上应该如此，而是随着个人的完善程度慢慢发展起来的。但是，再洗礼派的所有教派都希望自己是个"纯洁"的教派，其成员的行为无可非议。从内心深处远离俗世以及对俗世利害的关切，无条件地服从于在内心里对着我们说话的神的支配，乃是真正再生唯一且明白无误的标志，而与此相适应的行为则是救赎的必要条件。救赎无法借事功来获得，而是神的恩宠的礼物，只有凭良心生活的人才能够视自己为再生者。从这个意义上说，"善举"就是"必不可少的条件"（causa sine qua non）。可见，我们在此引用的巴克莱①的思想，实际上是加尔文派学说的翻版，而且是在加尔文教派禁欲主义的影响下发展起来的。在英国与荷兰，加尔文教派先于再洗礼派立足，乔治·福克斯早年的全部传教活动也都是热忱劝诫世人接受加尔文派的禁欲思想。

然而，由于救赎预定论遭到了拒斥，再洗礼派道德观独具的那种讲求方法的特质，在心理上尤其根植于期待圣灵降

---

① Robert Barclays, 1648—1690, 苏格兰宗教领袖。——译注

临并显灵的基础之上的思想；至今还是贵格派集会的一个特色，巴克莱曾对此进行过详尽的分析：这种默默期待，其目的就是要克服本能和非理性的冲动，克服"自然"人的激情和主观欲望。人应该静默下来，以使灵魂进入安详宁静的状态，因为只有在这样宁静的状态下才能听到上帝的话语。毋庸置疑，这样的等待会导致歇斯底里的状态和先知预言的出现；只要转世希望尚存，有时甚至会导致狂热的千禧年思想的爆发，这是所有相似宗教类型都有可能发生的情况，在闵斯特派[①]最终归于烟消云散的宗教运动中也确实迸发过宗教狂热。不过，由再洗礼派沉浸于世俗职业生活来看，被造物只有在宁静状态下才能听到上帝话语的想法，显然意味着需要进行这样的教育：要冷静权衡自己的行为，并将其导向对良知小心翼翼的追问。[275] 后期的再洗礼派诸教团，尤其是贵格教徒，在其生活实践中养成了沉静、清醒、极为诉诸良心的品格。现世的彻底去魅唯有对内心进行入世的禁欲才可企及，别无他途。由于这些教团和政治权力及其所作所为毫无瓜葛，其客观结果便是使这种禁欲美德渗透进职业劳动之中。再洗礼派运动初期的领袖曾经义无反顾地斩断跟现世的联系，但是，即使在第一代教徒中也没有人坚持把严格的使

---

① 流传于德国西北部及荷兰，16 世纪再洗礼派的一支。1534 年在德国闵斯特建立乌托邦式的公社，等候末日来临。次年，闵斯特被德军占领，信徒遭到血腥镇压。——译注

徒生活方式作为再生的绝对需要的明证。这一代中已经有了富裕的市民阶级，甚至在坚守世俗职业道德和维护私有财产制度的门诺之前，再洗礼派严格的道德观就已经走上了加尔文派伦理所铺就的道路了。[276] 这是因为自路德以来，避世的隐修之路已被封杀，说它背离《圣经》且端赖善功而得救赎。然而，在我们此处不想加以探讨的早期的半共产主义的教团之外，还有一个名为"浸体派"①的再洗礼派教派，至今仍在抨击教育，抨击生活必需品之外的一切财产占有形式。甚至连巴克莱也不是以加尔文教派抑或路德教派的方式，而是以托马斯·阿奎那的方式来看待职业忠诚，将其看成"自然理性"（naturali ratione），看成一种无可避免的结论：信徒不得不立足于俗世之中。[277] 如果说，这样的见解就像施本尔和其他德国虔敬派人士的许多看法一样，意味着对加尔文派的天职观有着相似的削弱的话，那么在此之外，由于许多因素的作用，再洗礼派对于职业的经济利害的关切度也大为提高。首先是因为他们拒绝就任政府公职，这原本是为了遵守宗教义务对一切凡尘俗世之事务抱着弃绝的态度；这样的做法在原则上被放弃之后，至少在门诺派和贵格派那里实际上依然通行；而且，由于拒绝佩带兵器，拒绝宣誓，以致其丧失了担任公职的资格。与此同时，再洗礼派的

① Tunker，又称 Dunckards, dompelaers

所有教派都对贵族的生活方式抱着坚决的敌视态度。这一方面和在加尔文派那里一样，是禁止被造物崇拜的结果；另一方面，也是非政治或反政治原则的结果。如此一来，再洗礼派生活方式的那种冷静清醒和认真负责的做派便被推到了非政治的职业生活的轨道中。同时，再洗礼派认为良知是神给予个人的启示，再洗礼派救赎论赋予良知的监督作用以重大意义，从而为人们在世俗职业生活中的表现造成了一种对于资本主义精神的发展极为重要的品性。我们要在适当的时间探讨这个问题，到那时，我们就有可能在不谈新教禁欲的整体政治和社会伦理的情况下对其进行专门研究。首先，我们提醒人们注意，即使按照 17 世纪人的判断，在资本主义"伦理"的重要原则的实践考验中，再洗礼派特别是贵格会所进行的世俗禁欲表现出一种特殊形式，[278] 这条重要原则可以概括为"诚实即上策"[279]（honesty is the best policy）。前引富兰克林的小册子中的简短论述，可以视为其古典的文字表达。反之，我们也应估计到加尔文派的影响促进了获利的私有经济能量的释放。尽管成为"神的选民"有很多繁文缛节，要经过形式上的合法性的考验，但歌德一针见血地指出："行动者向来冷酷无情，有良心的唯有旁观者。"这一说法完全可以用来描述加尔文派教徒。[280]

促使再洗礼派入世禁欲愈加强化的另一个重要因素，也只能在另外的场合来讨论，以充分了解其全盘意义。尽管如此，我们倒不妨在此先稍作说明，以表明我们这样的论说次序自有道理。我们刻意不以早期新教教会的客观社会制度及其伦理影响为出发点，更不从极其重要的教会戒律出发，而是更加注意个人主观上接受禁欲的宗教意识对生活方式造成的影响。之所以如此，不仅因为后者所受关注的程度远远不如前者，还因为教会戒律的影响并非总是在同一方向上发力。在加尔文教派为国教的地区，教会对个人生活进行警察般的监督，几近宗教裁判所，严重阻碍了个人力量的解放，相关实例不胜枚举；而本来个人的力量就已受到对救赎进行有条有理追求的制约。国家对商业政策进行调整可以促进产业发展，可这却不能，至少单靠它不能发展出资本主义精神。如若国家具有专制的威权性质，反而会经常直接阻碍这种精神的发展。同理，如果教会组织变得过分专制，也会产生相同的结果。在其威逼之下，会出现某种特定的外在行为模式，在某些情况下还会扼杀理性生活方式的主观能动性。对这一点的任何探讨[281] 都必须注意到两种结果，它们之间存在着巨大的差异：一是英国国教的威权主义道德戒律所起的作用，一是建立在自愿服从的基础上的各教派的风纪监督所造成的影响。总之，再洗礼派运动所建立起来的都是教派组织，而非教会，这有利于强化禁欲；加尔文教派、虔敬派和卫理公会诸教团的情况也大同小异，它们都是为环境所迫而自发形成的宗教共同体，只不过程度各异。[282]

至此，我们已经尝试简述了清教职业观的宗教基础，接下来要探讨的是这一观念在商业生活中发挥的作用。我们接触了形形色色的禁欲教团在若干细节方面表现出的差异，也看到了存在于它们之中的重要的相同之处。[283] 但对我们的考察来说，简言之，具有决定性意义的乃是宗教"恩宠状态"的观念，它为一切教派所共有，是处于这种状态者摆脱被造物的堕落和摆脱现世的标志[284]。不同的教派尽管教义不同，获取恩宠的手段有别，但都不可凭借巫术—圣礼、忏悔赦罪、个人善功来获得。只有在确实有别于"自然"人生活方式的特殊类型的行为中经受了考验，方能获取这样的恩宠状态。由此，每个信徒的内心才能产生对个人的推动力，使之有条有理地监督自身行为所能达到的恩宠状态，从而使禁欲渗透到自己的生活方式中去。正如我们所看到的，这种禁欲的生活方式，意味着其整个一生都要按照神的旨意来进行理性的规划。并且，这种禁欲再也不是一种"不堪重负的义务"（opus supererogationis），而是任何一个确信自己能够获得救赎的人不得不做的事。与"自然"人的生活不同，圣徒们的宗教生活再也不是远离俗世的修道院生活，而是在现世及其各种秩序中生活，这一点是关键所在。置身于此世，却又为来世进行生活方式的理性化，这正是禁欲的基督新教的天职观所造就的结果。

　　基督教的禁欲最初是逃离俗世，与俗世隔绝，借由教会来主宰这个一直被它挡在修道院和教会之外的世界。但总的来说，它还是让俗世日常生活保持着自然而然、无拘无束的性格。而今，它砰地关上了身后的修道院大门，大踏步地闯进生活的闹市，开始以自己的方法打造俗世的日常生活，企图将俗世日常生活改造为一种在现世，但既不属于现世也不是为了这个此世的理性生活。其结果如何，我们将在下文中探讨。

二、禁欲与资本主义精神

为了弄清禁欲的基督新教的基本宗教观念与日常经济生活的基本准则之间的关系，有必要考察一下产生于教牧实践中的一些神学著作。因为在一个来世就是一切，每个基督徒的社会地位都取决于其能否获准参加圣餐式的时代，神职人员通过灵魂司牧、教会训育、布道所发挥的影响——只要浏览一下《劝世文汇编》（*consilia*）和《良心问答》（*casus conscientiae*）等即可明了——是我们现代人完全无法想象的。在这样的实践中发挥出的宗教力量，对于"国民性"的形成有着决定性的影响。

对这一章节的探讨，我们将采取与下文的讨论殊为不同的方式，即把禁欲的新教作为一个统一的整体来对待。但是，由于源自加尔文教派的英国清教为职业观提供了一以贯之的宗教基础，我们便按照此处的整体考量原则提出一位清教代表人物作为讨论的中心。这位代表人物就是理查德·巴克斯特。他注重实践，为人谦和，享有良好的声誉，令许多论述清教伦理观的作家相形见绌，而且他的许多著述不断再版并被译成多种外国文字。他是长老会信徒，也是威斯敏斯特宗教会议的辩护者，正如那个时代的许多杰出人物一样，后来他与纯正的加尔文派教义渐行渐远。他反对克伦威尔的篡位，反对任何革命，不喜宗教派别林立，对圣徒的狂热激情尤其敬而远之；但是，对于外在的标新立异他却是宽宏大量的，对自己的反对者也能抱持客观公正的态度。他全身心投入的领域乃是通过实践来重振教会的道德生活，并因此成为历史上最成功的教牧者之一，[285] 曾先后为国会政府、克伦威尔以及王政复辟效过力。直到圣巴托罗缪节①前，才从王政当局退休。他所著的《基督徒指南》（*Christian Directory*）是清教道德神学最为集大成的一部纲领，后来他又根据自己教牧活动的实践不断修订。为进行比较，我们将以施本尔的《神学思辨》（*Theologische Bedenken*）作为德国虔敬派的代表作，以巴克莱的《辩护集》（*Apology*）作为贵格会的代表作，同时还会参考禁欲伦理的其他一些代表作[286]。考虑到篇幅，我们将尽可能放在注释中[287]。

阅读巴克斯特的《圣徒的永恒安憩》（*Ewige Ruhe der Heiligen*）和他的《基督徒指南》以及其他人的这类著作[288]，会立即为其对于财富[289]的论述感到讶异。它们都强调《新

---

① 圣巴托罗缪是法国的狂欢节，时间是每年 8 月 25 日。1572 年 8 月 24 日，圣巴托罗缪节前夜天主教对胡格诺教徒实施了大屠杀。——译注

约》所宣示的伊比奥尼派^①因素。[290] 财富本身极为危险，其诱惑永无止境，追求财富[291] 对于神之国度的无上重要性来说，不仅毫无意义，而且道德上很可疑。这样的禁欲，在反对谋取世俗利益方面似乎比加尔文更甚。在加尔文看来，神职人员谋取财富并不妨碍他们发挥作用，反倒会大大提高他们的威望，因而投资获利并无不可。所以，加尔文允准他们赚钱致富，只是要竭力避免引起麻烦。而在清教徒的著作里，禁欲的矛头似乎指向了对金钱财富的追逐，相关谴责和非难可谓比比皆是，相比之下，中世纪晚期的伦理著作在这一问题上的态度甚至还要开明得多。这些清教理论家是以极其严肃的态度来表示其疑虑的，为了阐明其至关重要的伦理意义及因果关联，需要进一步深入考察。他们认为，占有财富会使人怠惰，享受财富必致人游手好闲、花天酒地；尤为可怕的是会使人放弃对"神圣"生活的追求，[292] 以致道德堕落。占有财富之所以使人产生疑虑，乃因其会带来安逸懈怠的危险。毕竟，"圣徒的永恒安憩"是在彼岸世界，而在现世生活中，为了确保自己的恩宠状态，就得"趁着白天完成指派给我的工作"。唯有按照神明明白白启发昭示的意旨不停劳作，而非悠闲享乐，才能增添神的荣光。[293] 因此，虚度

---

① ebionitischen，早期基督教会的苦修派别，据说主要是由基督的犹太信徒组成。——译注

光阴便成了万恶之首。人生苦短且弥足珍贵，最最要紧的便是"确证"自己蒙恩受召。社交、闲聊[294]、奢华享乐[295] 甚至超出健康所需的——6 至 8 小时——的睡眠[296]，都应受道德谴责。[297] 这并不是富兰克林所言的"时间就是金钱"，但从某种精神层面来说，确实有其道理。时间无比宝贵，虚掷一寸光阴就是浪费为增添神之荣耀而效劳的一刻宝贵时光。[298] 因此，无所事事、内心默祷也是毫无价值的，牺牲职业劳作时间进行默祷尤应直接摒弃。[299] 因为神所乐见的是大家各司其职，[300] 积极执行其意旨，而不是悠哉游哉。何况还为冥思默祷设了礼拜天。而在巴克斯特看来，那些怠惰其天职之人，即便到了礼拜天也没时间与神交流。[301]

于是，巴克斯特在其著作中不厌其烦、满怀激情地劝诫人们，要持之以恒地进行艰苦的肉体劳动和精神劳动，这甚至成了他的主要工作。[302] 这里有两个动机在起作用[303]：首先，劳动历来就是卓有成效的禁欲手段，在西方教会中始终如此，不仅与东方，而且与全世界僧侣修行的规则形成鲜明对比。[304] 劳动尤其能有效地抵制一切诱惑，这对于清教徒来说意义非凡[305]。因为那些诱惑统统被清教徒称为"不洁生活"（unclean life）。清教徒与修道院僧侣在性方面的禁欲，只有程度上的不同，而无根本原则上的差异；清教徒对婚姻生活的理解要比后者宽泛得多。性交，甚至是婚内性交，也只是遵照神的意旨用以增添神之荣耀的手段。岂不闻神早有

"尔等要多多生育繁衍"的诫命[306]。一如为了抵御对宗教的疑虑与肆无忌惮的自我折磨曾开出良方,而今为了抵制性的诱惑也开出良方: 粗茶淡饭与冷水浴,外加"履行天职,艰苦劳作"[307]。

但是,对这样的方法有所超越的是,劳作本身——如神所示——就是人生的目的[308]。圣保罗的告诫"不劳动者,不可得食",应当无条件地适用于每一个人[309],厌恶劳动就意味着得不到恩宠[310]。

这里明显反映出与中世纪的不同态度。托马斯·阿奎那曾对圣保罗的这句告诫进行过诠释,但在他看来,[311] 劳动仅在于维持个体和群体生命所必需的自然理性,一旦达到目的,这样的告诫便没了意义。它对人类有效,而非对个人有效;且不适用于不必劳动、依靠财产即可为生的人。同样,默祷作为天国的一种精神活动形式,当然要超越这条告诫字面的意思。对于当时流行的神学来说,修道院僧侣的"生产性"的最高形式就在于通过祈祷和圣诗唱颂来充实"教会的圣库"(thesaurus ecclesiae)。然而,加诸劳动之上的伦理义务不仅被巴克斯特断然取消,而且还极力强调一个原则: 即使财富也不能使人摆脱无条件的诫命。[312] 有产者亦不可不劳而食,因为他们纵然无需为生活所迫而劳动,也必须像穷人一样遵从神的诫命。[313] 神毫无差别地为每个人都安排了一份天职,人人都应认领并为此而劳作。不过,这种天职不像在路德教派中宣称的那样，[314] 是一种命运，人人都有命，人人都要认命；而是神向各人发出命令，要求为增添神的荣耀而劳动。这种表面上极为细微的差别却造成了影响深远的心理后果，并且对视经济秩序为天命的思想有了进一步的发展，经院哲学对此早已做出了解释。

托马斯·阿奎那也像其他人一样将社会分工和职业分工的现象归之于神的世界计划的直接结果。不过，他认为每个人在宇宙中被指定的位子均出于"自然的原因"（ex causis naturalibus），也是意外（用经院哲学的话说是偶然）。如前所述，路德认为，产生于客观历史制度的人的阶层和职业的分化，是神的意旨的直接流露。个人坚守神指定给他的位子而不逾矩，此乃一项宗教义务。[315] 有鉴于路德教派与俗世的关系从一开始就是且一直都是不确定的，这样的义务也就越发显著了。路德的思想领域从来就没有摆脱圣保罗对俗世冷漠态度的那种影响，所以从路德这里是不会得到塑造俗世的伦理原则的。置身尘世，随遇而安，只有这样才能称得上宗教义务。在清教看来，摆布私人经济利益的天命有着不同的品性。职业分工的天意目的何在，按照清教惯用的实用主义解释，只有根据其成果才能了解清楚。巴克斯特对此有种种论述，其中不止一处使人直接想起亚当·斯密对劳动分工的高度赞扬。[316] 职业的专门化使劳动者有可能提高其技能，从而给劳动成果带来量的增长和质的提升，并因此造福大众，即促进最大数量的人的利益。这纯粹出于功利主义动机，与当时世俗作品中流行的观点并无不同。[317] 争论伊始，巴克斯特就对动机问题进行了如下表述，立即表现出典型的清教特征："在固定职业而外，一个人的劳动业绩只是经常变化的零工，他把更多的时间消磨于懒散而非劳作。"然后，他得出这样的结论："（职业劳动者）有规律地完成他的工作，其他人则始终处于混乱之中，不知何时何地去干他的营生[318]……因此，最好人人都有个确定的职业。"没有固定工作的人就不得不作日酬劳工，这样的情况在所难免，但总是一种不足取的过渡状态。无业之人的生活，正如我们所见，缺少现世禁欲所要求的那种系统性和条理性。贵格会的伦理观也认为，人的职业生活乃是一种坚持不懈的禁欲美德的践行，是对其有没有对自身恩宠状态抱持认真负责之态度的考验，其态度如何也体现在履行天职时的严谨和条理之中。[319] 神所要求的并非劳作本身，而是理性的职业劳作。清教的职业观始终强调职业禁欲生活的讲求方法的品性，而不是像路德那样恬然接受神所安排的命运。[320] 因此，对于能否同时从事多种职业的问题，答案是肯定的，不过先决条件是，要能促进公共利益或个人利益[321]，不会对任何人造成损害，不会使人对其中一项职业不忠。甚至连转换职业也无可厚非，只要其所为并非思虑不周的轻易之举，而是为了更为神所喜。[322] 一般来说，这意味着所转换之职业可能是更有效益的职业。判断一项职业是否有益，能否博得神的青睐，首先是看其是否符合道德的标准，其次是以其所提供的产品对于"公众"的重要性来衡量；最后，实际上也是最重要的一点，就是于私人经济是否"有利可图"[323]。在清教徒眼中，神主宰着世人生活的方方面面，若是神给予他们当中某人以获利的机会，必然有其用意。因此，虔信的基督徒必得顺应神的召唤，好好利用这一天赐良机[324]。"如果神给你们指出一条路，走上这条路较之走上其他路可以合法地获取更多的利益且无损于自己或他人的灵魂；但你拒绝这条神指引的路而选择获利较少的其他路径，就会背离你的天职所要达到的一个目标，就是在违拗神的意旨，拒绝主宰者，拒绝接受神的恩宠以及按他的要求利用恩宠。神的要求是：你可以为神劳动而致富，但切不可为了声色肉欲和罪孽致富。"[325] 财富同样是一种诱惑，诱惑人无所事事、游手好闲、耽于声色享乐；在劳动致富之后饱食终日、无所用心，这样的追逐财富才是有害的。为了履行天职而追求财富，不仅在道德上是许可的，而且也是神的命令。[326] 有个寓言说，一个奴仆得了一镑钱，他没去放债使之增值，因而受到了责备，似乎直接说明了这个道理。[327] 乐于贫穷，一如常人所说，无异于希望生病[328]，这般美化贫穷等于在贬损神的荣耀。一个有劳动能力的人以乞讨为生，不只犯下了懒惰之罪，按照使徒的话说，也有违博爱的诫命。[329]

强调固定职业具有禁欲的意义，这为近代专业化劳动分工提供了伦理依据。同样，以神意来解释获利机会也为商人的活动提供了正当理由。[330] 对于禁欲主义者来说，贵族富豪的穷奢极欲和暴发户的浮华排场都令人厌恶；反之，对于自我奋斗、白手起家、节制有度的市民阶级则给予极高的道德评价。[331] 至于那些遵从神的意旨把生意做得风生水起的圣徒会予以这样的评论："神祝福他的事业。"[332] 在此世奖赏其虔敬子民的《旧约》中的神，[333] 其全部威权也必然对清教徒产生同样的影响，他们听从巴克斯特的忠告，会通过与《圣经》中伟人的心灵状态进行比较来检视自己的恩宠状态，[334] 同时把《圣经》中的话语当作法典的章句那样解释。只是，《旧约》中的话并非一向清楚明确。我们看到，路德在翻译《西拉书》的一个段落时，首先运用了世俗意义上的"职业"一词。《西拉书》虽说受到了泛希腊文化的影响，但从其表现出的整体基调来看，却和《圣经》外典一样，都保留着明显的传统主义倾向。令人讶异的是，此书至今仍为信奉路德教派的德国农夫所偏爱，[335] 德国虔敬派的一些流派受路德派影响，也常常表现在他们对于《西拉书》的喜爱上。[336] 清教徒出于要么属灵、要么属物这种非此即彼的思维方式而摒弃外典次经，认为那不是受神启示之物。[337] 但在《圣经》中，《约伯记》的影响非常之大，因为其结合了两个方面：一方面，对神进行无与伦比的颂扬，认为神拥有绝对至高无上的、人类的尺度无法衡量的威权，这与加尔文教派的观念相似；另一方面，确信神在此世——《约伯记》认为只在此世！——赐福于他的子民，包括物质意义上的赐福。[338] 这种确信，对加尔文教派来说是附带性的，对清教徒而言却事关重大。清教徒将《诗篇》和《箴言》中那些隽永的诗句所表现出的东方式寂静之境视为无物——就像巴克斯特对《哥多林前书》里于天职观念至为重要的段落所带有的传统主义色彩全然不放在眼里一样——反而格外看重《旧约》中有关赞扬形式的合法性乃为神所喜的行为的章节。他们提出这样一种教理：摩西的律法因《新约》而丧失效力的部分，仅指适用于犹太民族的礼法或有其历史背景因素的戒律；其余部分作为"自然法"的体现自古以来一直有效，所以被保留了下来。[339] 由此，一方面使得清除那些与现代生活格格不入的戒律成为可能，另一方面则为新教的入世禁欲所特有的那种洁身自好、清醒节制的精神开辟了道路，使之得以通过《旧约》的道德观中为数众多的密切相关的因素大大强化。[340] 无论是同时代人，还是后来的著述者，都众口一词地把英国清教的伦理基调称作"英国的希伯来气概"[341]，若正确理解，这一说法是完全确切的。但是，切不可认为这是《旧约》成书时代巴勒斯坦的那个犹太教，而是经过了数百年形式主义——律法的、犹太法典的教育，在此影响下逐步演变而来的犹太教，并且在进行比较时要格外谨慎。古犹太教对生命大体上秉持一种顺其自然的态度，这与清教的固有特性相去甚远。同样，中古与近代犹太教的经济伦理相较于清教的经济伦理，若就两者在资本主义风格的发展中所处位置的各项特征而言，亦相去甚远，这一点不可忽略。犹太教倾向于以政治或投机为取向的"冒险家"资本主义，其风格归根结底乃是一种"贱民资本主义"（Paria Kapitalismus）风格。而清教则是资产主义理性经营和对劳动进行理性组织的风格。清教从犹太教伦理汲取的只是适合于这一框架的内容。

《旧约》规范渗透进一个民族的生活中对于该民族性格形成的影响，是一个很诱人的研究题目。然而，鉴于即使是对犹太教的研究迄今也没有完成，在此范围内讨论亦不太可能。[342] 除了上述犹太教和清教之间的关系对照外，至关重要的是清教徒的内心相信自己是神的选民，而这一信念如今在他们之中大大地复苏了。[343]

就连宽厚的巴克斯特也对神感恩戴德，因为神让他降生在英国，在真正的教会而不是其他地方。这种对因神的恩宠而使个人在道德上无可非议的感激之情，渗透于清教徒市民阶层的生活氛围中，[344] 并对资本主义英雄时代的杰出人物特有的行事严谨、得体坚韧的性格的形成起了举足轻重的作用。

清教徒的天职观及其对禁欲主义生活方式的要求，势必会影响资本主义生活方式的发展，现在让我们特别找几个问题来加以研判。我们已经看到，这样的禁欲主义竭尽全力要反对的乃是一件事：人生在世尽情享乐的生活态度及其提供的一切乐趣。围绕《关于体育运动的布告》(*Book of Sports*)①所进行的斗争最为深刻地体现了这一点。[345]詹姆士一世和查理一世还特意将其提升为法律，其压制清教徒的目的昭然若揭；查理一世更下令在所有的布道坛宣读这一布告。国王以法律手段容许人们在星期日的礼拜时间之外进行娱乐活动，清教徒对此激烈地反对不仅因为娱乐扰乱了安息日的宁静，更因为故意偏离了圣徒的井然有序的生活。如果说国王威胁要对任何抨击体育运动合法性的行为进行严惩，其目的不外乎粉碎反威权的禁欲倾向，因为这对国家很是危险。君主—封建社会保护"寻欢作乐者"而反对新兴的市民道德和反权威的禁欲集会，一如现今资本主义社会保护"乐意工作者"而抵制劳动者的阶级道德和反威权的工会组织。面对这样的压力，清教徒寸步不让，坚持其行为准则，一如既往地奉行禁欲主义生活方式。而清教对体育活动的反感并不是根本性的，贵格派亦是如此。只不过体育活动一定要服务于某种理性的目的，比如说为了恢复体能，那还是可以接

---

① 英王詹姆士一世专为兰开夏发布的诏令，目的在于解决清教徒与大都信奉天主教的乡绅之间对于礼拜天娱乐问题所起的争执。——译注

受的。要是作为如脱缰之马的本能尽情释放的手段，那它的作用就太可疑了。若体育活动成了纯粹享乐的手段，或者唤醒无可救药的虚荣心、粗野本能以及无理性赌博的瘾头的手段，那就应该严加拒斥了。本能冲动的生活享乐，无论是贵族式的体育活动，还是平民百姓在舞池酒肆的狂欢，都会使人背离职业劳动，背离宗教虔敬，这本身就是理性禁欲的大敌。[346]

因此，清教徒对于宗教上并无直接价值的文化财富总是持怀疑态度，甚至敌意。但这并不是说，清教徒的生活理想中包含着蔑视文化的粗野无文的流风。恰恰相反，它至少对科学青睐有加，对经院哲学的憎恶只是个例外。清教运动中的杰出人物都深受文艺复兴的浸润和影响，清教运动中的长老会牧师布起道来无不引经据典，[347] 就连激进派的牧师在神学论战中也不耻于展示自己的博学，尽管他们对这样的论战颇有异议。世上没有哪个地方像新英格兰那样在立国之初就拥有那么多大学毕业的清教徒。其欧美国家的对头曾对他们冷嘲热讽，比如巴特勒的《休迪布拉斯》(Hudibras) ①，对清教徒迂腐的学究气和学院式的雄辩术极尽讽刺之能事。之所以如此，某种程度上与其在宗教上重视知识有关，这种重视源自他们对天主教抱持的"信仰默示"(fides implicita) 的

---

① Samuel Butler, 1612—1680, 17 世纪英国诗人。《休迪布拉斯》是其长篇讽刺诗，由三部构成。——译注

态度。然而，一涉足科学之外的文学领域[348] 或感官艺术领域，情况就完全两样了。在此，禁欲犹如冰霜降临古老英格兰的快乐生活，冰霜所袭的还不仅仅是世俗的节庆。清教徒对一切散发出"迷信"气息的事物无不深恶痛绝，不只是对巫术或圣礼救赎的残余，还蔓延至基督教的圣诞节庆、五朔节[349] 以及所有自由发挥的教会艺术。在荷兰，一种伟大而粗犷的现实主义艺术仍有发展空间，[350] 这一点仅仅表明，加尔文派神权政治的短暂统治解体为温和的国家教会之后，加尔文派随之也明显丧失了它在禁欲方面的影响力，这个国家的威权主义道德规制再也无法抵挡宫廷和贵族阶层（一种坐食者阶层）的影响以及暴发户小市民的生活享乐。[351] 清教徒视戏剧为邪恶，[352] 无法忍受色情和裸露，文学和艺术上也就不会有什么激进的观点。诸如"闲聊"、"奢侈过剩"(superfluities)[353]、"盛大的排场"(vain ostentation) 等概念，在清教徒看来都是用来指称非理性的、漫无目的的因而也不是禁欲的态度，它并非服务于神的荣耀，而是服务于人的荣耀。这些概念随时可以信手拈来，用于反对任何艺术动机，支持清净朴素的生活态度。在个人装饰方面，比如着装[354]，尤其要朴素无华。清教徒生活方式的整齐划一形成了一种强烈的风气，在不经意间为资本主义的"标准化"生产帮了大忙，[355] 而这种风气的思想基础却根植于对"被造物崇拜"[356] 的拒斥。当然，不可忘记的是，清教包含着一个充满矛盾对立的世界，其领袖人物对于艺术超越时空的不朽有种直觉意识，他们对艺术的感觉肯定比那些风度翩翩的绅士更加敏锐。[357] 像伦勃朗这样举世无双的天才，尽管在清教徒眼中其"德行"没有获得多少神的恩宠，但他所处的宗教环境却大大影响了他的创作方向。[358] 然而，这一矛盾并没有使整体局面有所改变。清教的生活气氛熏陶出这样的人格，事实上也参与了这种人格的塑造。此人格强烈地向内深化，而且主要有益于文学，只是这益处在几个世代后才显露出来。

在此我们无法深入探讨清教在所有方面的影响，只想提醒一点：纯粹服务于审美或体育活动之享乐的文化财富，只能在一个颇具特色的限制下才可被允许享用，即不花分文。人不过是因神的恩宠而被托付以财富的保管者，他必须像《旧约》故事中的奴仆一样，对受托的每一分钱负责。[359] 若钱的花费不是为了增添神的荣耀而是为一己之享乐，这样的行径至少是可疑的。[360] 即使到现在，哪个明眼人不会碰到抱持这类想法的人呢？[361] 一个人服务于自己的财产，就像一个管家甚而一部赚钱的机器，对财产负有义务的思想会给这种人的生活带去不寒而栗的重负。如果这种禁欲的生活态度经得起考验，那么财产越多，为了神的荣耀而保住财产并终日辛劳使其增值的责任感就越沉重。此种生活方式的源头，如同资本主义精神的许多方面一样，可以追溯到中世纪。[362] 不过它只是在禁欲的新教伦理中才找到其贯彻始终的伦理基础，其对资本主义发展所具有的重要意义是显而易见的。[363]

综上所述，新教的入世禁欲竭力反对对财富的挥霍和享受，它束缚消费，特别是奢侈品的消费。反之，从心理效果来看，它又将财富的获取从传统伦理观的禁锢中解放出来，不仅使求利名正言顺，而且（在我们讨论的意义上）将其看成神的意旨的直接体现，由此卸去了束缚求利活动的锁链。除了清教徒，贵格会的伟大辩护者巴克莱也声称，这场反对肉欲与对丧志玩物的依赖的斗争并非一场反对理性获利的斗争，而是一场反对非理性使用财富的斗争。这种非理性的利用首先在于对被谴责为被造物崇拜的奢侈的外在形式的价值判断，[364] 无论这些奢侈的外在形式在封建意识看来是多么理所当然，都被清教徒视为被造物崇拜；另一方面，清教徒又赞同理性、功利地利用财富，认为这符合神的意旨，是为了满足个人和整体的需要。他们并非要迫使富人过苦行的生活，[365] 而是要求他们为了必要的和实用的目的利用自己的财产。他们提出了"舒适"的概念，但这种所谓的"舒适"是在伦理许可的使用财富的范围内的"舒适"，清教徒的这种提法颇具特色。这种生活方式的发展，最早也最为清晰地见于对这一整个人生观始终不渝的代表人物——贵格会信徒身上，这一点也不足为奇，因为他们和"舒适"这一概念是如此贴合。贵族豪门建立在摇摇欲坠的经济基础之上的光鲜华丽的排场以及穷困潦倒而又装腔作势的优雅，他们不屑一顾，他们宁可朴素简单，奉市民阶层的"家庭"舒适为理想。[366]

在私人经济财富的生产方面，禁欲主义坚决反对欺诈不公和本能冲动的物欲。这种物欲是它所反对的贪婪、拜金主义，是以致富为最终目的的追求财富。因为财富本身就是一种诱惑。但在这里，禁欲是一种"总在追求善却又总在创造恶"的力量。此处的"恶"是指占有和诱惑。因为禁欲主义坚决拒斥把追求财富当作最终目标，这和《旧约》观点一致，与对善功的评价也类似；但如果财富是在履行天职的劳动中收获的成果，那它就是神的赐福。不仅如此，孜孜不倦、持之以恒地进行系统性的职业劳作将会得到这样的宗教评价：此乃至高的禁欲手段，同时也是对再生者及其真诚信仰最可靠、最鲜明的考验。这种评价对于我们这里称为资本主义"精神"的人生观的扩散必定发挥过无比强大的杠杆作用。[367]一旦把对消费的抑制和逐利努力的释放结合在一起，其外在的结果便会显现出来，即通过禁欲的强制性节俭来实现资本的积累。[368]对所赚取的财富的消费设置种种障碍必然有利于生产投资，这样的影响究竟有多大，很难用准确的数字来估量。但在新英格兰，相关的情况却完全出现了，为杰出的历史学家多伊尔①所关注。[369]而在荷兰，严格的加尔

---

① John Andrew Doyle, 1844—1907，英国历史学家。最重要的作品为《美洲的英国殖民地》（*The English Colonies in America*），还参与了《剑桥现代史》的编写。——译注

文派真正主宰此地不过 7 年，但越是严格的宗教圈子，生活越是简朴，加上拥有巨大的财富，竟导致了一种超常的资本积累趋势。[370] 此外，市民阶层财产的"贵族化"倾向可谓时时处处弥漫，且至今仍在我们这里蓬勃发展；但是由于清教徒对封建生活方式怀着厌恶的情绪，必然会遏止那种贵族化的倾向，这是不言自明之事。17 世纪的英国重商主义作家将荷兰的资本实力强于英国归因于如下的情况：在荷兰不像在英国那样，通常将新获取的财富用于土地投资——这不仅是土地买卖的问题，而且使人不会试图将新获取的财富用于使自己的生活习惯贵族化——以致失去进行资本主义投资的可能性。[371] 清教视农业为命脉的并不是（比如在巴克斯特看来）地主，而是自耕农和佃农；18 世纪时也不是农庄贵族，而是理性的农业经营者。[372] 自 17 世纪以来，英国社会始终呈现出"乡绅地主"，即"快乐的老英格兰"的代表和社会力量震荡不定的清教徒群体之间的矛盾。[373] 前者悠游于素朴的生活之乐，后者中规中矩、含蓄自律、恪守伦理规范，这两种气质相结合至今还在塑造英国国民性格。同样，在北美殖民地的早期历史中[374]，一心想利用契约工人来维持种植园以过上封建贵族生活的冒险家，与具有市民阶层思想的清教徒之间形成了强烈对照。[375]

清教徒人生观的影响所及之处，无论在什么情况下，都有利于市民的、经济上的理性生活方式趋向的发展，这比单单有利于资本积累重要得多。清教徒的人生观对于这种生活的发展是最根本的，甚而是独一无二、贯彻始终的载体，它守护着"现代经济人"的摇篮。诚然，清教徒自身在财富诱惑的巨大考验下，生活理想也常常发生动摇，对此他们心中有数。我们经常看到，清教精神真正的信徒是正在崛起的小市民和农民阶层，[376] 而那些"富裕的人"（beati possidentes），即便是贵格会信徒，也常常倾向于背弃昔日理想。[377] 同样的命运也曾一再落到入世禁欲的先行者身上，他们是中世纪修道院的禁欲者。在这里，当理性的经济活动通过对生活的严格规范并且为消费设置障碍而大见成效时，所获取的财富要么直接为贵族服务，就像教会分裂之前那样；要么受到修道院纪律的威胁而濒临崩溃。于是，为数众多的宗教改革中的某一次就必然介入其中了。从某种意义上说，修会会规的全部历史就是与财富世俗化影响所出现的问题不断博弈的历史，清教的入世禁欲亦是进行了同样的博弈，而且范围更大。18世纪末英国工业蓬勃发展前夕，卫理公会的大复兴完全可以和这样一种修道院改革相提并论。因此，在这里我们或可引用约翰·卫斯理本人的一段话[378] 来概括以上所谈到的一切。这段话表明，禁欲运动的这些领袖人物对于我们详细分析过的那些看似矛盾的关系已经了然于胸，而且我们也正是在同样意义上理解这些关系的。[379] 他写道：

"我担心，凡是财富增长的地方，宗教内涵在以同样的比例减少。因而就事物的本质而言，我看不出有什么办法能让真正宗教的复兴持续久远。因为宗教定会倡导勤俭，而勤俭必然带来财富，但随着财富的增加，傲慢、激情以及对现世的眷恋也会以各种形式增长。那么在这种情况下，卫理公会这个心灵的宗教尽管现今像一棵绿树一样郁郁葱葱，又怎能永葆其繁茂呢？卫理公会信徒无论在何处都会勤奋节俭，他们的财富也会日长夜大；与此相应，他们的傲慢、声色情欲和生活的志得意满也在膨胀。如此一来，信教不过是徒有其表，精神却在渐渐消失。难道就没有什么办法来阻止纯正宗教的持续沉沦吗？大家勤奋节俭，我们不可加以阻止；相反，我们必须劝勉所有基督徒要挣他们所能挣得的一切，节约他们所能节约的一切，其结果便是变得富有。"（接着，他劝告说，凡是"挣所能挣得的一切，节约所能节约的一切"的人，同时也应该"给予一切他们所能给予的"。这样才能增加神的恩宠并在天国累积起一笔财富。）显然，卫斯理将我们此处所要阐明的前因后果清清楚楚地表达了出来。[380]

正如卫斯理所说，那些伟大的宗教运动对于经济发展之所以有着很大的意义，首先在于它们实行禁欲所产生的教育作用。通常只是在纯正宗教的热潮过了巅峰之后，对天国的苦苦寻求才慢慢开始消融于冷静的职业道德之中，宗教的根基渐渐枯萎，让位于现世的功利主义。此时，正如道顿①所说，在民众的想象中，《鲁滨孙漂流记》中兼任传教工作、与世隔绝的经济人，取代了班扬笔下那个仆仆风尘穿过名利场、孤独地寻找精神上的天国的"朝圣者"。[381] 后来，"兼顾两个世界"的说法最终取得支配地位，结果亦如道顿所言，问心无愧只能成为跻身资产阶级舒适生活行列的一种手段，有句德国谚语很好地表达了这个意思："问心无愧，睡得安稳。"然而，17 世纪这个宗教活跃的时代留给功利主义接班人的遗产，最重要的莫过于获取金钱时的那种心安理得，甚至可以说是法利赛人式的心安理得，只要那钱来得正当。"总非神之所喜"的一切荡然无存，[382] 一种颇具特色的资产阶级职业伦理悄然出现。而今，市民阶层的企业家意识到，只要他们行事正当得体，道德行为无可指责，对财富的使用无可非议，他们就可以充分领受神的恩宠，实实在在得到神的祝福，从而尽其所能谋利，并且理直气壮。此外，宗教的禁欲力量还给他们提供了清醒、认真、异常勤勉的劳动者，而后者把工作看成神指定给他的毕生目标。[383] 禁欲的力量还给资产阶级带来令人安心的保证：现世财富的分配不均乃是天意的特殊安排；之所以贫富有别，一如神施予的恩宠多少不均，这是神在追求一种神秘的深不可测的目标。[384]

---

① Edward Dowden, 1843—1913, 爱尔兰诗人，文学评论家。——译注

加尔文曾有言:"民众",亦即劳动者和手工业者,只有处于贫困之中,才会继续对神俯首帖耳。[385] 加尔文此语常常被人引用。荷兰人(彼得·库尔及其他人)将这句话"世俗化"为:大众唯有受迫于贫困时才肯劳动。这句话可以说是对资本主义经济主导动机的概括,后来便汇入有关低工资"生产效率"理论的洪流之中。在此,随着宗教根基的枯萎,功利主义倾向不知不觉渗透进了我们一再观察到的发展模式之中。中世纪的伦理不仅容忍乞讨,托钵僧团甚而以乞讨为荣。即使是俗世的乞丐也由于给有钱人提供了施舍于人从而积累善功的机会,有时被赋予一种"身份"。斯图亚特王朝时期,英国国教会的社会伦理在精神上也与这样一种态度相当接近。在清教徒的禁欲参与制定严苛的济贫法之前,情况一直如此,是济贫法从根本上改变了这种状况。之所以如此,是因为新教诸教派与严格的清教教团内部对乞讨可说是一无所知。[386]

从另一方面来看,虔敬派的辛生道夫推崇这样的劳动者:敬业,不为求利,并以使徒为榜样来建立自己的生活;[387] 他们也因此而具有魅力,具有一种耶稣门徒的人格特质。再洗礼派教徒中也流行着类似观点,其表现形式甚至更为激进。当然,基督教几乎所有教派的禁欲著作都浸润着这样的观点:生活中没有其他机会的人,即使薪酬低也忠实劳动,这最能为神所喜。就此而言,新教的禁欲并没有带来任何新意，但它不仅最强有力地深化了这一观念，而且还为这一规范创造出了唯一能使其发挥功效的心理动力，即借此认为劳动是种天职，是确证恩宠状态最佳的、最终也是唯一的手段。[388] 另一方面，新教把企业主谋利也解释为一种天职，从而使其对劳动意愿的剥削变得名正言顺。[389] 把履行劳动义务视为天职，由此一心追寻天国，再加上教会纪律自然强加于人——尤其是无产阶级——的严格禁欲，这对资本主义劳动生产率的提高起了强大的促进作用。将劳动视为天职乃是近代劳动者的特征，一如把营利视为天职乃是近代企业家的特征。这种当时仍属新闻的现象引起了人们的注意，比如英国国教派的威廉·佩蒂便是一位目光如炬的观察者，他将17世纪的荷兰成为经济大国归因于那里有为数众多的"非国教派"（加尔文教和再洗礼派）教徒，他们把"劳动和勤勉谋利看成是对神应尽的义务"。英国斯图亚特王朝时期，英国国教派采取财政垄断政策，特别是劳德①提出了国家和教会建立联盟的主张，清教对此持反对态度，并抵制这种立足于基督教—社会党下层结构的国家、教会与"独占业者"的同盟，清教的代表人物全都激烈反对这种基于政治特权的商人—批发业—殖民地资本主义。他们赞成出于个人主义的动机，即凭借个人自己的能力和首创精神理性来合法获利。

---

① William Laud, 1573—1645, 坎特伯雷大主教，查理一世的宗教顾问。曾大肆迫害清教徒，后被以叛国罪处死。——译注

他们的这种态度在产业发展中起了至关重要的作用，而在英格兰享有政治特权的独占产业却迅速全面地消失了。[390] 清教徒（比如普林和帕克①）拒绝和那些具有大资本家特征的宫廷朝臣及投机商人发生任何关系，把他们看成道德上可疑的人。同时，以自己优越的市民道德为荣，这一点正是他们受到前者迫害的真正原因。笛福提出了联合抵制银行信贷和撤回存款的建议，以对抗针对非国教徒的迫害。这两种资本主义行为方式的对立，在很大程度上是与宗教的对立如影随形的。直到18世纪，不信奉国教者的对头还一再嘲笑他们是"市侩气"的代表，认为他们是古老英格兰理想的败坏者并加以迫害。由此可以看出，清教的经济伦理和犹太人的经济伦理大相径庭。与普林同时代的人已经了然于胸，前者（而非后者）才是资产阶级的经济伦理。[391]

现代资本主义精神乃至现代文化的基本要素之一，就是植根于天职观的理性生活方式，其源头为基督教的禁欲精神。而这正是本书力图证明的观点。只要重温一下前面所引的富兰克林的那段小文就不难看出，被称为"资本主义精神"的那种心态，其基本要素跟我们在此刚刚揭示的清教的职业禁欲的内涵并无二致，[392] 只不过它已没有了宗教基础，而这一宗教基础早在富兰克林那里就已经消亡了。认为现代

---

① Prynne，英格兰清教徒作家、律师。Parker，英格兰清教徒作家。——译注

职业劳动具有禁欲性质，并非什么新观点，致力于专门化的劳动，断绝浮士德式的全面发展的念头，在当今世界乃是任何有价值的活动必备的前提。今天，"有所为"和"有所不为"势必互为条件，这种资产阶级生活方式所具有的禁欲的根本动机——如果这种方式真要成为一种方式而非不伦不类、毫无风格可言的话——是歌德以其至高的人生智慧，在《漫游时代》一书中以及给予浮士德的人生结局中所要告诫我们的。[393] 对他来说，这种认识意味着向追求完美人性的时代诀别。这样的时代，在我们的文化发展进程中已经一去不返，正如古代雅典文化的繁荣不会再现一样。清教徒想要成为职业人，我们则不得不成为职业人。当禁欲走出修道院狭小的斗室进入职业生活，并开始支配世俗道德观时，它也在为营造现代经济秩序的强大体系发挥自己的作用。这种现代经济秩序是以机械生产的技术和经济为前提的，它正以一种不可抗拒的威势决定并将永远决定降生于这个机制中的每个人（不仅仅是那些直接参与经济营利活动之人）的生活方式。这种决定性作用会持续下去，直至人类将最后一堆化石原料燃尽。在巴克斯特看来，对外在事物的顾虑就像一件"披在圣徒肩上，随时可以卸下的斗篷"[394]，而命运却使得斗篷变成一个钢铁牢笼。在禁欲主义着手重塑世界并在这个世界发挥其影响的同时，尘世的财富已经史无前例地获得了对人类的巨大控制力，人类最终无法摆脱。而今禁欲的精神已经逃出牢笼,这是否最终的结局,又有谁人知晓? 所向披靡的资本主义已经有了机械化文明的基础,不再需要禁欲主义的支撑。禁欲主义笑逐颜开的接班人是启蒙运动,其容颜上的红晕似乎已渐次褪去。"职业义务"的思想一如昔日宗教信仰的幽灵在我们的生活中徘徊,凡是"履行天职"已无法与最高精神文化价值直接相关的地方,抑或反过来说,在它已变成经济的强制力而不被人感知的地方,个人如今大多会放弃对其进行辨析。在资本主义最最发达的地方,如美利坚合众国,而今对财富的追求已褪去了宗教伦理意涵,而倾向于与纯粹竞赛的激情愈益联系紧密,甚至常常使营利带上体育竞技的印记。[395] 没有人知道将来谁会生活在那个牢笼之中;没有人知道在这惊人发展的终点会不会有个全新的先知出现;没有人知道旧思想、旧观念会不会来个伟大的复兴,又或者,如果两者都没有复兴,会不会以一种病态的妄自尊大来粉饰机械化的僵化。若果真如此,对于这一文化发展的"终极之人"而言完全有理由说:"没有灵魂的专家,没有心肝的享乐者,兀自以为达到了人类文明前所未有的高度。"

不过,这样一来就会引领我们进入价值判断和信仰判断的领域,而我们纯历史的探讨不应承担起如此重负。我们下一步的任务应是: 将上文刚开始剖析的禁欲的理性主义的意义探究下去,进一步揭示出其对于社会政治伦理的内容有何作用，亦即说明其对从宗教秘密集会到国家等社会群体的组织类型与功能所产生的意义。然后，对禁欲的理性主义与其他诸多领域，比如人文主义的理性主义之间的关系[396]及其生活理想和文化影响，哲学和科学的经验主义以及技术的发展、精神财富之间的关系等，都要一一加以探讨和分析。最后便是追寻禁欲的理性主义的历史演变，即从入世的禁欲在中世纪开始萌芽探究到其解体为纯粹的功利主义，深入禁欲信仰普及的地方——追根溯源。只有这样，才能在与塑造现代文化的诸要素的对比中体现出禁欲的新教在文化意义上的分量。在此，我们仅仅探讨禁欲主义对人的动机这一重要点上发挥影响的事实及其方式的心理动机。接下来，我们还要探讨社会文化条件的整体，特别是经济文化条件[397]的整体对新教的禁欲主义发生发展及其特征所产生的影响。因为现代人即使抱持最大的决心，通常情况下也无法理解宗教意识对生活方式、文化和国民性实际上具有那么重大的意义。尽管如此，我们也并不打算以片面的唯心论的文化和历史因果解释来取代同样片面的唯物论的文化历史观。即便对于历史真实，这两种解释都有同样的可行性。[398]但无论哪一种解释，也只能作为研究的前期准备工作，如若将其看成研究的结论，那么同样不能揭示历史的真相。[399]

注　释

导　论

1　在这里以及其他一些地方，我和我敬爱的导师布伦塔诺（Lujo Brentano）却有不同的看法（稍后还会引用他的著作）。首先我们所用术语有所不同，其次所引例证也不完全一样。在我看来，不应将劫掠获利与开厂获利相提并论，它们是根本不同的事物；更不应将所有获取金钱的努力都称为与其他获利方式相对立的资本主义"精神"，后者会把概念的精确性抹杀，前者则会把弄清西方资本主义和其他形式的资本主义的区别的可能性加以葬送。西美尔（Simmel）在其《货币哲学》一书中，也混淆了货币经济和资本主义，这有损于他的具体阐述。在维纳·桑巴特（Werner Sombart）的著作，特别是在有重要意义的《现代资本主义》的最新版里，（至少在我看来）西方资本主义的特色——理性的劳动组织，并没有加以论述，却大谈特谈在世界各地所发挥作用的发展要素。

2　毋庸置疑，东西方的差异并非是绝对的。从政治取向看，地中海和古代东方地区以及中国和印度，也曾经出现过持续发展的理性的资本主义，特别是在包税制方面。从其簿记的断简残篇可知，其记账方式颇有理性。进一步讲，政治取向的"冒险家资本主义"和理性的企业资本主义之间有着千丝万缕的联系,这从现代银行的出现和发展过程可以看出。现代银行,包括英格兰银行,都兴起于具有政治性质的交易,特别是有关战争的交易。比如帕特森(Paterson),他既是一个典型的公司发起人,也是英格兰银行的董事。作为董事,他负责制定银行的长期发展政策,并且很快便以"格罗斯大厦的清教徒高利贷者"闻名。同样我们也有根基深厚的银行在"南海泡沫事件"时期政策失误的例证。两种角色相互渗透,不过区别仍在。理性劳动组织的创立,并非大企业发起人、资金的提供者以及金融资本主义、政治资本主义的代表(多为犹太人)之功,而是完完全全的另一类人。

格罗斯大厦,英格兰银行当时所在的建筑物名称。"南海泡沫事件",经济学名词,指 1720 年英国南海公司因夸大业务前景及舞弊引发的股市动荡和大混乱。——译注

3 我所具备的希伯来知识在此不敷应用。

4 这一点并不适用于卡尔·雅斯贝斯(Karl Jaspers)在《世界观的心理学》一书中,以及克拉格斯(Ludwig Klages)在性格学研究中所进行的尝试,他们研究的出发点和我们的有所不同,此处无暇多加评论。

5　多年前，一位杰出的精神病医生曾向我表述过同样的观点。

第一部分　问　题

一、宗教信仰与社会分层

6　本文首次发表于亚非（Jafféschen）主编的《社会科学与社会政策文库》（XX、XXI，1904—1905）。与本文有关的参考文献众多，我仅列举以下几篇批判：首先是拉赫法尔（Rachfahl）的《加尔文主义与资本主义》（见《国际科学、艺术、技术周刊》，第39—43期，1909），我回应的文章为《对资本主义精神的反批评》（见《社会科学与社会政策文库》（XXX，1910）；对此，拉赫法尔再次回应《再论加尔文主义与资本主义》（见《国际周刊》第22—25期，1910），我最后的回应是《最后的反批评》（见《社会科学与社会政策文库》，XXXI）。布伦塔诺在我们下面要举的文章里没有提到此文。在这里我也没有收入同拉赫法尔关系不大的论战的文字。布伦塔诺是我所敬重的学者，可他在此涉入了一个他明显不能游刃有余的领域。其次，我根据我的反批评文章增补了一些参考资料：桑巴特所著《资产阶级》（慕尼黑和莱比锡，1913）一书，我在下文中还会再提到。最后是布伦塔诺1913年在慕尼黑所作的名为"近代资本主义萌芽"的演讲，我欢迎感兴趣者进行比较。布伦塔诺和桑巴特之间的论争比起对我的还要更加激烈：前者对后者的《犹太人与经济生活》提出了批评。批评虽有可取之处，但也有失之公允之处。他本人似乎并不了解犹太人问题的本质。在研究的过程中，神学界的朋友也贡献了宝贵的意见，虽在具体问题上我和他们有不同的意见，他们友好而又客观的回应令我倍感欣慰。从宗教的角度来看，我们关注的往往是宗教生活中外在而又粗浅的方面，然而正因为如此，才能影响世俗的外在。还有一部著作，在论述我们的问题时，补正了本文。这就是特勒尔奇（Troeltsch）的《基督教会的社会教导》（图宾根，1912）。他见解卓著地阐述了西方基督教伦理的通史，建议大家读读此书，以便进行比较。只是，特勒尔奇关心的是宗教问题，而我更有兴趣的是其对实际生活的影响。

　　7　例外的情形通常可由以下事实加以解释：产业工人的宗教倾向基本取决于产业所在地或工人来源地的宗教倾向。这一情况会改变有关宗教归属统计数字——比如莱茵地区统计——给人的第一印象。此外，还要对职业详加分类和检点，否则就得不出有结论性意义的结果。不可将大企业主和个体劳动的手工业师傅混淆起来，都视为"企业主"。更为重要的是，在当今高度发达的资本主义之下，宗教对于一些人，特别是下层非熟练工人的影响已经日渐式微。这点稍后还会谈到。

8 参见舍尔（Schell）的《作为进步原则的天主教》(Der Katholizismus als Prinzip des Fortschrittes, 维尔茨堡，1897，第 31 页)；赫特林（Hertling）的《天主教原则和科学》（弗莱堡，1899，第 58 页）

9 我的一个学生研究了巴登地区迄今所能找到的全部宗教信仰资料，参见奥芬巴赫（Martin Offenbacher）的《宗教信仰与社会分层》（图宾根和莱比锡，1901），研究的是巴登地区天主教和新教教徒的经济状况，载于《巴登高等学校国民经济论文集》。以下所举事实和数字皆出自该论文。

10 比如 1895 年巴登地区可征税资本统计如下：每千名新教教徒征税资本为 95.406 万马克；每千名天主教徒为 58.9 万马克；而每千名犹太人则为 400 万马克，遥遥领先于其他人群。参见奥芬巴赫的论文第 21 页。

11 参见前引奥芬巴赫论文。

12 在前引奥芬巴赫论文的最初两章中有更详细的论述。

13 1895 年巴登地区人口中，新教教徒占 37.0%，天主教徒占 61.3%，犹太人占 1.5%。1885—1891 年小学以

上、不属于义务教育的学生，其信仰类别构成如下表
所示：

	新教教徒%	天主教徒%	犹太人%
文理中学(Gymnasien)	43	46	9.5
实科文理中学（Realgymnasien）	69	31	9
高级实科中学（Oberrealschulen）	52	41	7
实科中学(Realschulen)	49	40	11
高级市立中学（Höhere Bürgerschulen）	51	37	12
平　均	48	42	10

普鲁士、巴伐利亚、符腾堡、阿尔萨斯－洛林和匈牙利的情
况也相差无几。（参见奥芬巴赫论文第18页）

14　参见上注的统计数字。该组数字表明，天主教教徒
就读中学的人数比他们在总人口中的比例低三分之一，就读
文理中学（培养神学学者的预备学校）的人数则比这一数字
高出几个百分点。请注意，这与下文的论述息息相关。其中
尤为值得注意的是，归正宗教徒的入学率甚至超过新教中学
入学率。（参见前引奥芬巴赫论文第19页注）

15　参见前引奥芬巴赫论文第54页的例子及文末
图表。

16 佩蒂（Wilhelm Petty）爵士的著作中有些地方很好地说明了这一点，下文还将引用。

17 佩蒂之所以提及爱尔兰的情况，原因很简单，因为那里的新教教徒不过是不在地的身份罢了，这里并没有更多的意味，苏格兰裔爱尔兰人的地位即可证明这一点。资本主义与新教之间的典型关系存在于爱尔兰，一如存在于其他各处。（苏格兰裔爱尔兰人的问题参见汉纳（C. A. Hanna）的两卷本《苏格兰裔爱尔兰人》）

18 当然，这并不是说后者不具有极为重要的意义。许多新教教派都是规模小，因而也具有同构性的少数派。这一点对其整个生活氛围的发展有决定性意义，对其参与经济生活的方式有着反向的决定性意义。即使他们取得了政权，比如除了日内瓦和新英格兰之外各地真正的加尔文教派，也依然如此。世上所有受宗教迫害亡命他乡的教徒，印度人、阿拉伯人、中国人、叙利亚人、腓尼基人、希腊人、伦巴第人等，都接受了高度发达国家的商业训练。这是一种普遍现象，但与我们的问题无关。布伦塔诺在其经常被引用的《近代资本主义萌芽》一文中，曾以其家族为例现身说法。所有时代的任何地方都曾有过来自异域的银行家，他们掌握了丰富的商业经验和广泛的贸易关系。他们绝非现代资本主义特有的产物，新教教徒总是无法给予他们道德上的信任。至于那些从洛迦诺移居苏黎世的新教教徒则别有一说。比如穆拉尔特（Muralt）家族和佩斯特劳茨（Pestalozzi）家族都很快成为现代资本主义发展的重要力量。

19　参见前引奥芬巴赫论文第 68 页。

20　这是对维提希（Wittich）的杰作《阿尔萨斯地区的德法文化》（《阿尔萨斯画刊》，1900）中有关德、法两国不同宗教的典型特征及其与阿尔萨斯地区民族冲突中文化要素的极为精辟的补充。

21　毋庸置疑，只有在那些地区出现了资本主义发展的萌芽时，才能谈得上这种情况。

22　参见迪潘·德·安德烈（Dupin de Andre）的《图尔历史上的新教教会及其教徒》，载《新教历史学会公报》第 4 期第 10 页。在这里可把摆脱教会抑或寺院控制的愿望当作内在动机，从天主教的观点出发更是如此。然而很难证实这一动机，其原因不仅在于同时代的人（包括拉伯雷），而且还有胡格诺教派早期的宗教会议上，对银行家能否充任教会长老一事表现出的良心不安。加尔文本人立场鲜明，可是在能否收取利息这一问题上一再引发争论。这一方面表明他们之中关心此问题的大有人在，而暗中发放高利贷而又不加以忏悔的愿望并不能独自发挥决定性作用。荷兰的情况也是如此。必须明确指出，这项研究将不考虑教会法典的利息禁令。

23　参见格赛因的《黑森林地区的经济史》（卷一），第 67 页。

格赛因（Eberhard Gothein），韦伯的同事，曾任教于海德堡大学。——译注

24　参见桑巴特对《现代资本主义》一书所作的简短注记（第1版，第380页）。可惜，桑巴特受凯勒（Keller）的《企业和剩余价值》的影响，竟然对其书中最站不住脚的论点进行捍卫，对此以后我们将适时再论及。在我看来，凯勒的《企业和剩余价值》中虽有许多真知灼见，水平却不及其他几部为天主教辩护的新著。

25　背井离乡是强化劳动的一个最有力的手段，这一简单事实已是众所周知。比如一个波兰少女，在家时饱食终日，无所用心。但她一旦移民国外做工，就像变了个人似的，聪明才智尽显，令人刮目相看。意大利移民工人亦复如是。之所以如此，有人认为乃是他们换了一个更为高级的文化环境所致。这样的解释当然不无道理，但绝非答案的全部。有一事实可资证明，比如说在外从事的职业和在家乡时完全一样（如农业劳动），也照样会出现上述情景。住在工棚可能会使生活条件降低到在家所无法容忍的程度；在一个陌生的环境里生存本身，在一个完全不习惯的环境里生活本身，就得冲破传统，从而成为一种强大的教育力量。美国经济的发展很大程度上端赖移民工人的进入，这一点已无需多说。古代犹太人流亡四方，流亡生涯对他们意义重大。但就新教教徒来说，其宗教信仰只是作为一种独

立因素在发挥作用。清教的英格兰殖民地同天主教的马里兰、圣公会的南部地区和教派混杂的罗得岛，在经济上明显的差异即可说明这一点。耆那教教徒在印度的情形也是如此。

26　众所周知，其绝大部分都是以多多少少有些温和的面目出现，比如以加尔文教派兹文利派的形式出现。

27　在几乎清一色信仰路德教派的汉堡，直至17世纪才有唯一一个新教家族成为巨富，承蒙瓦尔（Wahl）教授告知，不胜感激。

28　在此捍卫这一关系并没有什么新奇之处，拉夫利（Lavaleye）与阿诺德（Matthew Arnold）等人早已觉察到它的存在。令人感到新奇的倒是毫无根据地予以否认。在这里我们的任务是解读这一关系。

29　当然，这并非否认官方的虔敬派也像其他宗教流派一样，也会阻碍资本主义体制的进步因素的发展，比如说，在家长制氛围中从家庭工业向工场制过渡时所发生的情况，这一点当然不能排除。一种宗教所追求的理想和它对信徒生活的实际影响肯定有差别。我们在探讨的过程中会屡屡遇到这种情况。至于虔敬派对工业劳动特别适应的情况，我曾在《工商业活动的心理物理学》一文以及其他一些地方以威斯特法伦一家工厂为例进行过论述，载《社会科学和社会政治XXVIII》。

二、 资本主义"精神"

30 最后一段出自《发财必读》(Necessary hints to those that would be rich, 1736),其他出自《年青商人指南》(Advice to a young tradesman, 1748)。

31 众所周知,《美国文化印象》(*Der Amerikamude*, 1855)是列瑙(Lenau)对美国浮光掠影的印象之作。而今该书作为文学作品已难以卒读,但将其视为描述德国人和美国人观念差异的资料就会有很大的价值。很久以来,德美之间的差异不为人所重视,已经变得模糊不清。《美国文化印象》反映出一种内在的精神生活,这种精神生活自中世纪德国神秘主义出现以来,乃是日耳曼人所共有的特征。无论是天主教徒,还是新教教徒,对资本主义活力的评估都有别于清教徒。屈恩贝尔格尔以较为自由的笔法翻译了富兰克林的文章,在此就原文做了修订。

32 桑巴特曾将此句置于其《现代资本主义》(第1版,第一卷第193页)一书有关资本主义发生的段落的开头。

33 当然,这既不意味着雅克布·福格尔是个道德观念淡薄或者毫无信仰的人,也不意味着本杰明·富兰克林的伦理观念全都包括进了上述引用的那些文章中。这里并不需要引用布伦塔诺的文章(《近代资本主义萌芽》,慕尼黑,1916,S.150),以防这位举世闻名的慈善家遭到误解。布伦塔诺似乎将误解的根源归诸我本人。但恰恰相反，问题在于这样一个慈善家怎么会以道德家的格调写出（布伦塔诺忽略了其独特形式）的这样一些引言呢？

34　之所以和桑巴特有分歧，根源也就在此。这一分歧有着深远重大的意义，后面即可显现出来。这里不妨先提示一下，桑巴特绝没有忽略资本主义企业家伦理道德的一面。只是在他看来，企业家的道德风貌是由资本主义本身所造就的。为了进一步探讨，不妨设定一个反命题，结论只有在最后才能做出。桑巴特的观点见前引书第 357、380 页等。他的论证与西美尔的《货币哲学》（最后一章）可说是相得益彰。至于他在其《资产阶级》一书中与我的论争，容我以后在适当的时机与其商榷。

35　自传里说："最终我坚信，人际交往中保持忠实、诚信和正直，对于人生的幸福至关重要。我在日记里写下这句名言，只要一息尚存，便会身体力行。神启对我无足轻重，一件事的好坏并不取决于神启的否定或鼓励。但总的来说，某一行动之所以被禁止，乃是因为对我们有害；某一行动之所以受到鼓励，乃是因为它对我们有益。"（《自传》第112 页，纽约，1916)

36　"我尽可能悄悄地为创建一个图书馆而奔走，为实现几个朋友的愿景而奋斗。争取喜爱读书的人的支持，事情进展得相当顺利。遇到什么事，我都是照章行事，大多数情况下都会得到报偿。你眼下做出少许牺牲，将来会有丰厚回报。如果在短时间里难以确定这要归功于谁，那个比你的虚荣心还要大的人便会按捺不住，说功劳是他的。到那时嫉妒心也会把被拔去的羽毛重新插在原主的身上，如此一来，就会还你以公正。"（《自传》第 140 页）

37　布伦塔诺以这样的提示对后面有关"理性化和纪律性"的论述提出批评。而入世的禁欲主义要世人服膺的就是这种理性和纪律，说要将无理性的生活方式转变为理性的生活方式。布伦塔诺说得没错。一件事物本身无所谓理性或非理性，只是从特定的理性观点来看，才能说是非理性还是理性的。对于无宗教信仰的人来说，所有的宗教生活都是非理性的；对于享乐主义者来讲，禁欲生活便是非理性的。由此可见，理性这一概念表面上非常简单，实际上却极为复杂。

38　路德笔下的"in seinern Geschäft"，旧的英译本《圣经》曾译为"business"，参见注释 59。

39　布伦塔诺在《近代资本主义萌芽》（第 150 页以下诸页）一书中详细但不太准确地为富兰克林大加辩护，说自己误解了富兰克林的道德品质。我以这段话回应，在我看来，足以使得他的辩解显得多余。

40　借此机会，我要插进几句"反批判"的话。桑巴特在《资产阶级》一书中提出了一个站不住脚的说法，认为富兰克林的这些伦理观念不过是在"逐字逐句"重复文艺复兴时期的伟大天才利昂·巴蒂斯塔·阿尔贝蒂（Leon Battista Albertis）的话。阿尔贝蒂除了有关数学、雕塑、绘画、（尤其是）建筑和爱情（他本人憎恶女人）的理论著作外，还写过四卷名为《论家政》的著作（可惜我在写作本文时手头上不是这部著作的 Mancini 版，而是 Bonucci 版）。富兰克林的那段话逐字刊列于上，但相应的段落，特别是"时间就是金钱"这一格言以及接下来的劝诫，只有在《论家政》（Bonucci, II, 第 353 页）里才能找到。书中，阿尔贝蒂只是笼统地把金钱说成是"家政事务之精髓"，一定要精心管理，这一点和加图在《农书》里所说如出一辙。阿尔贝蒂出身佛罗伦萨的骑士家族，对此他非常自豪。然而，若是认为他是由于庶出（一点儿也未贬低他的身份）而被贵族门第排除在外的市民阶级，因此对门阀充满怨恨，那就大错特错了。阿尔贝蒂认为，只有高贵诚信的名门望族与自由高尚的灵魂才配有大规模的事业，并且少量劳动便已足够（参见《论家政》IV，第 55 页，最好是经营毛织品和丝织品的批发业）。他对家政也是煞费苦心，量入为出，勤俭持家。换言之，这根本是维持家计的原则，而非营利的原则（这一点没有人比桑巴特理解得更深了）。正如他在探讨货币本质时所关心的是财产的配置（金钱或物资），而不是资本的利用，也就是借詹诺佐（Gianozzo）之口说出的"神圣的家政"。为了避免命运无常之害，阿尔贝蒂建议人们要采取主动，未雨绸缪，早早养成不断工作的习惯，唯有这样才能完成宏伟大业；懒散怠惰总是在世间维持自己地位的大敌，因而要细心学习与身份相符的职业以备逆境的到来。从事任何受雇于人的事都是不合身份的，他对任何为满足物质享受而操劳表示不屑。他所追求的乃是灵魂的安宁，对伊壁鸠鲁式的隐遁生活表示热烈赞同。他不愿担任任何官职，将其视为不安、敌对和卷入丑闻的根源；向往乡间生活，缅怀先祖的功业而引发自负之情，以家族荣誉（按照佛罗伦萨人的方式来管理家族财产，统合起来，不可分割）为决定性的判断和目标。所有这一切在清教徒眼里无异于罪恶的被造物崇拜。而在富兰克林看来则是前无古人的贵族的蓄意夸张。人们发现，对文艺生活的看重，因为文学创作和科学研究绝非易事，需要勤奋，这才是真正值得人去从事的。所谓"理性的家政"会使人避免一贫如洗、依赖他人的下场，只有非文艺人士詹诺佐才说得出来。这一隐修伦理观的概念可在一位古老的修士那里找到源头。现在要将这一切来与富兰克林（特别是那些清教先行者）的伦理观和生活方式做一番比较；还要将文艺复兴时期文艺界人士为具有人文主义精神的贵族所写的作品与富兰克林写给中下层市民的作品，以及一些清教徒的小册子和布道文做一番比较，便可体味其中的巨大的差异。阿尔贝蒂为证明他的经济理性主义，对古人著作旁征博引，并展示色诺芬、加图、瓦罗（Varro）和科伦梅拉

(Columella) 等人著作中对经济材料的处理，表现出相似性。只不过加图与瓦罗非常强调营利，与阿尔贝蒂的观点完全不同。阿尔贝蒂有时还对家庭内部劳动者的使用以及分工和纪律发表见解，也对农民的不可信赖做过一些评论。听起来就像加图从古代奴隶主家庭那里得来的朴素而又充满智慧的思想，被用于家庭工业和佃农制的自由劳动领域一样。桑巴特（他对斯多葛伦理观的引用多为谬误）认为，经济理性主义早在加图那里就已经"发展到了极限"，这种说法若正确加以理解，并非全然错误。事实上，把罗马人的"严父"和阿尔贝蒂的"治家"理想结合起来，摆在同一个人身上是完全可能的。最重要的是，加图的特点在于农场被评价并视为财产"投资布局"的对象。再者，由于基督教的影响，勤奋这一观念已经深入人心且别具色彩，而这也正是两者的差异所在。勤奋的观念源自隐修禁欲主义，后为僧侣作家发扬光大，这种道德风貌的种子播下之后在入世的禁欲中获得了充分的发展（我们将会经常指出两者之间的亲和性，不过与其说其同圣托马斯的教会理论的关系密切，还不如说同佛罗伦萨和锡耶纳的托钵僧团的道德家的关系更亲近）。加图和阿尔贝蒂在各自的著作中都没有论及这种道德风貌，因为在他们看来，这是个世俗智慧问题，无关伦理。富兰克林在其著作中也显示出功利主义倾向，但不乏对那些年轻商人的劝诫，这些劝诫的伦理热情不容误解，这一点正是其特色所在。对富兰克林来说，人们在理财时定要倍加小心，稍不注意便会扼杀资本的萌芽，犯下伦理罪过。桑巴特认为，阿尔贝蒂和富兰克林的内在联系仅在于：阿尔贝蒂很虔诚，主持过圣礼并担任过罗马教廷的圣职，但他也像许多人文主义者那样，从没利用过宗教动机来为其所主张的生活方式加以辩护，也没有将发展经济的主张同宗教观点挂钩，而富兰克林已经无需这样做了。就功利主义而言，阿尔贝蒂推荐毛织品和丝织品批发经营，属于重商主义的社会功利主义（"可以为众人提供就业"，见前引阿尔贝蒂书，第 292 页）。在这里，它至少在形式上为富兰克林和阿尔贝蒂的经济理性提供了独一无二的例证。这种经济理性主义作为经济状态的反映，在所有时代、所有地方以及那些纯粹关注事态本身的著述者的作品中都可以见到，在古代中国与古代西方更甚于在文艺复兴时期和启蒙运动时代。阿尔贝蒂对上述问题的探讨为这种经济理性主义提供了一个绝好的范例。阿尔贝蒂及其同路人学者发扬"勤奋"观念，从而使得经济理性得到长足发展，使充满学术味道的理论展现为一种革命性力量，以致可以和通过救赎与天谴造就一种生活方式的宗教信仰相提并论。此外，还有一种以宗教为取向的行为理性化。比如耆那教徒、犹太教徒以及中世纪某些禁欲教派；还有波希米亚兄弟会（胡斯派运动的余波）、俄国的去势派和虔敬派以及无数的修道会。其差异的决定性因素在于：建立在宗教基础上的伦理观对于其所唤起的生活态度产生了一定的、（只要宗教信仰依然存在）作用（就会）极强的心理激励（而不是从经济角度）。而像阿尔贝蒂的那种完全世俗的聪明才智是做不到的。只有当这种激励发生作用时，这种伦理观才会对生活方式并进而对经济秩序发挥独特影响。坦白地说，这才是本文主旨。而如此重要的一点却被忽略了。下面我要谈谈中世纪后期那些神学道德家的情况。相对而言，他们大多对资本持友好态度，特别是圣安东尼·佛罗伦萨和贝恩哈德·锡耶纳，桑巴特对他们有着严重的误解。不管怎么说，阿尔贝蒂并不在对资本友好者之列。他从中古的僧侣那里借用的仅有"勤奋"观念。阿尔贝蒂是这样一种人：表面顺从教会的秩序，实际上已经摆脱了教会的某些传统，即使仍受一般基督教伦理的束缚，但他们保持的很大程度上是古代异教的心态。布伦塔诺以为我忽视了这种心态对近代经济思想（包括经济政策）发展的意义。的确，在这里我没有论述其影响，因为在一篇关于新教伦理和资本主义精神的论文中插进这一问题是不合适的。然而，我并没有否定它的意义。我一直认为并且直至现在我还是认为，其影响范围和方向完全不同于新教伦理（新教伦理很重要，具有不可忽视的意义。其精神的先行者是诸教派与维克立夫—胡斯派的伦理观）。受这种非新教伦理影响的并非（新兴资产阶级的）生活方式，而是政治家和王侯的政策。为了便于分析，应对这两条发展路线进行区分，它们时而各自运行，时而纠缠在一起。至于富兰克林，他那关于私人经济的小册子在美国已成了学校读物，对人们的实际生活发生深刻影响，远远超过了阿尔贝蒂那部出了学术圈就没人知道的大书。尽管如此，我们还是把富兰克林看成是未受清教徒人生观影响之人。此种人生观就像英国启蒙运动一样，在此期间已是黯然失色，也只有它与清教的联系还常常被人提起。

41　可惜布伦塔诺在前引书里把所有种类（不管是靠战争还是和平方式）的营利追求全都混为一谈，认为资本主义的（相对于封建的）利得追求之特征在于指向货币（而不是土地），进一步区分，即可得出一个明确概念，但他没有这么做，而且还对我所说的现代资本主义概念提出难以理解的异议，把本应加以证明的东西拿来作为前提。

42　参看桑巴特全面而又准确的补充，见《19世纪德国国民经济学》（第123页）。一般而言，无需我特别指出就可以看出，以下研究——虽然在整个决定性观点上要追溯到更加古老的著作——在定式化方面如何得益于桑巴特划出的诸多巨著中业已存在的事实，也正是在定式化这一点上，我们分道扬镳。凡是一再认为自己与桑巴特的见解有着极为显著的矛盾并且直接拒绝其许多论点的人，都有义务意识到这一点。

43　毋庸置疑，在此我们无法探讨界限究竟何在，也无法评判尽人皆知的关于高薪酬与高劳动生产率之间关系的问题。这一问题由布雷西（Brassey）首先提出，然后布伦塔诺在理论上、舒尔茨-盖菲尼茨（Schulze-Gäeverniz）从历史和结构角度加以定式化并具名发表理论。哈斯巴赫（Hasbach）则进行了深入研究，而今又被提起讨论，目前尚无定论。对我们而言，只需提出一个无人质疑且不容置疑的事实就够了：较低报酬和较高利润、较低报酬和产业发展的良好前景并不能简单地划等号。一般说来，资本主义文化的教育以及随之而来的资本主义经济形态得以实现的可能性，并非仅仅由机械的货币运转产生，本文所举例证都旨在说明这个问题。

44　资本主义工业在本土的发展，若是没有旧文明地区的大规模移民几乎是不可能的。不管桑巴特有关手工匠人的个人技能及生意诀窍与科学的、客观的现代技术之间的差别的论述是多么正确，然而在资本主义兴起之日这种区别基本上已不存在。事实上，资本主义下的劳动者（某种程度上还有企业家）的伦理品质往往比手工匠人历经数百年传统后已然僵化的技巧具有更高的价值。即使在今天，工业界在选址建厂时也不能不考虑这种需要通过长期密集劳动传统和教育才能培育出来的素养。在现今的学术思潮中，一旦发现无需做此考量的独立性，很容易立刻将其归因于先天的人口素质而不是传统和教育，在我看来，这是不可取的。

45　参看注释 29。

46　前面的说法可能被误解。有一种类型的商人广为人知，他们和当局沆瀣一气，说什么"国民必须维护宗教信仰"。在此之前，为数众多的牧师，特别是路德派的牧师甘愿为当局充当穿黑袍的警察，认定罢工是犯罪，说工会助长了贪心的膨胀。当然这些事情和我们此处所谈的问题没有关系，本文所要触及的诸多要因并非个别，而是常见的且和事实有关。我们将在后文看到，这样的事实将不断再现。

47　《现代资本主义》第 1 版，第一卷，第 62 页。

48　同上书，第 195 页。

49　无需多说，这里所说的乃是西方特有的近代理性经营的资本主义，而不是三千年来流布于世界各处，诸如中国、印度、巴比伦、希腊、罗马、佛罗伦萨乃至当今由高利贷者、军需筹措业者、官职—赋税承包者、大商人和金融巨头代表的资本主义。参看本书"前言"。

50　我们绝不允许——在此应特别强调的只有这点——先验地推断说，资本主义的技术以及为资本主义提供了扩张能量的"职业劳动"精神，都必然植根于同一个社会阶层之中。宗教信仰意识的社会关联也同样如此。加尔文教派在历史上曾是"资本主义精神"教育的载体之一。然而在荷兰，那些财大气粗的金融家并非都是严格的加尔文派信徒，而是阿明尼乌派教徒。个中缘故，我们以后再说。跻身企业家行列的中小市民阶层，在此地以及他处，还是资本主义伦理和加尔文教派信仰的典型载体。这一点正好与我们在这里所提的论点十分一致：在任何时代都有大资产家和巨商大贾，但是市民的产业劳动的理性资本主义组织，却是中世纪以后直至近代才出现的。

阿明尼乌派是兴起于17世纪初的基督教新教派别。——译注

51　有关这一点，参看马里尼雅克（Maliniak）1913年在苏黎世发表的出色的学位论文。

52　以下描绘的是从不同地区的不同部门收集来、经过汇总而成的理想类型，在这里只为起到说明的作用。即使没有任何例子是真正按照我们设想的方式来进行的，也没有多大关系。

53　正因如此，在这里理性主义新兴的最初年代，即德国工业起飞的时代，伴随着诸如日常生活必需品在样式上全面没落的现象，这并非偶然。

54　不应得出这样的错误结论：贵金属供需的波动毫无经济意义。

55　这里所指的是我们此刻正在考察的那种企业家类型，而不是经验里常见的寻常类型。关于理想型的概念，参见我在《社会科学和社会政策》XIX卷第1期发表的文章。

56　我们前面已经提到了凯勒的文章和桑巴特根据凯勒文章所作的探讨，这里也许是我们对其进行评论的最合适的地方了。假如一个作家认定，利息禁令是区别天主教伦理和新教伦理的决定性标准，于是仅仅依据这一点就去批评一篇根本没有提到合乎教会规范的利息禁令的论文，这几乎是难以想象的。唯有确定读过其他人的作品或者读过且尚有记忆，才能进行批评。反对罪恶的高利贷的斗争贯穿了整个16世纪胡格诺派和荷兰的教会史。伦巴第人，即银行家，仅仅因为反对高利贷而常常被排除在圣餐礼之外。加尔文采取了较为宽容的态度，但其戒律的最初草案亦不能免于有关高利贷的规定，最终靠着萨马修斯（Salmasius）才取得了决定性胜利。不过天主教伦理和新教伦理的差别并不在此，而是恰恰相反。更糟的是，那位批评者自己在这一点上的意见，与冯克（Funck）和其他天主教学者的著作（在我看来，他所引之处并非受到这些作品应得的郑重考虑）还有恩德曼（Endemann）的探索比较起来，肤浅得无以复加。恩德曼的某些论点今日看来虽然有点陈腐过时，但仍属基础性研究。凯勒不像桑巴特那样夸张。比如桑巴特认为（《资产阶级》第321页），应该注意那些"信仰虔诚的人"（他想的是贝恩哈德·锡耶纳和安东尼·佛罗伦萨），注意他们是"如何不择手段地刺激企业精神的"，也就是说，他们也像所有关心利息禁令的人那样来解释这一禁令：不去触碰"生产性的"资本投资。桑巴特一方面把罗马人置于"英雄民族"的行列；另一方面又认为经济的理性主义在加图那里发展到了终极的地步，这令其研究陷入无法消解的矛盾（这里只是顺便一提，以证明这是本颇多漏洞的书）。桑巴特还曲解了利息禁令的意义（这一点就不在这里赘述了。但利息禁令的意义原来经常被夸大，而后又被严重低估。现如今在一个天主教徒中百万富翁屡见不鲜的年代，出于护教的目的又被颠倒了过来。众所周知，尽管有《圣经》的权威，直到上个世纪才因枢机主教会议发出训令才废除了利息禁令。但也只是出于时机的考虑，采取了间接的办法。换言之，只是禁止神父以追问高利贷问题的方式来折磨发放高利贷的忏悔者）。凡是对利息禁令的极端复杂历史有过全面研究的人，便会熟知关于购买债券、汇票贴现和其他种种契约的正当性的没完没了的争论（尤其是前述枢机主教会议的训令是由于城市公债才颁布的），那么就不会断言利息禁令只适用于应急借贷，其旨在保存资本，会对资本主义性质的企业大有裨益。实际上，教会直到很晚才重新思考利息禁令。当时，一般的纯商业投资形式还不是利率固定的贷款，而是诸如海上借贷、康曼达、海外贸易贷款与根据风险程度来调节盈亏和分担比例的贷款（dare ad proficuum de mari）之类的出资形式（并且必然带有企业家借款利息的性质），所有这些都不是（或者仅有个别严格的教会法学家认为应是）利息禁令的对象。不过，收取固定利息的投资或者票据贴现成为可能且通行时，这会造成禁止取息这一方的巨大困难，进而导致商人行会采取各种严厉措施（黑名单！）。此时，教会法学者对待高利贷的态度通常只具有法律和形式上的意义，丝毫没有凯勒所说的保护资本的倾向。最后，对于资本主义的态度一旦有所决定，不外乎是：一方面，对那种越来越非人格化因而难以用伦理观念进行制约的资本，抱持传统主义的、隐约能感觉到的嫌恶心态（路德对于福格家族与金融业的表述恰恰反映了这种心态）；另一方面，迫于必要性努力适应它。在此不能详加讨论，因为对我们来说，利息禁令及其命运最多只有征兆上的、有限的意义。斯多葛派神学家，特别是 15 世纪托钵僧派神学家的经济伦理，比如贝恩哈德·锡耶纳和安东尼·佛罗伦萨，即以独特理性的禁欲为取向的修道僧学者，无疑值得我们另文专门进行讨论，不能只在此处点到为止。否则，我们就不得不在这里预先讲几句有关天主教经济伦理和资本主义之间的积极关系的想法。总之，这些人试图将商人的谋利说成是对其勤奋的回报，以从伦理上来证明这种谋利的合理性。在这方面，这些人是许多耶稣会士的先行者。不过勤奋观念以及对勤奋的认可来自隐修的禁欲主义，正如借詹诺佐之口传达的，由阿尔贝蒂采自僧侣用语的"家政"(masserizia) 概念。隐修者的伦理作为具有入世禁欲特征的基督新教诸教派的先行者，我们以后还要对个中意义详加讨论（在古代犬儒学派以及希腊化时代晚期，在背景完全不同的埃及，都有类似观念的萌芽）。然而在这里（如同在阿尔贝蒂那里），对我们来说最为重要的东西却是付之阙如的。我们将会看到，禁欲的基督新教独特的、在世俗职业里确认个人得救的证据，即救赎确证概念，正是这一宗教意识赋予的心理认可，并被视为"勤奋"的保证。然而天主教却不能提供这种认可，因为救赎手段不同。很显然，这些著述者所关心的并非由得救愿望所决定的个人实践的动力，而是伦理学说。并且，他们所处理的是对实际需要作出的妥协，而不是从最根本的宗教立场推理出来的问题，对这些问题感兴趣的是入世禁欲。（顺便说一下，贝恩哈德和安东尼早就比凯勒做过更好的研究。）对实际需求所作的妥协，至今还常常引起争论。不过这种隐修的伦理观的意义从外在征兆来看还是很大的。为近代天职观念开辟道路的宗教伦理，其真正的根源存在于各教派和异端之中，特别是在维克立夫身上。以至于布罗德尼茨（Brodnitz）认为维克立夫的影响已经大到了使基督新教后来无事可做的地步（见《英国经济史》第303页），这显然评价过高了。所有这些在此无法（也不应）继续深入探讨，因为这种探讨无法涉及中世纪的基督教伦理是否并且在何种程度上业已为资本主义精神的前提的创建切实做过贡献。

　　57　"什么也不指望"（见《路加福音》第 6 章第 35

行）和通用拉丁文版《圣经》的译文"nihil inde sperantes"（不指望偿还），可能是（按照莫克斯［A. Merx］的说法）"对任何人都不要绝望"（neminem desperantes）或"不要对任何人表示绝望"的误译，实际上是要求向所有的兄弟，包括穷人，提供贷款而不谈什么利息。"总非上帝所喜"这句话现在被认为出自阿利乌教派（真相如何对论点并无影响）。

58　与利息禁令的妥协是如何达成的，可以参考佛罗伦萨的毛织品商人公会（Arte di Calimala）规约第一卷第65章的内容："执政官行政依靠的是那些修士，而修士认为要宽宏大量、举止得宜。这是对他人的厚爱，是对天赋、功劳和感恩的珍惜，是对现世和来世的关注。"因而公会可以用这种办法来担保会员以自己在商界的地位而得以免税，再也无需与那些有权势者公开对抗。接下来的暗示，还有前面要将所有利息利润作为礼物记录在册的观点，所有这些都显示出资本利得采取的与道德无关的态度所具有的特征。当时那些向宗教法庭请求自外于高利贷罪的人往往难逃恶名，相当于现在证券交易所针对那些隐瞒最高价格与实际卖出价之间价差的经纪人所开列的黑名单。

三、 路德的天职构想

59　古代语言中，只有希伯来语有类似语义的表达。首先用来指祭司的职能（《出埃及记》第 35 章第 21 节,《尼希米记》第 11 章第 22 节;《历代志》上第 9 章第 13 节, 第 23 章第 4 节, 第 26 章第 30 节）、为王室服务的人（特别是《撒母耳记上》第 8 章第 16 节;《历代志上》第 4 章第 23 节, 第 29 章第 6 节）、王室官员的职务（《以斯帖记》第 3 章第 9 节, 第 9 章第 3 节）、监工（《列王纪下》第 12 章第 12 节）、奴隶（《创世记》第 39 章第 11 节）、田间劳动（《历代志上》第 27 章第 26 节）、手工匠（《出埃及记》第 31 章第 5 节, 第 35 章第 21 节;《列王纪上》第 7 章第 14 节）、商人（《诗篇》第 107 章第 23 节）, 还有《便西拉智训》第 11 章第 20 节中所有世俗劳动, 这一点以后还会谈及。这个词的词根是希伯来语的"派遣", 最初是指"使命"。这个词源于埃及以及按照埃及模式建立起来的所罗门王国家的徭役和赋役制官僚思想体系, 这一点从上面所引出处可以看出。不过, 莫克斯认为, 这个词的原意早在古代就消失了, 而用来指称一切劳动, 并且和德语的"Beruf"（职业, 天职）一样, 丧失了僧侣职务的色彩。同"Beruf"一样, 它主要是指脑力劳动而非体力劳动。"Beruf"在《便西拉智训》中第 11 章第 20 节里也曾出现过; 在《圣经》七十子译本里译为"Beruf"（神约, 契约）, 也是从当时的奴隶制国家语言中来的, 和希伯来语"任务, 神安排的事业"没有什么两样, 也都是出自《出埃及记》第 5 章第 13 节。在这里《圣经》七十子译本也用来表示"任务"。在《便西拉智训》第 43 章第 10 节中,《圣经》七十子译本采用的是"审判、决定、判断"之意。在《便西拉智训》第 11 章第 20 节里,显而易见是表示神的诫命,如此一来便和我们的"天职"或"神召"挂上钩了。关于《便西拉智训》里的这一段,可参看斯蒙德(Smend)的"关于《便西拉智训》的名著"以及《便西拉智训索引》。(众所周知,希伯来文的《便西拉智训》原已散失,但又重被施西特尔(Schechter)发现,并且还从犹太法典里摘录了一些扩充了进去。路德没有见过此书,希伯来文的这两个概念对路德没有任何影响。参看下面有关《箴言》第 22 章第 29 节)。希腊文里,并没有和德语的"Beruf"在伦理色彩上相应的词语。路德完全以现代用法来翻译《便西拉智训》第 11 章第 20、21 节,他将 bleibe in deiem Beruf 译为"坚守你的天职",而在《圣经》七十子译本中某处,在另一个原文似已全然损毁之处译为"讲述神佑的光辉!"。此外,在古代一般用来表示义务、责任。在斯多葛派的著述中往往带有类似的意思,尽管从词源上说与特定的宗教并不相干。所有其他词汇全都不带伦理色彩。在拉丁语中,用来表示相当于德语 Beruf(即建立在分工基础上的持续性活动,同时也作为个人经济生活收入的持久来源)的词语,除了不带任何色彩的"opus"外,还有伦理内容相近的 officium(它来自 opificeium,起初并没有任何伦理色彩，后来在塞涅卡的《论恩典》的第 4 章第 18 页最终有了"Beruf"的意思）或 munus（源自古代市民共同体的赋役义务），或者最后还可以用 professio（职业）来表示。再后来，这个词演变为"公共义务"，有可能是源自古老的强制性纳税申报。不过后来特指近代意义上的自由职业（像在"professio bene dicendi"中表示既定的好职业），从狭义角度来说，它同德语的"Beruf"无论哪方面都很接近（甚至内在层面上亦是如此。比如西塞罗曾说某人"non intelligit profiteatur"，意为"他不知道自己真正的职业"），只不过这里所说的知识现世意涵，不带任何宗教含义。在这方面，"ars"（技巧，技能）一词更是如此，它在帝国时期意为"手工业"。通用拉丁文《圣经》在《便西拉智训》前述章节的段落，一处用"opus"，另一处用"locus"（地位，身份），后者有社会地位的意思。布伦塔诺认为，是希罗尼姆斯（Hieronymus）这样的禁欲者增添了"mandaturam tuorum"（安排给你的）意思。但希罗尼姆斯并未注意到，这正是此概念独特的禁欲的由来，其在宗教改革前是出世的，在宗教改革之后是入世的。至于他的翻译依据的是哪个原文，尚无法确定，不排除来自古老赋役制度的影响。在拉丁语系中，只有西班牙语的"vocacion"带有对诸如僧侣职务之类的事情的内在召唤之意，有点类似德语的"Beruf"，但它从未用来表示"职业"这种外在意涵。在拉丁语翻译的《圣经》

中，西班牙语的"vocacion"，意大利语的"vocazione"和"chiamamento"都表示《新约》中的蒙召，亦即福音对永恒救赎的召唤，其语义同我们将会谈到的路德派和加尔文派的用语颇为相似，即通用拉丁文版《圣经》中是"vocation"（奇怪的是，布伦塔诺在前引书中认为，我为了证明自己的观点而引之事实，亦可作为宗教改革之后的意义上的 Beruf 概念业已存在的证明。然而实际情况并非如此。"vocatio"在中世纪又是在何时何处被用作它如今的意思的呢？ 这种译法是个事实，而至为关键的是它并没有被译作世俗的职业。）。15 世纪的意大利文《圣经》译本既用"chiamamento"，也用"vocation"。而近代意大利文的《圣经》译本只采用后者。再者，在拉丁语系中表示世俗意义上从事获利活动的"职业"的词，所有词典以及我敬重的友人、弗莱堡大学的拜斯特（Baist）的报告都告诉我们，这个词完全不具备宗教方面的含义。在这一点上，无论是以"ministerium"（奴仆，侍役）或"officium"（工作）为词源，原本带有某种伦理色彩的词汇，还是以"ars、professio、implicare（impiego）"为词源，从一开始就不带有任何伦理色彩的词汇，概莫能外。上面提到的《便西拉智训》的章节中路德译为"Beruf"之处，法语则译为 office 和 labeur，加尔文派便是这么译的；西班牙文译为 obra 和 lugar，依据的是套用拉丁文《圣经》，最新译法为 posto（根据 Protestant 而来）。拉丁语系各国的基督新教教徒只占少数，因而无法像路德那样对当时德文尚未充分经历学院理性化的官用文体产生深刻影响，而且很可能他们压根就没想过施加这种语言上的影响力。

60 相反，《奥格斯堡信纲》中只是含蓄且部分地阐发了这一概念。其中第 16 条（科德版，第 43 页）是这样教示的："福音……与世俗的行政、警察、婚姻并不矛盾，而是要我们将这一切视为神的安排，并在这样的安排中各安其分、各司其职，以此证明基督徒的仁爱与善举。"由此得出结论：个人具有服从当局的义务，而且此处的"Beruf"（天职，使命）至少在第一义上是《哥林多前书》第 7 章第 20 节所谓的客观安排。第 27 条（科德版，第 83 页）提到"Beruf"时，仅将其与神授身份联系在一起，比如僧侣、官员、公侯、领主等。然而就是这样一条，也只是在德文版《宗典全书》（*Konkordienbuch*）中才有，而在德文版初版里，这一句却不见了。只有在第 26 条（科德版，第 81 页）里，"Beruf"，才具有了现在的语义：苦修不是为了获得恩宠，而是为了巧妙地维护自己的肉体，以便勤于圣事，尽其天职。

61 无论是词典，还是我同事布朗教授（Braune）和霍布斯（Hoops）教授都向我表明，在路德翻译《圣经》之前，"Beruf"以及荷兰语的 beroep、英语的 calling、丹麦语的 kald、瑞典语的 kallelse，无论在哪一国的语言中，都没有被用来指称现在所带有的世俗意涵。中世纪的高地德语、低地德语以及荷兰语中发音像"Beruf"的词，同现代德语中的"Ruf"（高喊，呼唤）一样，在中世纪晚期专指圣职中有薪俸的候选人的 berufung（任命）；薪俸是由拥有任命权者所发。斯堪的纳维亚各国的词典常以此为特例。路德偶然也采用这个词的这种意思。这个词的特殊用法可能促使该词意思发生变化，但"Beruf"现在的含义无疑可以追溯到新教教徒的《圣经》，陶勒尔（Tauler）对此早有预见。所有受到新教《圣经》译本影响的语言都有这个词，而未受此影响的语言中都没有这个词，有的话也不具有它现在的意思。不过这一说法有些武断。路德最初用"Beruf"一词翻译了两个完全不同的概念，一为保罗的"通过蒙召达至永恒的救赎"，比如《哥林多前书》第 1 章第 26 节，《以弗所书》第 1 章第 18 节、第 4 章第 1 和第 2 节，《帖撒罗尼迦后书》第 1 章第 11 节，《希伯来书》第 3 章第 1 节，《彼得后书》第 1 章第 10 节。所有这些例证都与保罗以《福音书》教导的纯宗教的神召有关，但与现代世俗"职业"毫无关系。路德之前的《圣经》德文译本中用的是"ruffunge"（海德堡大学图书馆所藏古代印刷版《圣经》中也都是用这个词），有时也以"von Gott gefordert"（被神要求）来取代"von Gott geruffet"（蒙神召唤）。再者，正像我们所看到的，他将上个注释所提到

的《便西拉智训》中的那些词译为 beharre in deinem Beruf
和 bleibe in deinem Beruf，而不是 bleibe bei deiner Arbeit
（坚守你的职业）；后来的天主教译本则是照搬了路德的译
文。据我所知，路德所译的《便西拉智训》的那个段落是德
文"Beruf"一词第一次有了现在世俗意义的例证。路德把
前面提到的第 20 节中的相应部分译为 bleibe in Gottes Wort
（信守神谕）。虽然《便西拉智训》第 14 章第 1 节和第 43
章第 10 节表明，相应于希伯来文，它实际上相当于我们所
说的 Beruf，即个人命运或被指定的任务。如上所述，路德
之后及现今意味下的"Beruf"一词此前并未存在于德文中，
据我所知，从未出现在路德之前的德文《圣经》或教士口
中。路德之前的德文《圣经》把《便西拉智训》中的
"Beruf" 译为"Werk"（工作，事业）。在雷根斯堡的贝特
霍尔德（Berthold von Regensburg）的布道文中，凡是现代
人可能谈到"Beruf"的地方，都使用了"Arbeit"（工作，劳
动）一词，这与古代的用法相同。陶勒尔在关于《以弗所
书》第 4 章的讲道（《选集》巴塞尔出版，注释 117）时，曾
经这样说起那些"施肥"农夫，"他们若勤奋于自己的 Ruf，
那么相比不勤奋于 Ruf 的教士"往往生活得更好。据我所
知，这是首次用"Ruf"而不是用"Beruf"来表示世俗的劳
动或者说工作。该词的这一含义并没有广为流行。当初路德
在翻译《圣经》时，对用"Ruf"还是"Beruf"犹豫不定，却

未必受到了陶勒尔的影响，尽管他在其所著《论基督徒的自由》的许多方面都和陶勒尔的这篇讲道相应和。可是路德并没有像陶勒尔那样用"Ruff"一词来表示纯粹世俗的工作（这一点与丹尼弗的《路德》一书第163页的意见恰恰相反）。

很显然，《便西拉智训》的告诫，从《圣经》七十子译本的语调来看，除了教人信奉神的一般劝告外，并没有对履行天职的世俗劳动进行宗教评价之意（在被损毁的第2章中出现的"劳苦"一词很可能是反语）。《便西拉智训》中所讲的不过是对应《诗篇》的告诫（《诗篇》第37章第3节）："住在地上，以对他的信仰为粮。"显而易见，这里是在劝人"不要受到不信神者的蛊惑……因为神使穷人变富易如反掌"。只有开头那段的告诫与福音书的意思相近。但路德在这里并没有用"Beruf"一词来译。在《哥林多前书》及其译本中，我们或可看到路德对"Beruf"迥然不同的两种译法之间的联系。

在路德所译的现代常见的《圣经》中，这一节的语境是这样的：《哥林多前书》第7章第17节："只要照主所分派给各人的，和神所召各人的而行，我允许各人这样，我吩咐各教会都是这样。有人已受割礼蒙召了吗？那就不要废割礼。有人没蒙召受割礼，那就不要让他受割礼。受割礼算不得什么，不受割礼也算不得什么，只要信守神的诫命就是了。各人蒙召的时候是什么身份就要守着这个身份。如莫克斯教授告诉我的那样，这无疑是希伯来人特有的表达方式。你是作奴隶蒙召的吗？ 不要为此忧虑。若能得自由，求自由更好。因为作奴隶蒙召于主的，就是主所释放的人；作自由之人蒙召的，就是基督的奴仆。你们是重价买来的，不要作人的奴仆。弟兄们，你们各人蒙召的时候是什么身份，仍要在上帝面前守住这身份。"第29至31节表明，"时间减少了"，之后便是由末世预测引出的那个著名的诫命："从此之后，有妻子的要像没有妻子的人一样；置买东西的人要像一无所有的人一样。"关于第20节，路德在1523年根据古老的德文译本译为Ruff，并将其解释为Stand（身份）。很显然，在这里而且只有在这里，才大致相当于拉丁语的"status"（地位）和德语的"stand"——Ehestand（婚姻状况）、Stand des Knechtes（身份地位）。（不过这和布伦塔诺所认定的"Beruf"现今含义大异其趣。布伦塔诺可能没有读过这一段或者我对这一段的观点。）在希腊语文献中，天主教试图确立一项新教教理，其中使用了这样的表述："einem jeglichen nach seinem Beruf"（人人恪守其业）。路德的译本突出地表明了这一点，并将各人所处的境遇肯定为神圣的秩序。16世纪30年代初这一信条就已经被确立了下来。后来路德愈益信仰特殊的神圣天命，并愈益倾向于认为现世秩序是神不可改变的意志所致。在传统的拉丁文里，"vocatio"指的是受神召的圣洁生活，特别是隐修生活或者教士生活。而今，在这样的信条的影响下，路德认为世俗活动也具有同样的意义。于是他把《便西拉智训》中的那个部分译为"Beruf"，因为直到那时，只有修道院的译本中才有（拉丁文的）类似说法。但在几年前他曾把《箴言》第22章第29节中的一个希伯来词译成德文的"Beruf"，这同斯堪的纳维亚的"kald"和"kallelse"一样，最初和宗教的使命Beruf有关。如在其他章节里则译为"Geschaeft"（工作，事务）。路德创造性地使用了"Beruf"一词之后，暂时还只是为路德派教徒所采用。对于加尔文教徒来说，未经正式收录者皆不作数。他们后来接受了这一概念，主要因为他们特别关注得救所要经过的考验。但是他们在最早的（罗曼语）译本里，却没找到这个现成的词；再者，他们也无力在一种早已定型的用法中创造出一个词来。

早在16世纪，现在意义的"Beruf"已经在世俗文献中得到了公认。路德以前的《圣经》译者都用"Berufung"一词来翻译（比如1462—1466和1485年的海德堡古版），艾克在1537年的译本中说："in dem Ruff, worin er beruft ist"（在召唤中，他即被召唤在那里）。后来天主教译者大多直接照搬了路德的译法。在英格兰，维克立夫译本（1382）首先使用了"cleping"（古英语，后被"calling"取代）。罗拉德派的伦理观很有特色，它所使用的词是宗教改革后期所使用的词。再者，廷代尔（Tyndale）1534年的译本里，曾用"status"来解释"蒙召时保持原位"。克莱默(Cranmer)1539年的正式译本用的是"calling",取代了"state"。而杜埃-海姆斯版《圣经》(天主教派1582年版)和伊丽莎白时代圣公会宫廷用《圣经》则按照通用拉丁文本《圣经》重又译为"vocation"。莫里(Murray)早已明确地指出,在英格兰,克莱默的《圣经》译本是"Beruf"意义上的清教徒天职观的来源。早在16世纪中叶,人们就已经在这个意义上使用"calling"一词了。1588年指的是非法职业,1603年指的则是较高级的职业。布伦塔诺的观点相当引人瞩目,他认为在中世纪"vocatio"并未译为"Beruf",而当时并没有从事中等职业的自由民。相对于古代,中世纪手工业的社会结构依仗自由民的劳动,那时几乎所有的商人都是自由民,因此我无法理解这样的观点。

62　参看K. 艾格尔的《路德论职业》(*Die Anschauung Luther vom Beruf*,吉本版,1900),其中不乏颇有教益的表述。但对自然法概念的分析过于粗疏,此乃唯一的缺憾。而这一缺憾也为其他神学著作所共有。关于这一点可以参考特吕尔齐(E. Troeltsch)对塞贝格(Seeberg)的《教义史》(*Dogmengeschichte*)的评论,以及特吕尔齐本人所著的《基督教会的社会学说》(*Soziallehren*)相关部分。

63　托马斯·阿奎那曾提出,人分三六九等,职业彼此不同,乃为上天的安排,而社会乃客观的宇宙。至于个人有什么具体的职业（我们说职业，而托马斯·阿奎那说是"圣职" [ministrium]），则是出于自然的原因："不同的人被赋予不同的圣职，此乃天意神道所决定。它以各种方式划定人的地位。……再者，人的地位还归因于自然的原因。不同的禀赋会得到不同的圣职。……"帕斯卡尔的看法是：天职的选择出于偶然（参看克斯特 [Koester] 的《帕斯卡尔的伦理观》，1907）。在有机的宗教伦理体系中，印度教的伦理观最为封闭，也最有特色。阿奎那主义的职业观和新教的职业观有着很大的差异，不过我也不想对此多费笔墨，因为以上引证就说明了这一点。事实上，即使阿奎那主义的伦理观与后来的路德伦理观有着明显的差异，但它们在许多方面有着相似观点，都特别强调神的意志。下面就讨论一下天主教的观点。关于托马斯·阿奎那，可参看毛伦布莱谢尔 (Maurenbrecher) 所著的《托马斯·阿奎那眼中他那个时代的经济生活》(*Thomas von Aquinos Stellung zum Wirtschaftsleben seiner Zeit*，1888)。在某些方面路德和托马斯一致，不过这与其说路德是受了托马斯的很大影响，倒不如说他受经院哲学的普通学说的影响更大。根据德尼夫勒 (Danifle) 的研究，路德对托马斯·阿奎那似乎并不熟悉。

64 在《论基督徒的自由》一书里，1) 人们以人的双重性来为自然法意义上的世俗义务的构想进行辩护，并由此得出结论（埃尔朗根，27，第 188 页）：人必然会受到其肉体和社会共同体的制约。2) 在这种情况下，如果他是一个虔诚的基督徒，那他会以对邻人的爱来报答神的恩宠，因为神的恩宠乃是出于纯粹的爱，于是信仰和爱心之间那种松散的联系便交融在一起了（这是与上一点有关的第二个解释，第196页）。3) 以往对劳动的古老禁欲的论证成了人从内心把控肉体的手段。4) 随着自然法思想（在此等于自然的道德）的出现，劳动便成了神赋予（堕落前的）亚当的原始本能。他之所以服膺这一本能，乃是为了为神所喜。5) 与《马太福音》第7章第18节以后有关，于是出现了这样的观点：在个人正常天职中施行善举，肯定是由信仰引发的重生的结果。然而并没有从中生出加尔文派具有决定性的恩宠确证思想。在《论基督徒的自由》一书中充满着强烈的情绪，说明内里充斥着异质的概念。

65 "我们有吃有喝，并非由于屠夫、酿酒人、面包师的善心，而是由于他们自利的打算；我们诉诸的并不是他们的邻人之爱，而是他们的利己之心。"（《国富论》上卷第2章）

66 "凡事皆为你 [神] 而做，为你而挤牛奶；凡是你让做的事都一一照做，伟大的事、卑微的事都做，做起来同样使我们愉快。"（《创世记》讲解卷七，第213页）早在路德之前，陶勒尔就有这种想法，他认为教会的"召唤"与世俗的"召唤"原则上具有同等的价值。德国的神秘主义者和路德都与阿奎那主义对立。这种对立表现在阿奎那坚守默祷的道德价值，不过他也不得不从托钵僧的立场出发来解读保罗的"不劳者不得食"这一教义，即劳动乃为必须的自然法则。不过这是针对整个人类的，而不是强加给每个个人的。劳动评价的安排，从农民的"农奴劳动"算起，逐步向上，这与托钵僧的特点相关。后者出于实际原因不得不住在城镇。这对于德国的神秘主义者和路德这个农民的儿子来说，都是闻所未闻的。他们认为所有的职业都是神安排的，所有职业有着同等的价值。

67　令人讶异的是，一些研究者竟然以为这样的一种创新对人的行为不会产生任何的影响。我承认对此无法理解。

68　"虚荣植根于人心深处，以致小兵、厨房帮佣、挑夫都自吹自擂，以博他人艳羡。"（福格尔版，第一卷第 208 页。）关于波尔罗亚尔女修道院与詹森教派对于"Beruf"的原则上的立场，下文会有说明。

波尔罗亚尔女修道院，属法国天主教。詹森教派，17—18 世纪出现在法、意等国的天主教异端。——译注

69　有关福格家族，路德曾说："一个人一生积累了如此惊人的财富，那他就不可能是正直高尚的。"这本质上可以说是农民对资本的不信任。同样，他认为投资于债券在道德上是可疑的（参看《高利贷大布道》 [Grosser Sermon vom Wucher]，埃尔朗根版，第 10 章第 109 页），因为这是一种机巧发明，在经济上是讳莫如深的。在现代教会人士看来，

这有点像是期货贸易。

70 列维（H. Levy）确切地说明了这种对立（参看《英国国民经济史中的经济自由之基础》［*Die Grundlagen des oekonomischen Liberalismus in der Geschikchte der englischen Volkeswirtschaft*］耶拿，1912），另请参看加尔迪纳（Cardiner）的《论共和政体》（*Commonweawealth*），其中有1653年克伦威尔军队中的平均派反对独占和大企业的请愿书。相反，劳德政权致力于将一个基督教—社会党的经济组织置于国王和教会的共治之下，国王则希望从中获得垄断的政治与财政利益。清教徒正是针对这一点展开斗争的。

71 为了便于理解，试举以下例子。1650年1月克伦威尔向爱尔兰人发出檄文，由此发动了对爱尔兰人的战争。这一檄文也是克伦威尔对爱尔兰克朗麦克诺伊斯（天主教）的僧侣于1649年12月4日和13日所发表的宣言的回击。其中有这样的句子："英格兰人（在爱尔兰）有许多资产，大部分是他们花钱买来的。……他们长期以来以优厚的条件从爱尔兰人那里租地、广置资产，以自己的资金和代价建起房屋和农场……可你们破坏了同盟……当爱尔兰处于和平全盛时期，爱尔兰人以英国工业为榜样，通过商业与贸易使国民拥有了比之前全爱尔兰都为你们所有时更多的财富，更好的生活……上帝还将站在你们那边吗？ 我坚信他不会。"这篇檄文使人想起布尔战争时期英国所发表的为数众多的报刊社论，这些文章无非是说，凡是为了英格兰资本主义发展所进行的战争都有其正当的理由。毋庸置疑，威尼斯和热那亚之间为争夺在东方的势力范围所进行的谈判也完全可以利用这一论点（令人感到奇怪的是，布伦塔诺反对我的这一观点）。这一檄文的特异之处在于，克伦威尔（凡是对克伦威尔有所了解的人都会这样认为）怀着深切的个人信念呼唤神注意这一事态：英格兰的资本已经教会了爱尔兰人如何进行劳动，此乃让爱尔兰人臣服的道德理由。

72　这里不宜详尽论说，请参看下面所引证的各个作家的观点。

73　参看朱利希尔（Juelicher）著作《耶稣的寓言》（*Gleichnisreden*，第二卷第 108、636 页）中的精彩论述。

74　参看埃格（Eger）前引书中的表述，以便和下面的表述进行比较。施乃肯布尔格的佳作《路德宗和归正宗教义之比较》（*Vergleichende Darstellung der lutherischen und reformierten Lehrbegriffe*）（斯图加特，1855 年）至今尚未过时。还有路塔尔特（Luthardt）的《路德的伦理观》（*Ethik Luthers*，第 1 版第 84 页），这是我所找到的唯一版本，可惜当中对于路德伦理观发展的真相并无说明。此外，还可参看塞贝格的《教义史》（*Dogmengeschichte*）第二卷第 262 页及其之后。《新教神学与教会的真正百科全书》中的词条"Beruf"毫无价值，不仅未对这一概念的产生作出科学的分析，而且对各种问题，比如妇女地位问题等进行了感情用事的评论。至于路德的经济观，在此只提及施莫勒（Schmoller）的论文《宗教改革时期德国民族经济思想史》、维斯克曼（Wiskemann）的获奖论文（1861）以及弗兰克·瓦尔德（Frank G. Ward）的论文《路德的国家和经济观述评》，这些都可供参考。在宗教改革400周年之际，关于路德的研究尽管佳作迭出，但关于这个特殊的问题，在我看来并无重要的新作。关于路德（及路德派）的社会伦理，可参考特吕尔齐的著作《基督教社会思想史》的相关内容。

75　参见1523年路德对《哥林多前书》第7章的讲解（埃尔朗根，第51页），在这里路德仍以"所有职业"在神面前一概无碍这样的观念来解释：1）有些人认为陈规应当废除，比如修道院的誓约、不同身份不可通婚等；2）要将对邻人履行（对神而言无关紧要的）传统的世俗义务强化为一种邻人爱的诫命。事实上，这种颇具特色的论述中（比如第55、56页）所关涉的是对于神的义和自然法的二元性问题。

76　桑巴特在论述"手工业精神"（传统主义）之前，不无道理地引用了其著作《论生意和高利贷》（*Von Kau fhabdlung und Wucher*，1524）中的一段话："因此，你必须下定决心，不可企图在这样的生意里寻求优渥的生计，并据此计算开销的多寡、所付出的辛苦与劳动、经历的风险，考虑商品的定价、涨价或降价，以便从中取得报酬。"这一原则完全是按照阿奎那主义的思想来制定的。

77　早在1530年写给冯·施腾贝格（H. v. Sternberg）的信中，路德就对《诗篇》第117篇进行了注解，指出下层贵族尽管道德颓废，但身份地位却是神的安排（埃尔朗根版）。从信中可以看出，闵采尔起义事件对此见解具有巨大影响。

闵采尔，1490—1525，路德的学生和追随者，激进的宗教改革领袖，领导了1525年的日耳曼农民起义。——译注

78　写于1530年的对《诗篇》第111篇第5、6节的注解也是从批判修道院优于世俗秩序的争论出发。在这种情况下，自然法（区别于君主和法学家制定的成文法）被直接等同于"神的正义"。这是神的命令，其中包括对人的身份等级的安排。尽管路德强调各色人等都有同等价值，但仅在神的面前才如此。

79　他在《宗教会议和教会》（1539）和《在神圣的圣事中所作简短忏悔》（1545）就是这样教导的。

80　基督徒要在职业劳动和生活方式中确证救赎，这一思想是加尔文派的核心思想，对我们来说非常重要。但在路德那里却是次要的，它表现在《宗教会议和教会》一书中的一段话："在（人们借以分辨真正教会的）七个主要标志之外，还有一些外在标志可以让人认知神圣的基督教会……如

果基督徒不淫乱、不酗酒、不傲慢、不自大、不浪费，而是守贞、纯洁、清醒。"在路德看来，这些外在标志不像前述那些标志（如纯正教义、祈祷等）那样确实可靠，"因为一些异教徒也会有这些品性和举止，而且他们看上去比基督徒还要圣洁"。我们将会看到，加尔文的个人立场并没有很大的不同，但清教徒的立场就不是这样了。无论如何，路德认为，基督徒只是在职业中而非通过职业来侍奉神。另外，确证恩宠的思想（主要是虔敬派而非加尔文教派）在德国神秘主义者那里反倒有所表现（参看塞贝格的《教义史》），尽管大多是从心理角度来体察的结果。

81 《创世记》的某些注释中很好地表达了他的终极观点。比如"恪尽天职，心无旁骛，绝非一般考验……安于命运者少而又少……"（第 4 卷第 109 页）"然而服从神的召唤乃我等之本分。"（第 4 卷第 112 页）"因此，以下条规必须遵行：守持自己的天职，安于自己的本分，不可旁骛其他。"（第 4 卷第 112 页）实际上，这与托马斯·阿奎那的那种传统主义的论述一致："如前所说，外物用于完成使用目的时才算正当。因此，个人消耗一定的财富实为必须。……也就是说，个人尽可致力于外在财富，但只限于与其身份相宜的用度。如若超越了这个尺度，即获取抑或保有财富超出了适当的范围，那便是罪。到了那个时候，贪念就会油然而生，这是一种过度的占有欲，是有罪的。"（参看他的《神学大全》第 118 页）超出个人之所需而获利便是罪，这一观点的基础于阿奎那而言是外在财富的目的昭示出来的自然法，而路德观点的依据是神的意志。有关路德对信仰与天职之间关系的看法，可参看第 7 卷第 225 页："你若有信仰，那么诸事皆会为神所喜，无论是肉体上的、被造物的，无论是餐是饮、醒着睡着，还是属肉或属兽的。信仰之伟大以至于此!确实，不信神者若职业上勤勉努力，亦会为神所喜（此种劳动乃基于自然法的德性）。但是，不信神又虚荣矫饰，其功业无法归诸神的荣耀（加尔文派的观点与此类似）……所以，尽管不信神者在此世生活中的善举值得报偿（相对于圣奥古斯丁的"披着道德外衣的恶"），但不会计入来世并得到回报。"

82 《教会讲道书》（埃尔朗根版，第 10 章第 233 页）中写道："任何人都要接受神的召唤而就某种职业。"各人必须等待神召，在天职中侍奉神。神看重的是人的顺从而不是人的成果。"

83 这与现代企业家的看法颇为一致。他们的看法与前面已经讲到虔敬派信仰对女工的经济合理性的促进作用形成鲜明对照，例如坚守路德派教义的家庭工业生产者（譬如威斯特伐利亚），至今还执着于传统的思维方式，尽管受到大利当前仍然抵制工作方式的改变，即使还没步入工场制度。他们的理由是，反正这些琐事在来世都无足轻重。显然，入教和信仰单就这一事实本身来讲，对于整体生活样式并无实质性意义。在资本主义早期发展阶段发挥影响的乃是非常具体的宗教价值观和生活内容，而今依然如此。

84　参看陶勒尔的布道文（巴塞尔版）。

85　参看前引陶勒尔的精彩布道文以及接下来的第17、18、20节。

86　此处对路德的叙述，其目的仅在于此。所以我仅限于简短地概括，不能算是对路德的总体评价。

87　凡是赞成平均派历史观的人，都会无往而不利地将此归因于种族差异。他们都坚信自己是盎格鲁-撒克逊人种的代表，有着天生的长子权，因而奋起反抗征服者威廉及诺曼人的后裔，以捍卫这种权利。令人讶异的是，至今仍没有人将这个平民的"圆头党"理解为人体测量学意义上的圆头型！

88　英国人的民族自负，是大宪章运动和几次战争所造成的结果。看到一位外国美女，今天有人还会说"看起来像英国姑娘"，而且早在15世纪人们就这么说了。

89　不用说，这些差异在英国一直存在。地主乡绅至今仍是"快乐的老英格兰"的代表。而且，宗教改革以来的历史可看作英国社会两种不同气质的英国人之间的斗争史。在这一点上我同意伯恩（M. J. Bonns）对于舒尔茨－盖菲尼兹大作的评论（载于《法兰克福报》），另请参照列维的评论。

90　尽管我在此已经说明，后面也一再说明，而且已经讲得很明确了，也从未改变过，但我仍然一再被冠上这样的观点，多次受到指责。

第二部分　禁欲主义新教的职业伦理

一、入世禁欲的宗教基础

91　我们不专门讨论茨温利派，它只是风行一时，很快便归于沉寂。而阿明尼乌派也只是在荷兰（和美国）形成了一个教派，其教义的独特之处在于反对极端的救赎预定论并拒斥入世禁欲，本章无意对它进行讨论，如果涉及，也不过因它在荷兰是商人贵族的信仰。此派的教义为英国国教会和大多数卫理公会派采用，但其秉持国家至上的（埃拉斯主义Eratianismus，即拥护国家在宗教事务方面的控制权）立场，不管面对的是英格兰的长期国会、伊丽莎白女王、荷兰的联邦议会，还是奥尔登巴内维尔德总议会，都只关心政治当局的利益。

92　有关清教概念的沿革，参见桑福德所著《有关伟大反叛的研究与反思》。本书使用"清教"一词时，完全采用17世纪该词流行的意义，即指荷兰和英格兰具有禁欲倾向的宗教运动，不管其教会制度或教义方面的区别。因而它囊括了独立派、公理派、洗礼派、门诺派和贵格派等。

93　这一点在探讨这些问题时被严重误解了。特别是桑巴特，还有布伦塔诺，不断引证那些伦理作家（而且大部分人是从我这里听到的）作为生活规范纲领的文献，但从不过问这些纲领到底对谁的心理产生了有效的救赎激励。

94　我无需特别予以强调，以下的简述凡是涉及教义方面，皆端赖教会史和教义史的文献纲要，所以并不以什么原创性自居。当然，我已试图尽可能地了解宗教改革历史的各种原始材料，与此同时，如果忽略这几十年来对神学深入而又细致的研究，不在它们的引导下去对史料追根溯源，所得结论未免流于武断。我希望，这简短的提纲不会导致错误的概括，同时避免重大的事实误解。对于那些熟悉神学文献的人来说，这篇叙述如果有什么新意，也不过是聚焦于对我们而言最为重要的观点上，而其中的关键，比如禁欲的理性问题及其对近代生活形态的意义，自然没有得到这些神学家的重视。这篇论文发表以来，前引特吕尔齐在其《格哈尔特和梅兰希顿》一书中曾就这方面以及一般意义上的社会学方面有所评论，《神学论刊》上也有诸多评论，其中还包括他作为伟大的研究者的一些著作。由于篇幅所限，我们没有将所有参考文献都列入，仅列入了本文引用的文献的出处以及相关作品。其中一些较为古老的著述，与本书观点不谋而合。由于德国图书馆经费奇缺，珍贵史料和研究文献只能从柏林等地的大图书馆借阅数周，除此之外别无他法。像沃特、巴克斯特与卫斯理的著作，还有卫理派、洗礼派、贵格派的所有作家，以及并未收录于 *Corpus Reformatorum* 的许多早期作家的作品，都遇到了这种情况。若要研究透彻，只得造访英国尤其是美国的图书馆。当然，对于下文概述，德国所能寻到的资料大致满足。在美国，由于近来大学刻意否认自己教派的根源，大学图书馆鲜有甚而没有新增此类文献，这也反映出美国生活世俗化倾向的一个侧面。不久之后，这个国家的传统国民性终将因此消解，并导致许多基本制度的意义发生根本性改变。人们得去正统的小型教派学院才行。

95　在下面的研讨中，我们感兴趣的不是禁欲运动的起源、前身及发展史，而是将其视为已经充分发展的形态，考察其目前的思想内容。

96　关于加尔文和加尔文派，除了卡姆普舒尔特（Kampschulte）奠基性的著作外，埃里克·马尔克斯（Erich Marcks）在其《科里尼》（*Coligny*）中的论述无疑最佳。坎贝尔（Cambell）的两卷本著作《荷兰、英格兰和美国的清教徒》并非没有任何倾向性，也非处处持批评态度。皮尔逊（Pierson）所著的《论约翰·加尔文》具有鲜明的反加尔文倾向。至于加尔文教派在荷兰的兴衰，可参看莫特利（Motley）的著作以及荷兰的经典著述，尤其是普林斯泰尔（Groen van Prinsterer）的《祖国的分裂》、《荷兰与加尔文的影响》（1864）以及《关于近代荷兰》等。进一步讲，还有弗洛英（Fruin）的 *Tien jaren mit den tachtigjargen oorlog*，特别是那波（Naber）的《自由的加尔文教徒》；关于 19 世纪的则有寇勒（Koeler）的《荷兰的改革派》（1856）。（涉及法国的）除了泼伦恩慈（Polenz），现在还有贝尔德（Baird）的《胡格诺派的崛起》。（关于英国的）除了卡莱尔、麦考雷（Macaulay）、梅森（Masson）以及最后提及但并非最不重要的兰克（Ranke）外，还有迦丁纳尔（Gardiner）和弗斯（Firth）等人的几部专著。另外还有泰勒（Taylor）所著的《英格兰宗教生活的回顾》（1854）以及韦恩噶尔腾（Weingarten）的佳作《英国的宗教革命》。再就是特吕尔齐撰写的关于英国道德家的文章，还有他的大作《基督教社会思想史》，以及 E. 贝恩斯坦（Bernstein）在《社会主义史》（1895 年，第 1 期）发表的精彩论文。最佳文献目录是戴克斯特（Dexter）的 *Congregationalism of the last 300 years*（主要是关于教会制度，但也不尽然）。此书本质上优于普莱斯（Price）的 *History of Nonconformism* 和斯科特（Skeats）以及其他人的著述。关于苏格兰，比如塞克（Sack）的 *Die Kirche von Schottland*（1844）和诺克斯的文献。关于美国殖民地，众多文献中最出众的一部是多伊尔（Doyle）的 *The English in America*。此外，还有豪伊（Daniel Wait Howe）的 *The Puritan Republic*，布朗（J. Browne）的 *The Pilgrim Fathers of New England and their Puritan Successors*。关于教义方面的异同，下面的叙述尤其要感谢我们曾经引证过的施乃肯贝格的讲演集。里切尔（Ritschl）的主要著作《关于辩解与和解的基督教教义》（*Die christliche Lehre von der Rechtfertigung und Versöhenung*，本书所引为第 3 版）严重混淆了历史叙述和价值判断，显示了作者的特异之处，尽管论证严密、逻辑性强，却令人无法指望其客观性。凡是他和施乃肯贝格的解读有所不同时，我总怀疑他的正确性。而且，他把众多宗教思想感情归诸路德名下，往往都是依据自己的价值判断来决定；或者说，那是路德思想对于里切尔具有永恒价值的部分。那是他以为的路德教派的思想，但实情并非如此。至于缪勒（Karl Mueller）、塞贝格等人的著作，我们随时会引，故而不再特意指出。接下来，如果我的连篇注释令读者不悦，请体谅我为不熟悉神学的读者不得不为之，以期通过我对许多彼此相关的观点的提示来检视这篇概述中的想法是否得当。

97　关于以下概述，我想强调的是，所探讨的并非加尔文个人的观点，而是加尔文主义的，而且是在 16 世纪末和

17世纪这一信仰有着巨大影响的地区的发展形态，这些地区同时也是资本主义文化的发祥地。我们对德国的情况暂且放一放，因为纯正的加尔文信仰从来没有在德国占据过支配性的地位。改革派与加尔文派当然不可同日而语。

98　剑桥大学和坎伯雷大主教一致通过的"英国国教会信纲"第17条的"宣言"，即1595年的兰贝斯条款，并没有被女王认可。此条款明确指出存在着永灭预定论，正是激进派人士赋予了这一预定论重要意义。

99　此处以及后段引用的加尔文派信条的文本，参见卡尔·缪勒的 *Die Bekennt-niss-chriften der reformierten Kirche*（莱比锡，1903）。其他文献参见各自出处。

100　参见《萨伏依宣言》和（美国版）《汉撒诺理斯信仰告白》。关于胡格诺派的救赎预定论，主要参见波伦茨作品（第一卷，第545页之后）。

101　关于弥尔顿的神学观点，参见艾巴赫（Eibach）收录于《神学研究和批判》（1879）的论文。苏木内尔（Sumner）的《基督教教义》译稿，1823年重被发现，麦考雷关于此文的论文失之肤浅。至于细节，梅森所著英文六卷本对此有详尽的论述，还有斯特恩（Stern）撰写的德文版《弥尔顿传》，均值得参考。弥尔顿早就摆脱了正反圣定为形式的预定论，晚年则成为完全自由的基督徒。在摆脱时代束缚这一点上，他可和弗兰克（Sebastian Frank）相比。只不过弥尔顿是个注重实际且积极向上的人，弗兰克则以批判精神著称。唯有从广义上说，从现世生活依循神的意旨过活的理性角度，才可将弥尔顿称为清教徒。这一点构成了加尔文派留给后人的永恒遗产，在同样的意义上也才能把弗兰克称为清教徒。两人都是个例，不属于我们的研究范围。

102　"这就是最高的信仰，相信神是仁慈的，虽然他只拯救少数人；相信神是公正的，虽然他的意志使我们受到惩罚。"这是《论意志的局限》（*De servo artitrio*）中最著名的一段。

103　从根本上说，路德和加尔文都相信一个两面的上帝（参看里切尔的《虔敬派的历史》和《新教神学与教会的真正百科全书》中科斯特林（Köstlin）所撰写的关于神的词条），一是《新约》中那个仁慈宽厚的天父（这一形象占据了《基督教原理》的最初几卷），一是在他背后那个恣意专断、专制君王般的"隐身的神"（Deus absconditus）。在路德那里，《新约》中的神占了上风，因为路德回避形而上学的问题，认为做这样的思考无益且危险；而在加尔文那里，超验的神占有主宰地位。在加尔文派于民众中发展之际，这样的观念是无法贯彻始终的，不过取代这位神的不是《新约》中的天父，而是《旧约》中的耶和华。

104　参看下列著作：沙伯（Scheibe）的《加尔文的救赎预定论》（哈雷版，1897）；希佩（Heppe）的《改革派教义》中有关加尔文派神学的一般性论述。

105　《宗教改革资料集》第77卷，第186页以后。

106　前面对加尔文派学说的阐述可以比照以下形式来查找。比如说胡恩比克（Hoornbeek）的《实用神学》（乌得勒支，1665），关于救赎预定论一节很有特色，那里直接给了个标题："关于神"。其依据乃是《圣经》中的《以弗所书》第一章，企图将错综复杂的预定论和神的意旨与个人责任和自由意志相结合，我们没有必要分析这种企图和努力，奥古斯丁就曾进行过这样的努力。

107　道顿在其大作《清教徒和英国国教会》中一语道出天机："（与神）最深切的交会并不能在制度、团体、教会中找到，只能在孤独的心灵之中。"从而将这个决定性重点定式化。这种个人的深刻的内在孤独也存在于波尔罗亚尔修道院的詹森派信徒身上。

108　"这样的集会（即保持纯正教义、圣礼和教规的教会）蔑视之人，其救赎无法确实；而抱持此种蔑视者，亦不会成为神的选民。"（见奥利维安《恶之真义》第222页）。

109　"有人说，神派他的儿子来拯救人类——不过这并非神的本意，神只想将少数人从罪恶中拯救出来。……所以，我告诉你们，神只为其选民而死。"（1609年在罗格附近的布吕克的布道，收录于威腾伯格尔特著作的卷二。另外可以参看努延斯（Nuyens）引过的著作）对于基督作为中介者角色的解释，在《汉撒诺理斯信仰告白》中亦含混不清，其实一个最显见的前提是：神根本不需要这样的中介者。

110 关于这一过程，参看我有关"世界各宗教的经济伦理观"的各论文。正如已经指出的那样，相对于内容极为相近、关系甚为密切的埃及和巴比伦的伦理观，古希伯来的伦理有着独特的地位，其自先知时代以来的发展始终贯彻这一个根本事实：拒绝圣礼巫术作为救赎之道。

111 按照这种始终如一的观点，洗礼不过因其是教会规定而必须遵守，并非救赎之必需。正因如此，严正的苏格兰清教徒和英格兰独立派教徒才能恪守这样的原则：神明确厌弃之人（如酒鬼）的子女不应受洗礼。1586 年，埃丹宗教会议建议，请求受洗的成年人若尚未获准参加圣餐式，则只有在其行为无可指责的情况下才能受洗。

112 这种对"感官文化"的否定态度，正如道顿前引书所指出的，乃是清教最本质的构成要素。

113 "个人主义"一词囊括了所有可能想见的异质之物。希望通过下面的讨论能厘清该词语的意涵。从某种意义来说，路德派可称为"个人主义的"，因为他们在生活上并没有抱持禁欲的生活规范。从另一个角度来说，沙夫（Dietrich Schäfer）在其《评沃姆斯协议》一文中就将中世纪称为一个具有鲜明个性的时代。因为对史家来说，当时发生的一些大事中的非理性因素，在那时有着今天不再具有的重大意义。他是正确的，但他所抨击的那些人兴许也是正确的，原因是他们谈论"个性"抑或"个人主义"时，可能各有所指。布克哈尔特（Jacob Burckhardt）那些天才的说法，今天至少部分地过时了。若从现今角度再做一次根本的历史取向的概念分析，其学术价值应该极高。但是，有些历史学家怀着游戏的态度定义个人主义概念，以便为其定义某个时代，自然只会达到相反的结果。

114   同样，亦与后来的天主教教义形成对比，当然这种对比没有那么强烈。相反，帕斯卡那种深切的悲观主义是建立在救赎预定论的基础之上的，与詹森派可说是一脉相承。由此而产生的弃绝现世的个人主义，与天主教的官方立场绝不相同。

115   詹森派也持有同样的观点。

116   贝雷（Bailey）的《虔敬的实践》（德文版，莱比锡，1724）与施本尔的《神学思考》（第3版，哈勒，1712）中也抱有类似态度：朋友之所以提出忠告很少是为了神的荣耀，而大多是出于世俗原因（未必是利己）。"他（老谋深算的人）知悉他人的动机，但对自己的目的最为清楚。他只管自己的事，不管身外事。……他深知世道不好，人心虚伪，因而只信自己，并且只在确信别人不会给自己带来损害的情况下才相信别人。"这就是托马斯·亚当斯的哲学

（《清教神学家文集》第 11 页）。贝雷则在（《虔敬的实践》第 176 页）更进一步劝诫人们，每天早上出门加入人群之前都要想到自己是在走进险象环生的荒野丛林，并祈祷神赐予"审慎和正义的外衣"。这种感觉遍及所有禁欲的教派，并引导为数众多的虔敬派教徒直接进入隐世生活。施庞根贝格在《兄弟会信仰观》（第 382 页）中也一再强调《耶利米书》第 17 章第 5 节的话："依赖人肉臂膀的人会有祸的。"为了考量这种人生观特有的厌恶世人的态度，胡恩比克关于爱敌人的义务的叙述不得不提："总之，我们不可向邻人复仇，而要将此事托付给降下复仇的神，这样我们才能加倍地复仇……而自己复仇之人，神会因此少降复仇。"这与《旧约》中出现的"复仇的转换"如出一辙，相对于古代的"以眼还眼"的复仇情感而言，是一种升华。

117　忏悔告解并非只有这一种作用，穆特曼（Muthmann）在其《宗教心理》中的种种说法对于忏悔告解的极为复杂的心理问题确是过于简单了。

118　这一点对于判定加尔文派社会组织的心理基础有着至关重要的意义。所有这些组织都立足于内在的个人主义的、目的理性或价值理性的动机。个体不会感情用事地进入其中。神的荣耀和个人的得救永驻于"意识阈"之上。这一点至今仍能用来说明某些具有清教传统的民族的社会组织的某些特殊面貌。

119　加尔文派教义有着反权威特点，从根本上来说，它将教会和国家为伦理和灵魂得救所做的一切归于无效，这导致该派一再遭到禁止和排斥，比如在荷兰的联邦议会。最后形成秘密宗教集会（1614 年之后即是如此）。

120　关于班扬，可参看收录于《英国文人》（莫里［Morley］）系列中弗劳德（Froude）的班扬传记，以及麦考雷对班扬（肤浅的）简述。班扬并不在乎加尔文教派内部的各派差异，但他本人是个严格的加尔文派洗礼派信徒。

121　如果以加尔文派思想无可置疑的重要性——即基于"与基督合为一体"（加尔文《基督教原理》卷三第 2 章）的要求，为了得救必须加入一个符合神的规范的共同体——来说明改革派基督徒的社会性格，是很可以理解的。但从我们的特殊观点来看，问题的重点似乎并不在此。这样的教理原则可以在纯粹的制度性的教会中得到发展。众所周知，这样的情况的确出现过。但这样的教会本身却并不具有加尔文派所具备的那种心理力量，即能够唤起形成共同体的主动性并赋予共同体一种力量。加尔文派内部形成共同体的倾向，很大程度上是在神所规定的教会组织之外，即在世俗之内发挥作用。此时，基督徒要借着为神增添荣光的活动来确证自己的恩宠状态，这样的信仰是关键所在。而对于被造物神化与对于一切个人关系的执着的强烈厌恶，必然会将这种精力引向与人无关的活动轨道。将确证恩宠状态放在心上的基督徒是为了神的目的而活动，所以这活动只能与人无关。人与人之间任何纯粹感情的，即不受理性制约的人际关系在清教或者任何禁欲的伦理之中，都极易产生被造物崇拜的嫌疑。对于友情来说，除了前面所说的看法之外，下面的告诫也充分表明了这一点："爱人爱到超越理性的范围，便是非理性的行为，对一个理性的人来说，是绝对不合适的。……这会迷乱人的心灵，妨碍人对神的爱。"（巴克斯特《基督教指南》卷四第 253 页）不过，我们将不断地会遇到这样的论调。加尔文派教徒深受如下思想的鼓舞： 神在创世的同时也创造了社会秩序，必然希望凡事都符合事理的本来目的，而所造之物乃是增添其荣耀的手段，这并非为了被造物本身，而是为了让被造物之中的秩序符合神的意旨。因此，通过恩宠预定论而得救的圣徒的行动欲望便会投入为现世的理性化奋斗之中。特别是相比个人的私下的幸福，公众利益或者巴克斯特所说的"多数人的幸福"（《基督徒指南》卷四第 262 页）——尽管这不是什么新思想——却是清教拒斥被造物崇拜的结果。美国人之所以一向拒斥个人间的服侍，除了一些民主感情的因素外，恐怕也和这种传统有着密切的关系；拥有清教历史的民族对专制独裁有相对较高的免疫力，也与此有关。一般而言，英国人内心对其政治大人物抱着灵活的心态，一方面乐于公正地看待他们的大人物，另一方面也不狂热崇拜他们，并且排斥基于感谢而在政治上服从什么人的天真想法；这与1878年以来经历了积极变化和消极变化的德国人形成鲜明对照。关于信仰权威有罪（因为只有与《圣经》相符，无关个人的权威才是被允许的），太过尊崇那些最圣洁、最完美的人物也有罪（因为这妨碍了对神的顺从），参看巴克斯特的《基督教指南》（第2版，1678）。关于拒斥被造物崇拜，以及先是在教会最终到达一般生活领域的神的支配原则，在政治上具有何种意义，不在本书考察范围。

122 关于教义的归结和实践的心理归结之间的关系，下文还会经常谈到。无需多说，这两者并非一回事。

123 这里所说的"社会性"，与其现代意义上的涵义没有关系，仅指政治的、教会的和其他组织内部的活动。

124 "善功若非为了神的荣耀，而是为了其他目的，全都有罪。"（《汉撒诺理斯信仰告白》第16章）

125 这种以神的意旨为生活取向的没有人情味的邻人爱，对于宗教共同体生活领域意味着什么呢？"中国内地传教团"和"国际基督教宣教联盟"的表现即可说明之（参见沃内克［Warneck］《新教传教史》第99、111页）。他们花巨资装备了一支浩浩荡荡的传教队伍，比如仅在中国就派驻了1000多人，然后巡回宣讲布道，向真正意义上的异教徒传播福音，因为此乃基督的命令，基督能否复活端赖于此。至于异教徒能否皈依基督教从而得救，能否听懂他们的布道语言，全都是次要的，悉听神的处置，也只有神能够把控此事。哈德逊·泰勒认为（见前引沃内克），中国约有 5 000 万户家庭，1 000 个传教士每人每天可走访 50 户，如此算来，不到三年时间就能将福音带给全中国的人。加尔文教派正是以这样的方式贯彻了它的教会训育，其目的并非让接受训育者得救（这是神的事，而且不可能因训育手段的施行而有所影响），只是为了增添神的荣耀。不过，现代的传教事业得以传扬，并非加尔文教派一家之责，乃是建立在跨教派（unius Dei opus）基础之上的各教派的共同责任（加尔文本身否认有义务向异教徒传教，因为教会进一步扩大是唯一的神所成就）。传教事业显然来自贯穿于全部清教伦理中的那些观念。有鉴于此，爱邻人，就要遵守神的诫命，以增加神的荣耀。邻人也由此得到他所应得的，余者皆为神自己的事。这也就是说，人与邻人的关系里的"人性"就算到此为止了，绝大多数事例中也都表明了这一点。而那种生活氛围的余绪还时时泛起。比如在慈善事业方面，改革派的业绩广为人知。之所以如此，乃是因为阿姆斯特丹的孤儿身穿黑红或红绿的衣裤，一种小丑装束，他们列队前往教堂接受检阅，产生了一种令人振奋的怀旧情绪。小丑装束实际上是对孩子的不尊重，但这一切都是为了神的荣耀。神的荣耀和人的尊严此消彼长。下面我们还会谈到这个问题。

126 波尔罗亚尔修道院倾向于神秘主义和来世的价值

取向，这一点和天主教立场相似（见前引《霍尼西斯著作》）。尽管其伦理观取决于预定论，但采取了不同的立场。

127　很清楚，班扬的《天路历程》的基调就是如此。

128　亨德斯哈根（Hundeshagen）所代表的立场（参看《教会宪章史和教会政策》，1864）认为：救赎预定论是神学家的论调，并非民众信奉的教义。此论常常被人引用。不过只有将"民众"一词解释为未受教育的底层大众时，这一说法才能成立。即便如此，适用面也极其有限。前面所说的寇勒发现，19世纪40年代正是这些民众（他所指的是荷兰的小市民阶层）深受救赎预定论的影响。在他们看来，不论是谁，只要胆敢否认神的正反谕令，那他就是异教徒和被神舍弃之人。寇勒本人曾自问再生的时机。达·科斯塔和德科克的分离也是受到这种说法的影响。杰勒（Zeller，参看他的《神学体系》）曾以克伦威尔为例证明这种教义的影响之大，但不只克伦威尔，他的军队也都非常熟悉这一教义。此外，多德雷赫特和威斯敏斯特会议所形成的标准见解曾经是全国性的大事。克伦威尔下属审判官和下达驱逐令的官员只容得下救赎预定论的信徒，而巴克斯特尽管在许多方面并不赞成救赎预定论，却认为这一信条对神职人员的资质起着重大作用。改革派中的虔敬派教徒是英格兰、荷兰秘密宗教集会的参加者，他们都对这一预定论了若指掌，也正是这一信条驱使他们聚集在一起追求"唯一的得救的确证"。作为神学家学说的"救赎预定论"到底有什么重要意义，这一点已为正统的天主教所证明。在天主教看来，救赎预定论并不是陌生的、形式众多的神秘理论（至关重要的是，否认个人有义务视自己为神的选民并亲自加以证明）。亨德斯哈根对救赎预定论并无好感，这主要归诸德国的状况给他的印象。他对救赎预定论的态度基于推论得出的看法，即认为预定论必然走向道德宿命论和反律法主义。杰勒已在（前引书中）予以了驳斥。另一方面，产生这样后果的可能性也是不容否认的。梅兰希顿和卫斯理都曾谈过这个问题，然而两人都将这一议题和情感性的宗教信仰联系在一起，对于欠缺理性的恩宠确证思想的人而言，这样的结果并不奇怪。这种宿命论也同样出现在伊斯兰教。其原因在于，伊斯兰教奉行的并非基于神的正反圣定的预定论而是宿命论，它只适用于今世，与来世的救赎无关。正因为这样，伦理上至为重要的预定论信奉者的确证问题，在伊斯兰教并不存在，所产生的只是大无畏的务实精神，而不是理性化的生活态度，因为得不到宗教的认可（参看 F. 乌尔里希的论文《伊斯兰教和基督教中的预定论》，海德堡）。巴克斯特等人曾试图在实践中对救赎预定论进行必要的缓和修正，但并没有从根本上改变它，只要神的拣选及其证据落实在具体的个人身上，那它就不会有什么大的改变。最后，还有一个重要因素是，（广义上的）

清教几乎所有的伟人都从这一教义出发，自青年时代始便受到其深刻影响，比如巴克斯特、弥尔顿，还有后来的自由主义思想家富兰克林，当然影响是衰减的。他们后来从救赎预定论的严格解释中摆脱出来的过程，与沿着同一方向发展的整个宗教运动是并行不悖的。而且所有伟大的宗教复兴，至少在荷兰是全部，在英国是大半，都是一再与这一教义相结合而出现的。

129　先不说救赎预定论，这个问题对于后来的路德派教徒来说，其意义远不如对加尔文派教徒来得大。这并非因为路德派不在意其灵魂得救，而是因为路德派在发展过程中凸显了教会作为灵魂得救机构的作用，或者说，个人感受到自己成了教会活动的对象，并在其中受到保护。这一问题只是虔敬派在路德派内部唤起的。救赎确证这一问题对于任何非侧重圣礼救赎的宗教来说，都是根本问题。佛教、耆那教或其他宗教，概莫能外。纯正宗教性格的所有心理动力皆来源于此。

130　布塞尔（Bucer）在书信中已旗帜鲜明地表达了这一点。参看《宗教改革资料集》第20页。

131　《威斯敏斯特信仰宣言》（第18卷第2页）也向被神拣选者保证能得到神的恩宠，尽管我们是无能的仆人，而且要终生与恶战斗。而一个真正的信徒往往必须长期奋斗以获得恩宠的确证，这是经由义务履行的意识所得的确证，永远不会被剥夺。

132 比如奥列维安的 *De substantia faeders gratuiti inter Deum et electos*（1855）第 257 页；海德格尔的《神学资料》XXIV 卷第 87 页；希佩的《改革派教义》（1861）第 425 页。

133 正统的加尔文派教义专注于信仰和在圣礼中与神同在的意识，而精神的其他果实只是顺便提提。参看前引希佩的《改革派教义》第 425 页。加尔文派与路德派都认同善功是信仰的果实，但否认这是得神应许的标志。通过善举来证明信仰，这种行为的转变是与加尔文派教义的渐趋缓和相应的，据此，纯正的教义和圣礼成为真正教会的首要标志，后来教规也加入其中。这一转变可以在希佩的描述以及 16 世纪末荷兰的教会成员资格的获得方式中找到。

134 关于这一点参看施乃肯贝格前引书第 48 页的说明。

135 因此对巴克斯特来说，是（以天主教的方式）凸显出重罪与轻罪之间的区别，前者是得不到恩宠的标志，只有通过整个人格的全部悔改才能获得救赎保证；而后者与恩宠状态并非水火不容。

136 巴克斯特、贝雷、塞德维克（Sedgwick）和胡恩比克都有相似的看法，其他例证可参看前引施乃肯贝格著作第 262 页。

137 把"恩宠状态"视为一种社会地位（有点像古代教会的禁欲苦修者），这样的一种看法是极为常见的，可参看绍丁维斯（Schortinghuis）的《内心的基督教》（1740，后为联邦议会所禁）。

138 例如巴克斯特的《基督教指南》中的许多段落（下面还将会讨论它），特别是结论就是如此。巴克斯特提出这样的忠告：把世俗活动视为克服深层道德不安感的手段，这使人想起帕斯卡对获利冲动和禁欲活动的心理解释。他认为，信仰救赎预定论坚信有关被造物的一切都有原罪，结果只能弃绝凡尘、沉思冥想，此乃减轻罪孽、达至救赎的唯一途径。在以上所引的保罗·霍尼希海姆博士的论文（这是更为宏大的研究项目的一部分，可望持续下去）中对正统天主教和詹森派的天职观已经进行了精辟的分析。在詹森派那里根本看不到得救的确定性与世俗活动之间的任何关系。他们的天职观中包含接受自己在生活中所处位置的意味。在其位的个人不仅像天主教徒那样由社会秩序认可，还由个人良心发出的声音予以认可。这种观念比路德教徒，甚至比传统的天主教徒更为强烈（霍尼希海姆前引书，第39页）。

139 罗伯斯坦（Lobstein）在《给霍尔茨曼的节日礼物》中有一篇精辟的概论，其中观点淋漓酣畅，可和以下论述进行对照。由于这篇文章过于强调得救的"唯一确定性"而被人诟病。正是在这一点上要将加尔文的神学与加尔文主义、神学体系与灵魂司牧的需求区分开来。所有影响巨大的宗教运动都是由这样一个问题引领的:"我怎样才能确定我已经得救?"我们已经说过,这不仅是教徒的一个核心问题,而且在一般宗教史上,例如印度,都起着核心作用。除此之外,难道还有其他的吗?

140　毋庸置疑,这一概念只是在路德派时代后期才得到了充分发展(在普利陶留斯、尼古莱、麦斯纳诸人那里),不过这一概念早在约翰内斯·格哈德那里就已存在了。为此,里切尔在其《虔敬派的历史》一书的第 4 章提出,这一概念是作为复活的概念被引入路德派的,或者说它也吸收了天主教的虔敬精神。他不否认路德派和天主教神秘主义者那里同样有个人得救的确证问题,但对于解决的方式却有截然不同的想法。我对此拿捏不准,难以置喙。当然,任何人都会感受到《论基督徒的自由》所营造的气氛,既不同于后来文献中那种对"幼年耶稣"的甜蜜媚态,也不同于陶勒尔的宗教情绪。同样,在路德的圣餐论中保留了神秘主义的巫术成分,也有别于圣贝尔纳式的虔敬情感——"雅歌之情"。里切尔一再指出,这种虔诚乃是培养与基督的"新娘"关系的源头。但是,难道路德的圣餐论就不能有助于神秘主义宗教感情的复活吗?　再者,要说神秘论者的自由完全来自自身的与世隔绝也并不准确。尤其是陶勒尔在一些地方着重指出,对于宗教心理学极为有趣的论述乃是夜间沉思默想的效果。倘若夜间失眠，他推荐这么做。唯有如此（与神的神秘的合一），理智才会澄明，头脑才会强健，人在一整天就会由与神合一的内在训练引领，其所有的工作都会井然有序。当一个人为自己的事业做好了准备，并且信赖美德，那么一旦他进入现实，他的工作就会是既有美德又神圣的。由此可见，神秘的默祷和理性的天职观并无矛盾；只有当宗教意识直接带有歇斯底里的性格时，两者才会矛盾。当然，所有的神秘主义者甚或所有的虔敬派信徒都不会出现歇斯底里的情况。

141 关于这一点，参看有关《世界各宗教的经济伦理》的论文及导论。

142 在此前提下，加尔文教派才和官方的天主教有了接触。但是对天主教徒来说，由此便产生了忏悔圣礼的必要性。而对于改革派教徒来说，则是产生了通过现世的活动经受考验的必要性。

143 参看贝扎的 *De praedesinat. doct. ex praelect* 第133页："从真正的善功中得到救赎，救赎升华为信仰；上下求索，持之以恒，在天职履行中得到基督的眷顾，从而得到预定得救之惠。行动和义理合一，神的圣座永不动摇。"只是关于被舍弃的征兆，必须谨慎小心，毕竟这关系到最后的审判（清教徒在这一点上却有不同见解）。进一步探究可看施乃肯贝格的前引著作，虽然他只引证了部分资料。在所有的清教文献中，无不显示出这样的倾向。班扬问："人们不问：你信吗？而只问：你们是实干家还是坐而论道的空谈家呢？"按照宣扬温和的得救预定论的巴克斯特的说法（《圣徒的永恒安憩》第12章），所谓信仰就是全身心服膺于神。有人提出异议，说意志不自由，唯有神有救赎能力。他答道："首先做你能够做的事情，然后再抱怨神没有给你恩宠救赎你，假如你有正当理由的话。"（《清教神学家文集》卷四第155页）。教会史学家富勒（Fuller）的研究局限于实际保证这一问题以及是什么指明一个人行为中的恩赐状态。别处引用的豪伊的著作章节也是同样的情况。只要细读，就会发现《清教神学家文集》里到处都充满着这样的例证。在天主教的禁欲著作的影响下而皈依清教的情况可说是司空见惯，巴克斯特便是因为看了耶稣会士撰写的小册子而皈依的。其实，这些清教的宣传品与加尔文本身的学说相比，并无多少新意（参见《基督教原理》，1536）。即使在加尔文那里，这样的路径也未必会获得得救的确信。人们一般引证《约翰一书》第3章第5节及类似章节。由此可见，渴求"有效信仰"的并非只限于狭义的加尔文派教徒。洗礼派的信仰告白在关于救赎预定论的条款中同样会讨论到"信仰的果实"。同样，1649年哈勒姆宗教会议最后通过的、受门诺教派影响的小册子 *Olif-ftacxken* 的第一页就提出了这样一个问题："怎样才能认出神的子民？"回答是："为使仰赖

《新约》者的意识能确信神的救赎恩宠……只有这种可见的信仰的果实，才能提供可靠的标志。"

144　有关社会伦理物质内容的意义前面已有所论及，现在所讨论的是道德行为的动力问题。

145　不言而喻，这种观念必然促进了《旧约》中的犹太精神对清教的渗透。

146　关于"纯正教会"的成员，《萨伏依宣言》说：他们是"响应神召的圣徒，其所从事的职业及举止便可见证"。

147　"善的原则"乃为沙诺克（Charnok）所提出，参看《清教神学家文集》第 175 页。

148　正如赛德维克有时所说的，信仰乃是一种恩宠选择谕示的精准复制。贝雷则教导说，谁要是被选中了，那他就会恭敬从命，并有能力恭敬从命。只有那些蒙神召而信仰上帝之人，才会是真正的信徒。

149　可与巴克斯特的《基督教指南》的结尾相比较。

150　沙诺克的《自我反省》（*Self-examintion*，第 183 页）对天主教的怀疑论调进行了驳斥。

151　这一论断在胡恩比克的《实用神学》中反复出现。

152　比如 *Conf. Helvet* 第 16 节说，"行善皆为救赎"。

153　以上行文可参看施乃肯贝格前引书，第 80 页后。

154　据说奥古斯丁曾说过："即使没被预定，也如预定那样行事。"

155　歌德有句名言，与这一警句可谓不谋而合："人怎样才能有自知之明？只靠观察是不行的，还要通过行动。尽力完成你的职责，你便会知道你自己是何等样人，何为你的职责。此乃你日日的挑战。"

156　加尔文断言，"救赎恩宠"必然会表现出来的（参看《基督教原理》卷四），但得救者和未得救者之间的界线却深不可测，非人力所能探知。我们要相信，在一个按照神的律法组织和管理起来的教会里还回响着他的话语，那里定然有神的选民的存在，尽管我们并不认识。

157　加尔文派的虔敬情感是宗教史上为数众多的逻辑与心理之间关系的例证之一，这种关系来自某些宗教思想对实际的宗教态度产生的间接后果。宿命论当然是救赎预定论唯一的逻辑后果。由于恩宠考验论的涉入，其心理效果适得其反。基于基本相同的理由，尼采的信徒坚持认为，永恒轮回的思想有着积极的伦理意义。不过这种情形所关联的乃是对未来生活的责任，而这种未来生活并没有通过意识连续性与能动的个人联系在一起，然而对清教徒来说这正是"与你关系重大"（Tua res agitur）的事。胡恩比克（在其《实用神学》卷一第 159 页）用当时的语言详尽分析了救赎预定论和行为之间的关系。神的选民由于蒙召而摆脱了宿命，他们在对宿命论的否定中证明了自己就是神的选民，"并且克己奉公地恪尽职守"。实际的利益与逻辑性的宿命论后果一刀两断（尽管这后果偶尔仍会表现出来）。但从另一方面来说，正如加尔文派所表现出的那样，一种宗教思想的内涵远比（比如说）威廉·詹姆斯（Willian James，《宗教经验的多样化》，1902，第444页后）所愿意承认的多得多。宗教形而上学的理性因素所具有的重要意义，特别在加尔文派的神的概念的逻辑结构给生活带来的巨大影响以古典的方式表现了出来。如果说清教徒的神在历史上发挥的作用是其前或其后的神所望尘莫及的，那也主要是因为思想的力量赋予他多种特质（詹姆斯仰仗宗教思想对生活的影响对其意义作出实用性评价，而这正巧是这位杰出的学者的清教家族的思想产物）。这种宗教体验，就像所有其他体验一样，是非理性的。在其最高的、神秘的形式中甚至是唯一而超凡的。而且正如詹姆斯所说的那样，它有着突出的、绝对的不可交流性。它具有一种独特性格，看起来像知识，但不能假手语言或概念手段再现。特别是每一种宗教体验试图用理性来表现时，都会失去某些内涵。越是进行概念的阐述，情况就越是如此。正是出于这样的原因，一切理性的神学都会出现许多悲剧性冲突，17世纪的再洗礼派各教派就已了解了这一点。非理性因素绝非宗教体验所独有，任何体验都或多或少地包含非理性因素。但这无碍于它有着巨大的实践重要性，不管它是否属于特定类型的观念体系，都会以独特的方式引发和塑造直接的宗教体验。在教会对生活发挥巨大影响、教会内部强烈关注教义重要性的时代，正是从这里发展出了各种宗教之间伦理后果的诸多差异，由此表现出巨大的实践重要性的就是这种伦理的后果。甚至当时的俗人对教理也都表现出严重的关切，用今天的标准来看，其强烈程度令人难以置信，但对于了解前因后果者来说，他们全都了如指掌。今天我们只有在无产阶级那里才能看到类似的表现。无产阶级的迷信观念和这样的观念有得一比，即相信科学能完成一切，证明一切。

158 对于"使得救成为我们所追求的目标，这是不是图利，是不是合法？"这个问题，巴克斯特（参看《圣徒的永恒安憩》卷二第6页）的回答是："如果大家就像干完了活等待发工钱那样期待得救，那的确是为了图利……否则基督所命令的就是这样一种唯利是图……如果追寻基督是为了图利，我倒愿意这样图利。"遗憾的是，许多被认为是正统的加尔文派教徒却堕入粗俗的唯利是图的泥淖。贝雷认为（见《虔敬的实践》第262页），施舍是一种逃避惩罚的随机手段。另一些神学家则鼓吹要使被神舍弃之人行善，理由是这样一来他们所受的惩罚或许会好过一点。但对于神的选民来说，行善是因为这样一来神不仅会无缘无故地爱他们，也会有根有据地爱他们，当然有朝一日要予以报答。关于善功得救的影响的程度问题，护教者也做出了一些小小的让步。

159　为了凸显那些颇具特色的差异，不得不以"理想型的"概念来进行讨论，尽管这在某种意义上不啻为对历史真相施暴，但如果不这样做，面对错综复杂的资料就无法进行清晰的论述。这里可能出现的界限分明的对立在多大程度上是相对而言，也只能另外加以讨论了。毋庸置疑的是，官方的天主教教义早在中世纪就已经提出整体生活的系统圣化的理想。同样确凿无疑的是，教会的日常实践最为有效的手段——忏悔的培养，大大促进了非系统化的生活方式；而且如文中所讨论的，加尔文派教徒所感受到的严格冷酷的氛围和绝对的孤独，在中世纪世俗的天主教教徒中间是不多见的。

160　我们曾经提到过，这一因素具有根本的重要性，它在《世界各宗教的经济伦理》中逐渐变得清晰起来。

161　从某种程度上说，路德教徒也是如此。路德并不想完全清除圣礼巫术的最后残余。

162　参看赛德维克的《忏悔和恩宠学》（由 Röscher 译成德文，1689）。忏悔者需要严格遵从忏悔的规则，并依此安排自己的全部生活。他要机敏、警觉、周密地按照规矩行事。这需要对整个人进行持之以恒地改变。真正的忏悔总是要表现在行动中。胡恩比克解释说，单纯的道德善举和精神上的华章之间的差别就在于后者是重生带来的结果，在其身上能看到不断的进步。而这种进步是凭借神的恩宠发挥超自然的影响而取得的。神的恩宠能改变整个人，从而达至灵魂的得救。所有这些观念对于新教来说都是耳熟能详的，当然在天主教的最高理想中也能找到，但它们所产生的结果也只出现在世俗的禁欲运动中。至关重要的是，只有在这些运动中才能得到心理的认可。

163 后面这一名称源自荷兰，特别是那些谨遵《圣经》戒律生活的"虔敬信徒"（比如沃特）。此外，"方法主义者"这个名称也曾零星出现在 17 世纪的清教徒中。

164 正如清教传教士所强调的（例如《清教神学家文集》中班扬的《伪君子和酒店老板》第 126 页），人即便完成了一件神认可的、有价值的、有德行的事，或者说在一段时间内过一种完美的生活，仍然可以被随便一桩单独的罪过摧毁一生的行善和积德。清教考虑问题不像天主教那样极为精细地计算权衡，这个比喻古已有之，毕生都要在恩宠与地狱之间进行明确的取舍。只是清教也有些关于账户清算的想法的痕迹。

165 单纯的"合法得救"和"教养得救"之间的差异就在于此。两者都是班扬所描写的生活在"道德城"里的世故老人。

166 沙诺克（《自省》见《清教神学家文集》第 172

页）说："反省和认识自我乃是理性者的特权。"他还附加注脚："我思故我在，此乃新哲学的首要原则。"

167 这里不便探讨邓斯·司各脱的神学（它从未占据支配地位，充其量也只是被容忍，常常被视为异端）与禁欲的基督新教的某些思想之间的关系。虔敬派信徒后来反感亚里士多德哲学，一如路德（在某种意义上）和加尔文有意识地敌视天主教（参看《基督教原理》卷二第7章第4页，卷四第17章第24页）。正如卡尔所说："意志第一，实为这些流派的通例。"

168 因此，在天主教的《教会词典》中有关"禁欲"的词条就是完全依照禁欲主义的最高历史表现形式来定义的。塞贝格在其《新教神学和教会的真正百科全书》中也是这样来定义的。为便于我们的研究，就要十分谨慎地使用这一概念。我很清楚，这个概念可从另外的角度来定义，可更广义地，也可更狭义地。

169 在巴特勒的《休迪布拉斯》中，清教徒被比作赤脚的圣方济各会修士；热那亚共和国派驻英国的大使菲斯（Firshi）称克伦威尔的军队就是一群僧侣。

170 我认为，遁世的僧侣禁欲和入世的天职禁欲之间有着持续的内在联系。令我吃惊的是，布伦塔诺竟然在前引书中引用僧侣的劳动禁欲来反对我。这一攻击在其"附言"中达到顶峰。只是，两者之间的连续性乃是我全部论点的基本前提，即宗教改革从修道院里取出了理性的基督教的禁欲及其理性的习惯，然后为现世生活服务。参见下文的叙述，我原封未动。

《休迪布拉斯》乃 17 世纪英国作家塞缪尔·巴特勒仿英雄诗格写成的一首嘲讽清教徒的诗。——译注

171　参看尼尔（Neals）的《清教徒史》和克罗斯比（Crosby）的《英国洗礼派》。这两部书中提供了许多审判清教徒异端的记录。

172　桑福德和他前后的许多人，都在清教那里发现"克制"这一理想的源头。关于这一理想，可参看詹姆斯·布莱斯（James Bryce）的《美利坚联邦》（卷二）对美国大学的评论。禁欲主义的自我克制也使得清教成为现代军事纪律的源头之一。克伦威尔的铁甲军手持上了膛的手枪一路小跑冲向敌人，但却引而不发。他们压制住保王党靠的不是狂热，相反，靠的是冷峻的自制。这使得他们的指挥官总是能牢牢地掌握这支军队。另一方面，保王党骑士的猛烈进攻却总是以溃不成军而告终，参看弗斯所著《克伦威尔的军队》一书。

173　参看温德尔班（Windelband）的《论意志的自由》第 77 页及以下几页。

174　只是没有那么纯净。沉思默祷有时也有情感因素的渗入，或常常和理性因素交汇在一起；沉思默祷本身也受

到讲求方法的调节。

175　按照理查德·巴克斯特的说法，与神所赐予我们作为行为规范的理性相对立的一切都是有罪的。不光是那些包藏祸心的激情有罪，所有愚蠢的、无节制的情感也都是有罪的。这些情绪使人不再镇定，作为纯粹的生物反应的过程会阻碍我们理性地把一切行为和感情都归于神，以致使神受辱。关于愤怒的论述，参看《基督教指南》（1698）第2版第285、287页。关于焦虑的罪过，参看同上。如果把食欲当成了"吃的准则或标准"，那就是偶像崇拜了。这些讨论常常引证《旧约·箴言》，还有普鲁塔克的《论灵魂的安宁》；中世纪的禁欲主义著作也不少见。比如圣贝尔纳、伯纳文都拉（Bonaventura）等人的论述。与谁不爱"妇人、醇酒和弦歌"形成鲜明对照的是把一切感官愉悦都看成偶像崇拜。只要不损伤身体，有些感官愉悦还是容许的。对此还可以进一步探讨。

176　如果将这项讨论视为对宗教作出这样或那样的评价，那就大错特错了。在这里并不涉及价值评判问题，而是要弄清某些事物的影响力的问题。它们从宗教角度看，兴许是次要的，但对实践行为的态度来说则是举足轻重。

177　可参看特吕尔齐的《英国道德家》，收入《新教神学与教会的真正百科全书》第三版。

178 一些具体的宗教意识内容和状况常常表现为"历史的偶然",它们都会清晰地在改革派基础上兴起的虔敬派信徒中发挥作用,有时会缺少修道院,这让人惋惜不已;而拉巴迪的"共产主义的"实验则完全是隐修生活的替代品。

拉巴迪,Jean de Labadie,1610—1674,法兰西神学家,创立了虔敬派,主张共产共食,曾对德国有影响。——译注

179 甚至早在宗教改革时期就已经存在于一些忏悔录里。里切尔认为其后的发展乃是宗教改革思想的退化,尽管如此,他也不否认真正的改革派教会是由明确的特点来定义的。对于这个改革派教会,不具备道德活动特点的信徒不会被看做真正的教徒。

180 "赞美神,我们并不属于多数者。"语出托马斯·亚当斯(参看《清教神学家文集》第138页)。

181 "长子特权"在英国历史上曾发挥过重要作用,受到明确地认同,如:"头生的人则在天国登记。……因为头生者不会被剥夺继承权,而且花名册永远不会遭到毁坏,因而他们肯定会得到永恒的生命。"(托马斯·亚当斯,参看《清教神学家文集》第237页)

182 路德派的痛悔自新对于往禁欲方向发展的加尔文派来说是无法接受的,不在理论上,而且在实践上,也是陌

生的。在加尔文教徒看来，它没有任何伦理价值，也无助于那些被神舍弃者。而对于那些蒙召的人来说，他们自身的罪责是成长不足、救赎恩宠不完全的征兆，对此他们并非痛悔了事，而是憎恨罪恶。他们积极活动，力图增添神的荣耀而克服罪恶。参看豪伊（1656—1658 年克伦威尔的牧师的解释，见《论人对神的敌意及神与人的和解》，《清教神学家文集》第 237 页）："属肉的心是敌视神的。心不仅是思索的心，还是实用的心，能动的心，必须予以更新。""（第 246 页）和解必须始于这样的认识……首先必须承认……你以往对神怀有敌意，疏远了神……其次（第 251 页），你敏锐地觉得罪孽深重。……"这里令人憎恶的是罪，而非罪人。但是埃雷诺塔公爵夫人早在写给加尔文的那封著名的信中便将目标转向了人，她写道，如若她确信父亲和夫君属于罚入地狱之人，她就会憎恨他们。同时这也可作为前述内容（第 104—106 页）的一个例子，说明个人是如何摆脱基于自然情感所联结起来的共同体的羁绊，这应当归因于救赎预定论的教义。

183　"只有那些证明自己再生或者成圣之人，才能被接纳为教会的合格成员。做不到这一点，教会的本质便丧失了。"这样的原则来自欧文（John Owen），一位独立派的加尔文派教徒，克伦威尔时期的牛津大学副校长。

184　参见下面的论文。

185　参看《日内瓦的天主教》第 149 页；贝雷的《虔敬派的实践》第 125 页有云："我们所必须过的生活，除了摩西之外谁也不能命令我们那样。"

186　"律法对于改革派教徒来说是理想的行为规范，但在路德教徒那里却无法企及，以致他们倍受压抑。"在路德派的教义问答中，这条戒律总处在开头位置，以唤起必要的顺服。而在改革派的教义问答中，一般置于福音书之后。为此改革派教徒指责路德教徒，说"他们对于得救成圣畏首畏尾"（莫雷 [Möhler] 语）。路德教徒则反唇相讥，说改革派教徒"处于这条戒律的奴役之下"且傲慢自大。

187　参见《大反叛的研究与思考》第 79 页及以后诸页。

188　其中《雅歌》不可忘记，清教徒多半对它视而不见。其东方式的情爱影响了某些宗教的走向，比如圣贝尔纳的宗教。

189　关于内省的必要性，参看前引沙诺克对于《哥林多后书》第 13 章第 5 节的布道文（参看《清教神学家文集》）。

190　大多数道德神学家都如此建议，比如巴克斯特（参看《基督教指南》卷二第 77 页及其后），但他并不隐瞒其中的危险性。

191　毋庸置疑，道德簿记在其他地方也广为流行，不过缺乏重点，亦即没有将亘古以来已经决定的救赎抑或罚入地狱作为唯一的认识手段记录下来，也没有予以准确周密的考量和至关重要的心理激励。

192　这就是与其他表面相似的行为样式的决定性差异。

193　巴克斯特在解释神的不可见性时（《圣徒的永恒安憩》第12章）说：正如人民通过通信的途径来与素未谋面的陌生人做有利可图的生意一样，与不可见的神进行"神圣的交易"也可获取"无价之宝"。这些商业性比喻，不同于以往的道德家和路德派信徒习以为常的审判比喻，乃是清教徒的突出特征。这实际上表明救赎是可以购得、可以交易的。参看下面的布道文："我们估算某物的价值时，是按照一个聪明人所愿意支付的价格来计算的；他对该物并非一无所知也并不急需。基督，神的智慧，献出他自己、他珍贵的血，为救赎众人的灵魂。他深知那些灵魂的恶，他并不需要他们。"（马修·亨利的《灵魂的价值》，见《清教神学家文集》第313页）

194　对此，路德曾说过："泪水先于行动，受苦会超过所有事功。"

195　在路德派伦理学的发展中极为清楚地表现出了这一点。可参看霍尼克（Hoennick）的《旧时新教伦理研究》

(柏林，1902）和一篇富有启发性的书评，作者为特吕尔齐。路德教义与早期的正统加尔文派教义特别接近，但它们的宗教取向的发展有所不同。为了使道德与信仰挂起钩来，梅兰希顿将悔罪的概念置于首位。依据这条戒律而产生的悔罪一定要走在信仰的前面，但行善定要在信仰之后，否则就不是真正称义的信仰。梅兰希顿承认，在尘世间还是能达到某种程度的至善。起初，他教导人：称义就是为了使人能行善举，而在不断增长的至善中，信仰会赋予现世相当程度的至福。后来的路德派神学家也都认为，善举乃是信仰的必然结果。也就是说，信仰会产生一种新的外在生活。至于善举的内容是什么，梅兰希顿，特别是后来的路德教徒，越来越凭借这条戒律来做出回答。路德的原始教义中所保留下来的，乃是以有限的严肃性来对待《圣经》，特别是《旧约》的个别规范。十诫集最为重要的道德戒律概念之大成，始终是人类行为的根本准则。但是，它的法律效力与不断强调信仰之于称义的绝对重要性之间并没有稳定的联系，因为这种信仰和加尔文教派的信仰有着完全不同的心理特征。早期路德教派的纯正立场业已丧失，因而被自视为救赎机构的教会抛弃，但它的另一个立场却还没有确立。因为担心失去教义根基（唯一的信仰），所以不能接受这样的观念：人的整个生活都要施行禁欲的理性化，此乃个人的道德任务，它缺少使得恩宠考验思想发展的动机，但恩宠拣选论在加尔文派那里却发挥了作用。圣礼的巫术诠释缺少救赎预定论的教义，特别是缺少与再生的联系，或者至少是以洗礼为开端时是这样。因而尽管许以普遍的恩宠，却必然阻碍讲求方法的宗教道德观的发展。因为它缩短了自然状态和恩宠状态之间的差距，特别是在路德对原罪进行强调之时。同样不可忽视的是，它还对称义行为进行审判式的诠释，认为悔改的罪人之具体的悔罪行动可以改变神的决定，而这正是梅兰希顿愈益强调的。后者的教说越来越重视悔罪，而这与其对"意志自由"的坚定不移的信仰有着密切的关系。这正是决定了路德教派的生活方式毫无章法的性格。在路德派一般信徒的概念里，具体的罪有具体的行动来创造得救的确定性，比如坚持忏悔告解，而不是发扬基于救赎确定性本身所造成的圣徒贵族精神。如此一来，既不能从一种戒律解脱出来而生发出一种道德观，也不能由一条戒律发展出一种理性的禁欲，而是说这条戒律作为规章和理想的要求而接近于信仰，但其中缺乏有机的联系。它的内容始终是不确定的、模糊的，尤其是毫无系统。正如特吕尔齐所言，他们的生活不过是"一堆零碎的开始，从来没有经过实质化的整理"，是被一些"具体的、无常的、互不相关的行为准则教育培养出来的"，不能有效地"产生一种清晰的行为体系"，对大大小小的事持退让态度，这也是路德本人所经历的发展道路。人们抱怨德国人太易于适应外来文化，民族性改变得太快。显而易见，在一定程度上也归结为这种影响。当然这也和国家历史中某些政治环境有关，而且至今还在影响我们生活的方方面面。由于我们的文化主要是被动地吸收官方所提供的东西，所以它主观的同化能力始终很弱。

196　关于这些事情，参看托鲁克（Tholuck）的漫谈之作《理性主义的早期历史》（*Vorgeschichte des Rationalismus*）。

197　关于伊斯兰教的得救预定论（毋宁说是预先决定论）教义所产生的完全不同的后果以及个中原因，参见 F. 乌尔里希的神学论文《伊斯兰教的预先决定论》（海德堡，1912）；与詹森派的差异，参见前引 P. 霍尼希海姆的著作。

198　见本选集以下的文章。

199　里切尔的《虔敬派的历史》（卷一，第 152 页）试图对拉巴迪以前的时代进行分界（只以荷兰的实例为依据），即在虔敬派这边：1）形成了秘密集会；2）采用的是与其他教派对得救的关切背道而驰的方式，主张被造物的存在毫无价值；3）试图以一种非改革派的方式在"与主耶稣进行爱的交会里确保恩宠"。对于这个早期阶段来说，最后这条标准只适用于里切尔所提及的具有代表性的实例中的一个。"被造物之毫无价值"的思想乃是加尔文派精神的真正产物，只有在其导致对现世的真正弃绝时，这才会出离基督新教的正常轨道。最后，宗教秘密集会（特别是为了传授教义而召开的秘密会议）终于得到多德雷赫特宗教会议的承认。里切尔先前的论述里分析出的虔敬派宗教意识的标准中，有几个值得重视的地方：1）在生活的外在层面要更加恪守《圣经》文字，沃特曾力主这样的做法；2）称义和与神和解并非目的，而只是达到一种禁欲的圣洁生活的手段。这或可在罗登斯坦身上看到，梅兰希顿也曾建议过；3）对悔罪的高度评价，作为真正再生的标志，最初是由田立克指出的；4）不得再生的人不可参加圣餐礼，参加了也得退出。与此相应，还可能形成一些预言的复活——即由俗人甚至妇女（比如安娜·玛利亚·舒尔曼）来讲解《圣经》。而这些超越了多德雷赫特会议对秘密宗教集会的规定，违背了甚至是大大违背了宗教改革者的教诲和实践。不过，相较于里切尔没有论及的流派，尤其是英国清教，上述这些（除了第3点外）不过是此种虔敬意识的整个发展过程中各种趋向的提升而已。里切尔的论述的客观性由于下面的情况而受到质疑：这位大学者任由其教会政策或宗教政策导向的价值判断掺杂进来，由于他特别厌恶禁欲的宗教意识，一旦这些倾向显现出来，他统统解释为向天主教信仰的倒退。然而早期的新教也像天主教一样，也包括"一切的人，一切的事"，却并没有妨碍天主教会拒斥詹森派形式的入世禁欲的严苛主义，一如虔敬派拒斥17世纪的天主教特有的无为主义一样。从我们独特的研究来看，无为主义只是在其对现世的恐惧日甚一日，以致逃避日常的经济生活时，即形成修道院—共产主义式的秘密宗教集会时，才成为虔敬派在实质上而不是在程度上与加尔文派的差异。一些同时代人认为，某些极端的虔敬派教徒是被有意误导，故意忽略世俗责任，以便专心沉思默祷。要是默祷带有里切尔所称的伯尔纳主义特色（包含着圣伯尔纳对《雅歌》的诠释，即一种神秘主义的情感型宗教意识形式，它寻求的"神秘的合一"带有秘传的性质），就会经常发生这样的情况。即便从宗教心理学的角度来看，包括像沃特那样的人所表现出来的禁欲形式，也与加尔文派的截然不同。里切尔总是把无为主义与虔敬派的禁欲主义捆绑在一起，向它们发出同样的谴责。如此这般，他就能从虔敬派的文献中寻章摘句，将其说成是天主教的神秘主义抑或禁欲主义。但是，那些完全不受怀疑的英国和荷兰的道德家却在引证伯尔纳、伯纳文都拉、托马斯·阿·凯姆皮斯。所有的改革派教会都与天主教教会的过去有着非常错综复杂的关系，与天主教或其某些方面有着千丝万缕的联系。

200　《新教神学与教会的真正百科全书》第三版中收录了米尔布特（Mirbt）撰写的"虔敬派"的词条，尽管很有启发性，但完全不谈虔敬派的新教先驱，而把施本尔本人的一次宗教体验说成是虔敬派的源头，这令人错愕。有关虔敬派的入门书籍，可参看弗莱塔克（Gustav Freytag）在《德国历史画册》中的描述，很值得一读。至于英国虔敬派的起源，当时的文献可参考怀塔克（W. Whitaker）的 *Prima institutio disciplinaque pietatis*（1570）。

201　众所周知，这一观点使虔敬派成为持宽容思想的主要担纲者之一。在此可对这个题目稍作议论。说起宽容思想的来源，如果暂时撇开人文主义启蒙运动那种漠不关心的态度不谈（因为其实际影响不大），可追溯至4个源头：1) 纯粹政治上的权宜之计（原型：英国的威廉三世）。2) 重商主义（阿姆斯特丹这个城市尤为显著。还有许多城市、领主和君主等接纳各教派人士为经济进步的宝贵人选）。3) 加尔文教派虔敬意识方面的激进流派。由于得救预定论的兴起，国家不得不以宽容的政策来促进宗教的发展，因为国家不能拯救任何人的灵魂。只有突出神的荣耀的观点，才能使教会宣称它有权镇压异端。然而，越是强调神的选民才可布道、才有权参加圣餐礼，国家干预神职人员的任命就越是不可容忍。带薪俸的神职往往授予来自高等学府的人，仅仅因为他们受过神学训练；而他们自己很可能初出茅庐，还未得重生。一般来说，一个掌握政治权柄的人对宗教团体事务的指手画脚总会招致怨恨，改革教派的虔敬派借着不断贬抑教义的正统性以及逐渐瓦解的"教会之外无救赎"原则，强化这个立场。将永远罚入地狱者置于教会的神圣监督之下，在加尔文看来这是与神之荣耀相匹配的唯一做法。在新英格兰，有人试图建立由经过考验的圣徒组成的贵族阶层的教会，但即使是激进的独立派教徒也拒斥世俗权力或者官僚权力来插手得救的考验。神的荣耀要求将永入地狱者置于教会的约束之下，不过这种观念逐步为另一种观念取代：和被神拒绝的人一同参加圣餐礼乃是对神的荣耀的亵渎。这势必导致自愿加入制，即形成"信者的教会"，只包括再生者的宗教共同体。比如"圣徒"国会的领导者巴本所属的加尔文派的洗礼派就极为重视这种思路的结论。克伦威尔的军队主张良心的自由，"圣徒"国会甚至提出过政教分离的主张，因为其成员都是虔诚的虔敬派信徒，所以这样的主张有着积极的宗教理由。4）我们下面还要讨论的洗礼派各教派，从一开始就极为坚定、始终如一地坚持这样的原则：只有那些获取再生之人才能加入教会。因而他们拒斥教会带有任何制度性以及任何世俗权力的干预。这里也同样是出于宗教原因，无条件的宗教宽容才能得到赞许。第一个基于这种理由挺身而出主张政教分离的人是布朗，他比洗礼派早一代，比罗杰·威廉姆斯早两代。这个意义上的第一份教会团体宣言应该是 1612 年或 1613 年英格兰洗礼派在阿姆斯特丹公布的决议："行政官员不得干预宗教事务和良心事宜。……因为基督才是教会和良心的君王及立法者。"1644年的《特殊洗礼派信纲》第 44 条，教会共同体要求国家以成文法保护良心自由的首份官方文件。还要再次强调一点，常有人提出这样的宽容本身是有利于资本主义发展的，当然这种论调是完全错误的。宗教宽容并非近代特有，也非西方特有，它在中国、印度、希腊化时代的近东诸多大帝国、罗马帝国、伊斯兰帝国都曾长期发挥着作用，只除了基于国家理由的限制（如今仍是限制），以致 16、17 世纪的世界各地没有哪里的宗教宽容程度可以与之相比。而在清教曾占支配地位的地区，比如政治经济扩张时期的荷兰和泽兰 (Zeeland) 或者清教的新、旧英格兰，宗教宽容程度最低。宗教改革前后，宗教不宽容曾是西欧的特点。相似的情形在萨珊王朝以及某些时期的中国、日本和印度都发生过，但多半是因为政治原因。因此可以说，宗教宽容本身肯定与资本主义没有什么关系。真正的问题在于：谁会由此得益？关于"信者的教会"的结果，我们还将在以后谈到。

202　克伦威尔的审判官就曾将这种思想应用于遴选传教士，不仅考察其神学知识，还考察其主观的恩宠状态。

203　虔敬派对亚里士多德和古典哲学怀有特有的不信任，加尔文首开先例，继而便是路德（参看《基督教原理》卷二第 2 章第 4 页；卷三第 23 章第 5 页以及卷五第 17 章第 24 页）。路德早期的怀疑并不少于加尔文的，但后来受到人文主义倾向（特别是梅兰希顿）的影响，于是立场转变。《威斯敏斯特信仰宣言》的教诲是：得救所需要的一切已经包含在《圣经》里了，即使未受过教育者也一样从《圣经》中获取得救所必需的一切。这当然与新教的传统完全一致。

204　官方教会对此表示反对，比如说在 1648 年苏格兰长老会那份教义问答的第 7 项：家族的祈祷不许外人参加，祈祷是家族所独有的权利，外人参加意味着对该家族的祈祷权的干预。虔敬派与其他禁欲的教团一样，意图将个人从家庭内部（与教职特权相联系的）家长制的束缚中解放出来。

205　此处我们有充分的理由略去这种宗教意识内容的"心理学"（就该词的专业意义而言）的关系不谈，甚而尽量避免使用心理学术语。包括精神病学在内的心理学，所取得的公认的成果尚不足以用来进行历史研究而不使历史判断带有偏见。使用心理学术语往往会造成一种诱惑：把本来可以直接理解的、明明白白的事遮蔽起来，将其阻隔在由陌生词语织成的帷幕之后，造成一种更具有概念精确性的假象。遗憾的是，兰普莱希特（Lamprecht）就是个典型的例子。也有人比较严肃地利用心理学概念来诠释较大的历史事件，如海尔帕赫（W. Hellpach）在他的《歇斯底里的心理学基础》第 7 章以及他的《神经质和文化》。我在这里还不能说这位多面手作者在多大程度上受了兰普莱希特的坏影响。与较早的文献相比，凡是对这些文献有所了解的人都会看出，兰普莱希特对虔敬派的图解式论述根本没有什么价值。

206　绍丁惠施（Schortinghuissch）的"真实的基督教"的信徒就是如此。就宗教史而言，可追溯至《以赛亚书》和《诗篇》第 22 篇中关于神与仆人之间关系的诗句。

207 荷兰的虔敬派信徒偶尔也会有这样的表现，受斯宾诺莎影响者也是。

208 诸如拉巴迪、特尔斯特根等人。

209 这一点，当他（请注意，他是施本尔！）抗议政府控制宗教集会时，表现得最为清楚。除非集会陷入混乱，或别有用心者利用集会捣乱，政府干预尚有可说。因为这关系到基督徒的一项基本权利（参看《神学思辨》卷二第81页）。从原则上来说，这恰恰是清教的立场，这一立场关系到依照"神的法"而来、不可让渡的个人权利，与政府有着怎样的关系，其自身的有效范围如何。无论是这一说法（参看《虔敬派的历史》卷二第157页），还是本文中曾提到的另一异端邪说，都没能逃过里切尔的眼睛（同上书，第115页）。他对基本权利的思想虽则进行了不合历史的实证性（更不用说是庸俗）批评，但我们受惠于此，对此的感激之情不亚于现在即使是"最极端的反动分子"都心存感念的个人自由的最低限度的一切。我们完全同意里切尔的想法：以上两种情况都没有与施本尔的路德派立场进行有机的协调。施本尔以其著名的"虔敬的渴望"说为秘密宗教集会奠定了理论基础，实际上许多集会都是由他发动和支持的。就其实质而言，秘密集会与英格兰的"《圣经》集会"（prophesyings）很是相似。后者最初是拉斯科的约翰（John of Lasco）的伦敦《圣经》课发起的，此后成为抗拒教会威权的各种清教虔敬形式的常态（所谓秘密集会）。最终他摒弃了日内瓦教会的教规，他提出的事实依据是：教会聘任的纪律担纲者"第三阶层"（基督徒平信徒）甚至都不是路德教会组织中的成员。另一方面，在革除教门的争论中，由教皇主持的红衣主教会议承认领主所派的宗教法院的俗人成员为"第三阶层"的代表，路德教派的色彩由此被弱化。

210　在路德教派支配地区，最早出现的"虔敬派"这一名称本身就已表明，在当时人看来，他们都是从虔诚里产生了一种有条有理的行事，此乃这些人的特色。

211　应该承认，这类动机主要是加尔文派的，不过也并非绝对如此，它在一些古老的路德派的教会秩序中也频繁出现过。

212　即《希伯来书》第 5 章第 13、14 节意义上的。参看施本尔的《神学思辨》卷一第 306 页。

213　除了贝雷和巴克斯特（参看《神学思辨》卷三第 6 章）之外，施本尔对托马斯·厄·坎普评价尤高。尽管他对陶勒尔不完全理解（参见前引书卷三第 61 页），但评价更高。对后者的详细讨论，参看前引书卷一第 1 页第 7 条。在施本尔看来，路德就是直接从陶勒尔那里发展而来。

214　见前引里切尔著作卷二第 113 页。他不承认后来的虔敬派（和路德）的"忏悔"是真正皈依的唯一可信的表现（参看《神学思辨》卷三第 476 页）。在对宽恕信仰中所产生的感恩之果乃是神圣化的，这是典型的路德派观念，参看前引里切尔著作卷二第 115 页注释 2。关于得救的确定性，一方面，《神学思辨》卷一第 324 页说：真正的信仰与其说是凭情感感知，不如说通过其果实（热爱并顺从上帝）来认知；另一方面，《神学思辨》卷一第 335 页说：不过，他们为自己的得救和恩宠状态应该凭什么来确定而忧心忡忡，此种情况下，与其参考英国人的著作，不如相信路德教派的著述。然而就神圣化的本质而言，他又和英国人的观点一致。

215 A. H. 弗兰克所推荐的宗教日志乃是这一点的外在表征。有条有理地演练和圣化美德的养成可以促进美德的进一步发扬，明辨是非善恶。这是弗兰克所著《论基督徒的完美》的主旨。

216 虔敬派的这种理性的天命信仰和路德派的正统解释之间的差异，颇具特色地表现在哈勒大学虔敬派信徒与路德派正统代表人物吕舍尔之间的那次著名辩论中。吕舍尔在其《真正的提摩太书》中颇为极端地将人为的一切与神的旨意安排相对照。相反，弗兰克一贯坚持的立场是，平静等待神意的决断，其结果是心里会对即将发生的事突然眼前一亮，而这应看成"神的暗示"。这样的看法与贵格派的心理颇为相似，符合一般的禁欲观念，亦即理性的方法更便于亲近上帝。毋庸讳言，辛生道夫在一次至关重要的决定中将其团体的命运托付给了占卜，这与弗兰克的天命信仰形式相去甚远。施本尔于《神学思辨》卷一第314页引述陶勒尔的话来说明基督徒"镇定从容"的特点，认为人们应该顺从神意，静候神意发挥作用，而不该越俎代庖、仓促行事。这事实上正是弗兰克的想法。与清教相比，其有效性被虔敬派对现世和平的寻求大大削弱，这一点随时清晰可见。相反，1904年，一位虔敬派领袖（怀特，其演说下文还会提及）在阐述其教团的伦理纲领时说："公正为先，而后才得安宁。"（见《洗礼派手册》1904，第107页）

217　参看 *Lect. paraenet.* 卷四第271页。

218　里切尔批评的矛头直指这一一再出现的观点。参见弗兰克叙述这一教说的著作《论基督徒的完美》。

219　在英国那些不信预定论的虔敬派教徒身上也出现过这种情况，比如古德温（Goodwin），关于他和另一些人，可参看希佩的《改革教派的虔敬派史》（伦敦，1879）。即便是在里切尔权威性著作之后，在有关英国及一部分的荷兰的情形上，这本书也是不可或缺的。甚至在19世纪的荷兰，寇勒（据其在著作《荷兰的改革教派》中所说）也曾被人问及他重生的确切时间。

220　正因如此，人们才反对路德的恩宠可恢复的学说（特别是十分常见的临终皈依）的模糊结果。

221　与此相联系的是，确知皈依神的日期和时刻的必要性，以此作为恩宠真实性不可或缺的标志。施本尔对此表示反对（参看《神学思辨》卷二第 6 章第 1 节第 197 页）。他几乎不知道什么叫忏悔，就像梅兰希顿几乎不知道路德的"良心的恐惧"一样。

222　与此同时，"万人祭司论"的反权威诠释（这是所有的禁欲的典型表现）也曾发挥过作用。有时牧师被建议推迟赦罪，直至看到了真正悔罪的证明。里切尔不无正确地指出，从原则上说，这是加尔文教派的作风。

223　对我们来说，实质性的要点可以轻而易举地在普利特（Pulitt）所著的《辛生道夫的神学》（三卷本，哥达，1869）里找到。见卷一第 325、345、381、412、429、433、444、448 页；卷二第 372、381、385、409 页；卷三第 131、167、176 页。还可参看贝克（Bernh Becker）的《辛生道夫和他的基督教》卷三第 3 章。

224　确实，他只在一种情况下把《奥格斯堡信纲》看成基督教路德派信仰生活的文献，那就是假如人们把伤口的脓液泼在上面的话，就像他那样用令人作呕的术语所说的。每次阅读他的东西都是一次悔罪之举，因为他的语言乏味却又动人，甚至比 F. T. 费舍尔（Vischer，在他与慕尼黑的"基督的松脂派"论争时）所用的那种吓人的"基督松节油"还要糟糕。

225　"无论在何种宗教里，我们都不会承认那些未经基督的血沐浴且在圣灵的圣洁之中不断彻底更新的人是我们的兄弟，不会承认任何可见的（有形的）基督教会。除非那里纯正地传授神的教诲，那里的人像神之子般遵从神的话语、过着圣洁的生活。"最后一句话的确出自路德的《教理问答》的缩写本。不过，正如里切尔指出的，这段话在路德的书中是用来回答神之名如何变得神圣这一问题的，在这里被用来划定圣徒教会的界限。

226　见普利特前引书卷一第346页。更为明确的是本卷第381页的引用，对于"善行对救赎是否必要"这个问题的回答是："没有必要而且有害，但在获救之后却极为必要，否则就不会真正得救。"因而善行在此并非获救的原因，而是辨别获救与否的唯一手段。

227　比如利用漫画来讽刺"基督徒的自由"，对此里切尔予以猛烈的攻击（参看前引书卷三第381页）。

228　尤其是通过救赎论强调报应性惩罚而得恩赦的思想。在美国各教派拒绝了他的传教尝试之后，他将这一思想打造成圣化方法的基础。此后他将保持童心和谦恭顺从的德行提升到前导位置，作为亨胡特派禁欲的最终目的，从而与教团里极似清教禁欲的倾向形成鲜明对照。

229　这也有其自己的限度。单单是这个理由就足以断定，要将辛生道夫的宗教性置于一种"社会心理"的发展阶段是错误的，兰普莱希特就曾这样做过。再者，强烈影响其整体宗教意识的因素，还有——他是一个充满封建气质的伯爵。而且从社会心理学角度看，他的气质情感非常适合骑士社会那种多情善感的氛围。与西欧的理性主义形成鲜明对照的是德国东部的宗法家长制束缚。

230　从辛生道夫和迪佩尔（Dippel）的争论中清晰可见这一点。同样，在他死后，于 1764 年召开的宗教会议宣言表明，亨胡特派教团作为一个救赎机构的性质。参看里切尔对此的批评，见前引书卷三第 443 页。

231　参看此书第 151、153、160 页诸段。显然，即使有真正的忏悔和赎罪，可能也不会带来圣化，这点从第 311 页的注释可以看出，这一立场和加尔文教派（及卫理公会）的救赎教义不符，而与路德教派的一致。

232　参看前引普利特书卷二第 345 页所引的辛生道夫观点。施庞根贝格也有同样的观点，参看其著作《忠实的观念》第 325 页。

233　参看前引普利特书卷三第 131 页所引的辛生道夫对《马太福音》第 20 章第 28 节的评论："当我看到一个人被神赐予了美好天赋时，我便喜不自胜，并愉快地分享这种天赋。但是，当我发觉他对自己的天赋并不满足，想进一步发展它时，我便认为他开始走向毁灭了。"也就是说，辛生道夫否认在圣化中会有进步，1743 年在和约翰·卫斯理的谈话中曾经流露出这样的观点。这是因为他把神圣等同于称义，并认为它仅存在于和基督的情感关系中（参看前引普利特著作卷一第 413 页）。人作为神的"工具"的感觉被神性的"拥有"所取代，亦即神秘而不是禁欲（其中意涵在《世界各宗教的经济伦理》的导论中自有说明）。当今现世的心灵状态（如这篇导论所说），毋庸置疑，是清教徒真正追求的。但在他看来，被解释为"得救的确定性"的那种心态，就是感觉自己是一种能动的工具。

234　正是由于这种派生出来的神秘倾向，未能得到始终如一的伦理基础。辛生道夫拒绝路德的理念，后者认为应在履行天职中侍奉神，并视此为恪尽天职的决定性观念。对职业忠诚，还不如说是"救世主的忠实仆人的地位"又得以恢复（前引普利特著作卷二第 411 页）。

235　他有句名言："一个有理性的人不应该没有信仰，一个有信仰的人不应该没有理性。"此语可谓尽人皆知，参看他的《苏格拉底》（1725）。此外，他非常喜爱诸如贝尔（Bayle）这样的作家。

236　新教的禁欲对于以数学为基础的、理性化的经验主义有着显著的偏好，这一点众所周知。可惜我们无法在这里进一步研讨。关于学问朝着数学—理性的精确研究发展，其哲学动机以及与培根观点的对照，请参看温德尔班的《哲学史》第 305 至 307 页，特别是第 305 页的注释。温氏在其中驳斥了将近代自然科学理解为物质和技术的利害相结合的产物。当然，这两者之间有着非常密切的关系，只不过这种关系极为复杂。此外，还可参看温氏的《新哲学》卷一第40页及以下几页。就新教的禁欲立场而言，决定性的观点是，正如基督徒通过其信仰之果实而与众不同一样，对神及其意图的认识也只能通过对他功业的认知来获取。这一点在施本尔的《神学思辨》（参看卷一第232页，卷三第260页）中也有论述。因而几乎所有的清教徒、再洗礼派或虔敬派信徒都特别喜爱物理学，其次是研究方法相近的数学—自然科学，人们相信从对自然里的神的法则的经验把握，可以上升到对世界本质的认知，而这种认知永远无法借助形而上学的思辨来实现。按照加尔文派的观念，神的启示具有零打碎敲的性质，没有连贯性。17世纪的经验主义实际上是禁欲思想用来寻找自然里的神的手段，它似乎将人引向神，而哲学思辨却让人远离神。施本尔认为，亚里士多德派的哲学是基督教传统中最有害的成分。其他任何哲学都胜过它，尤其柏拉图派的哲学（参看《哲学思辨》卷三第6章第1节第13条）。下面一段颇为有趣的话亦可参考："我们未曾听到赞成笛卡尔的说法，我们一直在期待着笛卡尔。真正的哲学是一门用双眼而非用人的感觉去把握的学问。健全的理解力应当循此方向发展，可教师对此却一无所知。"（参看《神学思辨》卷二第5章第2条）。禁欲的新教的这一态度对教育，特别是技术教育的发展，其意义众所周知。结合这种"盲从信仰"

的态度，他们提供了一种教育学纲领。

237　"这类人通过 4 种方式寻求自己的幸福：1）谦卑自贬；2）放弃一切服务于神时所不需要的东西；3）要么一无所有，要么抛弃所拥有的一切；4）做计日酬的工作，不是为薪酬，而是为蒙召于天职里侍奉神和邻人。"（参看《宗教谈话》卷二第 180 页；以及前引普利特著作卷一第 445 页。）并非人人都可以成为一个使徒，只有那些蒙召的人才能。但是按照辛生道夫自己的忏悔（前引普利特著作卷一第 449 页），这其中还是有些困难的，因为基督的《山上宝训》是昭示所有人的。显而易见，这种自由之爱的普适性类似于旧时的洗礼派理想。

238　即使在路德教派后期，路德教派对虔敬意识的情感内化也并非毫无感应。相比之下，它与路德派教徒眼中的有靠"善功得救"之嫌的禁欲的生活方式有着本质的差异。

239　施本尔在《神学思辨》卷一第 324 页中认为，"内心的恐惧"是比"获救确证"更好的恩宠标志。在那些清教作家身上，我们也发现了对虚假确证的警示。但就宗教实践的决定性影响而言，得救预定论始终是朝着相反方向发挥作用的。

240　因为忏悔的心理效果在任何地方都是为了解除个人应对自己行为负责的重负，这也是人们寻求忏悔的原因所在，这样一来便减轻了禁欲的要求的严酷性。

241　纯政治因素也在其中（包括对虔敬派的虔信方式）发挥了很大作用。里切尔在对符腾堡的虔敬派的研究中也早已指出了这一点。

242　见前引辛生道夫的名言，本书注释237。

243　毋庸置疑，加尔文派（至少纯正的加尔文派）也是宗法家长制的。比如巴克斯特的活动成果和基德明斯特镇的工商业的家庭承包制的关联，在巴克斯特的自传中有明确的记述。参见《清教神学家文集》第38页的话："全城的人都靠基德明斯特毛纺织业为生，站在织机旁干活时，他们面前就放有一本书，大家互帮互学……"然而，基于改革派尤其是洗礼派伦理的家长制，与基于虔敬派的家长制之间大为不同。对此只能以后再谈了。

基德明斯特镇位于英格兰。——译注

244　在《关于辩解与和解的基督教教义》（第3版）卷一第598页，当腓特烈·威廉一世把虔敬派称为适合坐食者的宗教时，他所指的更适用他自己所谓的虔敬派，而放到施本尔和弗兰克的虔敬派上头就不太对了。之所以对宗教表示宽容，他自己是心知肚明的，他甚至还向虔敬派开放了自己的王国。

245　卢夫斯（Loofs）为《新教神学与教会的真正百科全书》撰写的"卫理公会"词条很是精彩，特别适合作为认识卫理公会的入门导读。此外，雅克比（Jacoby）（特别是他的《卫理公会手册》）、科尔德（Kolde）、容斯特（Jüngst）

以及骚塞（Southey）的著作也都值得一读。关于卫斯理，梯尔曼（Tyerman）的《约翰·卫斯理的生平与时代》（伦敦，1870）一书广受欢迎，沃森（Watson）的《卫斯理传》有德译本，亦很受欢迎。关于卫理公会的历史，伊利诺斯州埃温斯顿的西北大学图书馆是最好的一家，那里藏有卫理公会大量的历史文献和书籍。宗教诗人伊萨克·瓦茨把古典清教与卫理公会之间完整地衔接了起来。瓦茨是克伦威尔随军牧师的朋友，也是克伦威尔之子理查的朋友，据说怀特菲尔德也曾求教于他。

246　姑且不论卫斯理的个人影响，这种相似性是由历史决定的。一方面，由于得救预定论历史性地衰亡，另一方面，由于卫理公会的奠基人对于"因信称义"——尤其是在特殊的传教性质的激励下——的强力复兴。这使得中世纪的"觉醒"布道的某些方法改头换面地重生了，并与虔敬派的形式结合起来。这当然不属于"主观主义"发展的一般路线，因为在这方面它不仅不及虔敬派，也逊于中世纪圣伯尔纳会的虔敬意识。

圣伯尔纳会，Bernardine Religion，即天主教修会西多会。——译注

247　卫斯理本人有时也这样描述卫理公会信仰的效果。这里表现出与辛生道夫所说的"福祉"的密切关系。

248　参看沃森的《卫斯理传》德文版，第331页。

249　参看施乃肯布格的《关于新教各流派源流的讲稿》(浑德斯哈根编，法兰克福1863年版，第147页)。

250　怀特菲尔德基本上否定了卫斯理的"完美说"，他认为那只是加尔文派信徒恩宠考验观的替代品。怀特菲尔德是得救预定论的领袖，在他去世之后，得救预定论便陷于群龙无首的混乱局面，随后消于无形。

251　参看施乃肯布格的前引书第145页。与卢夫斯前引书的说法稍有不同。这两种结果对于所有类似的宗教意识都有典型意义。

252　比如1770年的年会。早在1744年召开的第一次年会就已经承认，加尔文派的二律背反论里的话语与《圣经》里的话语可说是"丝毫不差"。由于它们的教义差异非常之模糊，只要《圣经》作为实际上的行为规范仍被认可，那就很难从教义上来区分它们。

253　卫理公会的教义有着没有原罪而又圆满的可能性，这也正是它有别于亨胡特派的地方，亦是辛生道夫要拒斥的地方。另一方面，卫斯理认为存在于亨胡特派的情感因素乃是"神秘的体验"，他还指责路德对戒律的解读是对神的亵渎。这表明路德教义与一切理性的宗教生活方式之间存在一道屏障。

254　卫斯理有时强调说，不管什么样的教徒，贵格派教徒也好，长老会教徒也罢，还有高教会派教徒，他们都有各自所信仰的教理，唯独卫理公会教徒不信什么教理。上述说法参看斯科特在《英国自由教会史（1688—1851）》中的概述。

255　参看戴克斯特的 *Congregationalism* 第 455 页以下诸页。

256　这当然会对理性有所损害，就像今天美国黑人中出现的情况。与相对温和的虔敬派相比，卫理公会的唯情论往往表现出病态。出于历史的原因，加以仪式的铺排，病态的性质更为彰显。在卫理公会涉足的地区促使禁欲主义对生活进一步渗透。精神病理学家一眼便能看出其中的病态性质。

257　卢夫斯特别强调（参看前引书第 750 页），卫理公会不同于其他的禁欲运动，它出现于英国启蒙运动之后，他还把它比作 19 世纪头 30 年德国虔敬派（相当微弱的）的复兴。不过，按照里切尔的说法（参看《关于辩解与和解的基督教教义》卷一第 568 页及以后），可以把卫理公会与辛生道夫的虔敬派相提并论。后者与施本尔及弗兰克的形式不同，它本身就已是对启蒙思想的反动了。只是就接受辛生道夫的影响程度而言，卫理公会的这种反动方向迥异于亨胡特派。

258　正如后面引用的约翰·卫斯理的那段话所显示的，卫理公会与其他禁欲的教派有着同样的方式并产生了同样的结果。

259　这里所显示的是清教始终如一的禁欲伦理观已被削弱的样貌；如果将这些宗教观念随意地诠释为资本主义制度发展的唯一体现或者反映，其结果只能是适得其反的。

260　洗礼派中只有所谓的"普救洗礼派"才会倒退到旧时的再洗礼派。之前我们曾经说过，"特选洗礼派"是加尔文派，他们的教派成员原则上说仅限于再生者或至少是取得了信仰的信徒，因而他们是政教分离论者，并且对一切国教会皆持反对立场。当然，在克伦威尔统治时期，他们并非始终如一。尽管特选洗礼派（和普救洗礼派一样）为洗礼派传统的载体是那么重要，但我们找不出什么理由在此对其进行特别的分析。贵格会从形式上说是乔治·福克斯及其同道所创建的，但从根本上来说它毫无疑问承袭了再洗礼派的传统。欲了解贵格会历史，最好的入门书莫过于罗伯特·巴克莱的 *The Inner Life of the Religious Societies of Commonwealth* （1876），这本书也对贵格会与洗礼派及门诺派的关系进行了概括。关于洗礼派的历史，值得一观的著作还有 H. M. 戴克斯特的《约翰·史密斯：一个洗礼派教徒的真实故事》（波士顿，1881，关于此书J. C. 朗在《洗礼派季刊》1883 年第一期的文章）；默克（J. Murch）的《英格兰西部长老会历史和洗礼派的普及史》（伦敦，1835）；纽曼（A. H.

Newman）的《美国洗礼派教会史》（纽约，1894）；韦德（Vedder）的《洗礼派简史》（伦敦，1897）；巴克斯（E. B. Bax）的《再洗礼派的兴衰》（纽约，1902）；洛里莫（G. Lorimer）的《历史上的洗礼派》（1902）；塞斯（J. A. Seiss）的《洗礼派制度考察》（1902）。进一步资料参看：《洗礼派手册》（伦敦，1896）、《洗礼派指南》（巴黎，1891—1893）、《洗礼派季刊》、*Bibliotheca Sacra*（奥伯林，1900）。洗礼派最好的藏书之地当推纽约州的科尔盖特学院图书馆。有关贵格会历史，资料最全的是伦敦的德文希尔学院。

261　参看卡尔·缪勒的专著《教会史》，他的众多贡献之一便是赋予表面上看来并不特别引人注目却规模宏大的再洗礼派运动应有的地位。没有哪个宗教派别像洗礼派运动那样受到所有教派的无情迫害，原因在于它要成为独树一帜的特殊教派。由于它在闵斯特曾进行过末世论的实验而惨遭失败，而今已经过了五代，在世人面前还是毫无信用。它长期受到压迫，被迫转入地下，其教义经历了漫长时间才得到前后一贯的阐述。正因如此，它所生产出来的神学理论还没有它所生产出来的准则多。而这些对上帝不无敌意的准则无法将对神的信仰作为一门学术得以发展。它没有打动老一代职业神学专家，洗礼派也没为新近神学家所注意。在里切尔的《虔敬派的历史》第 1 卷第 22 页中，对再洗礼派的评述就不那么公正了，多有偏见甚至是轻蔑。人们受到诱惑，很想谈论点神学上的"资产阶级立场"。而科涅留斯（Cornelius）的佳作《闵斯特暴动史》早在几十年前就已经随手可得，可还是出现了这种情况。里切尔在此从自己的立场出发，认为天主教已经进入一种衰亡状态，并且嗅到了圣方济各会的原教旨主义者和唯灵论者的直接影响。虽说这些说法可由个案来证实，但其间的线索还是太过纤细。首先历史的脉络大约是这样的：不管在哪里，只要俗人的入世禁欲导致秘密宗教集会的形成，正统天主教会就会对其起疑，并企图建立各种规矩对其进行约束，或者把它作为禁欲的第二阶段纳入现有的秩序加以控制。如果这种企图未能奏效，官方教会就会感到主观主义的禁欲道德实践可能会导致否定权威和走向异端的危险，就像伊丽莎白时代的教会以同样的理由对于宣讲《圣经》的半虔敬派秘密宗教集会所感到的危险一样，尽管他们已经明确无误地尊奉了国教。斯图亚特王朝在《关于体育运动的布告》中就表明了这一观感，下文还会谈到。许多异端运动包括谦卑派和贝居安女修会的历史，以及圣方济各会的命运都说明了这一点。托钵僧，尤其圣方济各会修士的布道，更多地为加尔文派—洗礼派的禁欲的世俗道德铺平了道路。但是，西方修道院的禁欲与基督新教的禁欲之间有着千丝万缕的联系，就这里的特定问题而言，就不得不强调这种联系的重要意义，因为它最终是建立在这样一个事实基础上的：任何植根于《圣经》的以基督教信仰为基础的禁欲，定会有其共同的重要因素。进而可以说，任何的禁欲，不管其派别如何，都会需要某些可靠的方法以掌控肉体的需要。下面要指出的是，这一事实简单明了，本文主要着眼于市民阶级天职观之宗教背景的发展问题。对此，洗礼派的伦理观并没有太大的意义，在这一方面没有什么大的建树。关于早期洗礼派的历史，我们也只能从我们的角度举出一些在我们看来有重要作用的教派，比如洗礼派、贵格会、门诺派等。

贝居安女修会，Humiliati，始见 12 世纪，是分散于欧洲市民阶层的世俗禁欲者，起初不被宽容。——译注

262 见注释 183。

263 关于其起源与变迁，参看里切尔的《论文选集》（第 69 页及以后）。

264 毋庸讳言，洗礼派教徒始终拒绝被称为"教派"，他们是在《以弗所书》的意义上建立起自己的教会。但是用我们的术语来说，之所以称其为"教派"，并非只是因为他们和国家没有任何关系。基督教早期的那种政教关系，是他们的理想，也是贵格会（巴克莱）的理想。他们也像许多虔敬派教徒一样认为，只有十字架下的教会才具有不容置疑的纯正性。加尔文派教徒并没有更好的解决办法，要么被迫赞成政教分离，要么服从没有基督信仰的国家。甚至是天主教徒，在同样的情况下，也会有类似的表现。他们不是教派，

因为入会是通过会众与候选人订立的契约来实现的。从形式上来看，荷兰的改革派共同体就是这种情况（这是当时的政治情况所造成的），符合旧时的教会体制（参看霍夫曼的《荷兰宗教改革的教会宪法》，莱比锡，1902）。相反，因为这样的宗教团体只能是自发地组成一个教派，而不能被迫组成教会。他们之所以是教派，原因在于他们当中不可包含未再生者，以免偏离早期基督教的理想。对于洗礼派来说，这是它们那种教会观念的实质所在，而对加尔文教徒来说，却是历史的偶然。正如我们已经指出的那样，后者也是受到了建立信徒的教会这一非常明确的宗教动机的驱使。关于教会和教派之间的区别，请看下文。我在这里所采用的教派概念，卡腾布施（Kattenbusch）也在使用，见《新教神学与教会的真正百科全书》的"教派"词条，他没有受到我的影响。特吕尔齐在他的《基督教会和教派的社会学说》中也接受了这一概念并深入讨论。此外，请看《世界各宗教的经济伦理观》的导论。

265　前引科内留斯的著作阐述得十分清楚，从历史上来看，这个象征对于保护教会团体非常重要，因为这是一个非常鲜明的标志。

266　门诺派的称义教义与此也有相通之处，此处不再赘言。

267　基督的道成化身以及他与圣母马利亚的关系究竟

该作何想法，在最早的洗礼派文献中（比如书写在科内留斯前引著作中的《信纲》第 2 卷附录）具有非常重要的地位，作为唯一的纯教义上的论点特别突出，而在讨论这种问题时的宗教关怀，可能就是基于上述思想。关于这个问题，参看缪勒所著 *Kirchengeschichte* 第 2 卷第 1 章第 330 页。改革派与路德教派的基督论（在所谓的"属性相通"的教义中）的差异，似乎也是基于类似的宗教关怀。

268　这尤其体现在最初的甚至不许与被除教籍者日常交往的严格禁令中。在这一点上就连加尔文派也做了许多让步。后者认为市民关系原则上不应受宗教干涉。

269　贵格教徒对一些表面上的琐事极为注意，比如在拒绝脱帽、下跪、鞠躬、使用正式称谓等方面都坚持了这一原则，这是众所周知的事。这一基本思想在某种程度上也可说是所有禁欲主义的特点。所以说真正的禁欲经常是反权威的。在加尔文派里，这表现在一个基本思想上：只有基督才能主宰教会。说到虔敬派，人们想到了施本尔，他曾在就任圣职时为称呼头衔寻求《圣经》的依据。天主教的禁欲则由于宣誓服从教会的权威而打破了这一倾向，并以禁欲的语言来诠释服从本身。不过这一原则在新教的禁欲里遭到了颠覆，这个服从权威的原则在新教的禁欲中被推翻对当代民主政治功莫大焉。这种民主的基础属于受新教影响的人民，他们有别于受"拉丁精神"影响的人民，也是美国人不受尊重的历史背景的组成部分。这种情况有时会令人恼怒不已，有时又会使人耳目一新。

270　对于再洗礼派教徒来说，一开始只是基本上遵守了《新约》，而没有同样遵守《旧约》。特别是《山上宝训》，它是所有教派的社会伦理纲领，因而独享特殊的声誉。

271　早在施文克菲尔德（Schwenckfeld）那里就把表面上施行圣礼看成一种"未置可否"之事。而普救洗礼派和门诺派却一直严格遵守洗礼与圣餐礼，门诺派还坚持奉行洗脚礼。但是，对于得救预定论来说，贬低或者怀疑除圣餐礼外的一切圣礼却是非同小可。请看下面的文章。

272　在这一点上，再洗礼派的各教派，特别是贵格派（参看巴克莱的《为真正的基督神性辩护》第 4 版，伦敦，1701。感谢爱德华·伯恩斯坦提供该书让我使用），都引用加尔文的《基督教原理》卷三第 2 页中的表述为依据，从中可以看到对洗礼派非常明确的启示。此外，神传给主教、先知和使徒的福音的权威性与那些被书写下来的作为《圣经》的福音，两者之间的差异由来已久。这些差异虽说和洗礼派没有历史关联，但与洗礼派的启示观念密切相关。机械的神启观念和与之相随的加尔文派严厉的"圣经至上"，是它们在 16 世纪朝着同一方向发展的结果，就像源于洗礼派传统的贵格派精神是朝着相反方向发展的结果一样。这种鲜明的分化部分而言是持久争论的结果。

273　为了反对索齐尼派的某些倾向，这一点被大力强调。对于神，自然的理智一无所知（参看巴克莱前引书第102页）。这表明，"自然法"在新教中本来占有的地位而今再度丧失。原则上说，世上没有放之四海皆准的"一般法则"，更没有什么"道德法典"，因为人人都有"天职"，且因人而异，天职乃神通过各人的良知启示给他的。我们所要达到完善的不是一般意义上的"善"，而是写在我们心中、通过我们的良知而认识到的神的意志（参看巴克莱前引书第73、76页）。道德的非理性源于被夸大了的神性与人性的反差，贵格会伦理观的基本信条中有所体现："一个人若与自己的信仰背道而驰是不会为神所接受的，……即便他的所作所为在别人看来是合法的。"（巴克莱前引书第487页）在实践中这当然是不可能贯彻的。"为所有基督徒所承认的有关道德的永恒法规"，对于巴克莱之辈而言乃是宽容的极限。实际上，同时代的人认为他们的伦理观类似改革教派虔敬派的伦理观，尽管它也带有某些独特性。施本尔一再指出，"教会的所有的善都被认为是贵格会的"。这让人感到施本尔是在嫉妒贵格会的威望。参看《神学思辨》卷三第6章第1节以及第2节的第64条。拒绝按照《圣经》的某个段落宣誓，表明了真正从《圣经》文字中解放出来的程度是有限的。"对待他人就像对待你自己一样"，许多贵格会教徒认为这句话所具有的社会伦理意义是整个基督教的伦理精髓，此处不再探讨。

274 有必要假设这种可能性的理由，巴克莱是这样解释的：如若没有这种可能性，那么"圣徒们就永远找不到一个地方能让他们从怀疑和绝望中解脱出来。而这……荒谬至极"。显然，"得救的确定性"是以此为基础的。（参看前引书第20页）

275 正因如此，加尔文派和贵格会之间在生活理性化的格调方面仍有差异。巴克斯特曾这样来阐释这种差异：贵格会教徒认为"精神"作用于灵魂就如同作用于"死尸"。加尔文派则提出"理性和精神是相互依存的原则"。（参看《基督教指南》卷二第76页）。然而这种形式的差异在他那个时代就不存在了。

276 克拉默精心撰写了《新教神学与教会的真正百科全书》中的"门诺"和"门诺派"词条，特别是第604页。然而相对于这两条的出色，同一本书中有关"洗礼派"的词条却写得有些浮皮潦草，某些部分还有错误。比如他对《汉撒诺理斯信仰告白》竟然一无所知，而这些文献对于了解洗礼派是必不可少的。

277 因此巴克莱说（参看前引书第404页），人的饮食和获利乃是自然的行为，而非精神上的行为，即使没有神的特许也能发生。这番说明是为了回答一个具有代表性的异议：如果没有神的示意，就不能祈祷；同样，在没有特许的情况下也不可耕作。甚至现代贵格会会议的决议有时也会提出这样的建议：要求人们在获得足够的财富之后退出商业圈，以便全身心地投入神的国度。这样的想法并非洗礼派所独有，也出现在其他教派里，包括加尔文派。由此可见这样一个事实：这些教派运动虽则接受了资产阶级天职伦理观，并且成了天职的载体，可他们还是不忘初心，还是要把逃离现世的禁欲应用于入世。

278　在此要再次提醒大家关注 E. 伯恩斯坦在前引书中的精彩论述。有关考茨基对洗礼派再复兴运动的程式化的论述和对"异端共产主义"的论述我们将在合适的场合再做探讨。

279　芝加哥大学的凡布伦（Veblen）在其激动人心的著作《商业企业理论》中指出，这句口号只能适用于"前资本主义"。只是，像今天"工业巨头"那样的"经济超人"超越了"善"与"恶"。而该口号对于广大下层商人还是适用的。

280　托马斯·亚当斯曾说："市民行为，许多人可谓行善；而在宗教行为中，只有出类拔萃者方可谓善。"（参看《清教神学家文集》第 138 页）此言闻之，比起本来意味更为深远。它的意思是，清教徒的"正直"是形式上的法律义务。有清教历史的民族喜欢称"诚实"为民族美德，这与德

意志民族的"真实"是两回事。《普鲁士年鉴》第 112 卷
(1903) 从教育的角度出色地论述了这一主题。清教伦理的
形式主义反过来又是它与戒律之间的产物。

281 对此下文还有所论述。

282 这就是禁欲的新教而非天主教的少数派在经济上
更为重要的原因。

283 教理基础的差异与穿插进对具有决定意义的恩宠
考验之间完全可以统一起来,之所以如此,在于基督教总体
的宗教史的特性,在此无法进行讨论。

284 巴克莱说"神使我们同类相聚"(参看前引书第
357 页),我自己在哈佛福特学院听过一个贵格教徒的布
道,他强调"圣徒"即"选民"的解释。

二、 禁欲与资本主义精神

285 参看道顿(Dowdon)前引书中的精彩性格描写。
关于巴克斯特逐渐摒弃了正反双重谕令的信仰之后的神学,
参看吉恩金(Jenkyn)为收入《清教神学家文集》的巴克斯
特著述所附的导读,对其理论进行了差强人意的说明。巴克
斯特试图将普遍救赎与个人受选召相结合,但无人对其表示
认可。不过在我们看来,至关重要的是,他甚至在这一关节
点上仍然坚持选召说,坚持救赎预定论的核心。另一方面,
他淡化了审判式的救赎观,有点类似洗礼派的观点。

286 托马斯·亚当斯、约翰·豪伊、马修·亨利、J. 詹韦、沙诺克、巴克斯特、班扬等人的宗教小册子和布道文已被收录《清教神学家文集》（伦敦，1845—1848）第十册，不过选取的标准可能有些片面。而有关贝雷、赛德维克与胡恩比克著作的情况，前文已有论及，此处不再赘述。

287 我们完全把沃特以及欧洲大陆国家中的入世禁欲的代表人物也囊括进来。布伦塔诺认为，整个事态的发展都是盎格鲁-撒克逊人的事，此言谬也。我之所以选取这些作家学者的著述，主要意图，如果不是唯一意图的话，乃是尽可能全面介绍17世纪下半叶转型为功利主义之前的禁欲运动。遗憾的是，在有限的篇幅内无法利用丰富的传记文献来展示禁欲的新教的特殊风貌，尽管这是一项颇有吸引力的任务。这次讨论的话题偏重于贵格派，这是因其于德国人而言陌生一些。

288 人们同样可以采用沃特的著作，胡格诺派宗教会议的议事录或荷兰洗礼派的文献。不幸的是，桑巴特和布伦塔诺偏偏拿我极为强调的巴克斯特学说中伊比奥尼派的要素来批判我，说这是巴克斯特学说里毫无疑问的（就资本主义而言）"落伍"的证明。然而，1) 要充分正确利用这些材料，就要对其有彻底的了解。2) 不要忘了，尽管这种禁欲的宗教意识早就提出了反拜金主义的主张，但正如它在修道院经济中表现的那样，它导致了经济理性主义，这是因为它大力提倡这种完全理性的禁欲动机，这正是本文所要讨论的，也是全文的宗旨所在。

289　加尔文也同样谈论财富，但他从来就不是市民财富的保卫者（参看他对威尼斯和安特卫普的猛烈攻击，见《反异教大全》卷三第 140、308 页）。

290　参看巴克斯特的《圣徒的永恒安憩》第 10、12 章；贝雷的《虔敬派的实践》第 182 页；马修·亨利的《灵魂的价值》，见《清教神学家文集》第 319 页。"热衷于追求世俗财富者，蔑视其灵魂，原因不在于忽略了灵魂而优先重视了肉体，而在于灵魂居然被用来追逐财富。"（《诗篇》第 127 章第 2 节）。在同一页上，关于时间的浪费，尤其是为了休闲而虚掷光阴，皆属罪过的描述，下文还将出现。英国和荷兰的清教的全部文献几乎都受到这种观念的影响。比如说胡恩比克曾对贪欲予以怒斥（前引书 L. X. ch 18,18）。这位作家也同样受到多愁善感的虔敬派的感染，赞美"灵魂安宁"比现世的"忧心操劳"更能为神所喜。贝雷也用《圣经》里的名言表达看法："富人不易得救。"（前引书第 182 页）。卫理公会的说法是"切勿在尘世聚敛财富"。虔敬派也反对聚敛财富。贵格派亦持同样立场。参看巴克莱前引书第 517 页所言："……千万当心此种诱惑，勿将天职视为发财之道。"

291　不仅是追逐财富，对财富的贪欲（或者诸如此类的品质）也受到强烈的排斥。比如在荷兰，1574 年召开的南荷兰宗教会议上针对某一质询时宣布，"伦巴第人"（放贷人）禁止参加圣餐礼，尽管放贷是法律允许的。1598 年德文特省宗教会议（第 24 条）扩大了范围，连放贷人的雇员都不准参加圣餐礼。1606 年的科里齐姆宗教会议上为高利贷者之妻规定了极其严格、令人感到屈辱的圣餐礼准入条件。直到 1644 年和 1657 年，人们还在争论那些从事金融业的伦巴第人能否参加圣餐礼的问题（表示反对的，如布伦塔诺，他以自己的天主教祖先为例，尽管外地商人和金融业者已在欧亚世界存在了数千年），沃特（参看《高利贷者》，1667）仍然希望排斥"通货兑换商"（伦巴第人和皮蒙特人）。胡格诺派的宗教会议也同样如此。这类资本家阶层并不是本文所关注的那种哲学式道德品性的典型代表，和古代或中世纪相比，他们也没有什么新奇之处。

292　《圣徒的永恒安憩》第 10 章对此有深入的阐发，谁若依仗神所赐予的财产过安逸的生活，神甚至此世就会惩戒他。心安理得地安享业已到手的财富，差不多就是道德堕落的标志。就算是我们拥有了我们所能拥有的一切，难道说这就是我们的全部愿景吗？　尘世欲念不可能完全得到满足，因为这就是神的旨意。

293　参看《基督教指南》第 1 卷第 375—376 页："为了行动，神照应我们以及我们的活动；工作是道德，也是体力的自然目的……唯有行动才是对神的最好侍奉，从而增加他的荣耀。……公共利益或者说多数人的利益应该超越我们自己的利益。"从神的意志转而为后来的纯功利主义观点，其衔接点就在这里。至于功利主义的宗教源头，参看后文及注释236。

294 静默慎言的戒律始于《圣经》，《圣经》里对"任何无用之语"提出的惩罚性警告，特别是在可鲁尼亚派修道士以后，一直是自我克制训练所乐于采用的禁欲手段。巴克斯特曾谈到过废话连篇就是罪过，桑福德也很是看重静默慎言在性格学中的地位（参看桑福德前引书第90页）。清教徒给同时代人以郁郁寡欢、淡淡哀愁的印象，此乃他们试图打破"自然状态"为所欲为、太过自由的结果，为此，他们对无所用心的闲扯也加以拒斥。华盛顿·埃尔文（Washington Irving）认为这部分是资本主义工于算计的结果，部分是政治自由促进责任感的结果（参看 *Bracebridge Hall* 第30章）。不过，这种说法并不适用于拉丁民族。对于英国来说情况可能是这样的：1）清教能使其信徒有能力创出一种自由的制度，同时又能使英国变为一个世界强国。2）清教把构成资本主义本质要素的工于算计（桑福德称之为"精神"）从一种单纯的经济手段变成了一种普遍的行为准则。

295 前引书第1卷第111页。

296 前引书第383页。

297 参看巴克莱（前引书第 14 页）对时间宝贵的论述。

298 巴克斯特（前引书第 14 页）说："珍惜时光，日日需留心，不浪费一丁点，那么你就会是个不曾失去一金一银的人。如果无谓的消遣、装扮、宴饮、闲聊，无益的交游、睡懒觉，其中任何一项诱惑都会偷走你的时光，你要倍加提防。"马修·亨利则认为，"挥霍时间的人就是在蔑视自己的灵魂"（《灵魂的价值》，见《清教神学家文集》第 315 页）。在这里，新教的禁欲也迈上了前人之路，我们已经习惯于认为时间不够乃是现代人的特征。比如歌德在其《漫游年代》中就以时钟每隔一刻钟鸣响一次来刻画资本主义的发展速度（桑巴特在其《近代资本主义》一书中也认为资本主义的发展神速）。但是，请不要忘记，最初（中世纪时）日常划分时间来生活的是修道士，教堂的钟便是应这样的需求而设的。

299 参看巴克斯特有关天职的看法（同上书，第 108 页及以后），特别是下面这句话："问：难道我不应该抛弃尘世专心思考我的得救吗？答：你可以抛弃一切多余的世俗牵挂和事务，这都是你精神上的累赘，但你不可将为公众服务的体力劳动与脑力劳动弃之不顾，作为教会或国民一员每个人都应为教会与公众利益竭尽所能。谁若玩忽为公众服务的职守，同时又奢谈什么祈祷和思考，那就像你的仆人拒绝完成你最大的工作，拈轻怕重。神已经通过这样或那样的方式向你发出指示，要为自己那每日的面包而辛劳，不可像寄生虫似的以他人血汗为生。"他还引用了神对亚当的训诫："以你额上的汗水"，保罗亦有言："不劳者不得食"。众所周知，贵格教派中最富有者也会出于道德原因，督促其子弟去习得一项职业（基于伦理原因，而不是像阿尔贝蒂建议的那样，出于功利原因）。

300　在这些问题上，虔敬派因其宗教意识的感情性而采取了不同的立场。施本尔则站在路德派立场上强调（参看《神学思辨》卷三第 445 页），履行天职的劳动就是对神的侍奉，但坚持路德式的无休止地忙于职业活动会使人远离神。这是虔敬派教徒和清教徒最为典型的反证。

301　前引书第 242 页指出："没时间做礼拜的，正是那些对其天职懈怠者。"由此便产生了这样的看法：城市乃是市民阶层从事理性的实业活动的地方，同时也是禁欲的道德规范的中心。所以巴克斯特在其自传里谈及他受到教益的基德明斯特手织工时说："他们与伦敦的不断接触和交易，大大促进了商人的教化与虔诚。"（《清教神学家文集》第 38 页）。靠近首都会提升道德水平，这样的说法会使现代神职人员惊讶不已，至少在德国是这样。虔敬派也倾向于此观念。因此，施本尔在谈及他的一位年轻同事时说："在熙熙攘攘的城市里，腐化堕落者比比皆是。然而还是有相当数量的人品行优良，颇有作为；而在农村，很难发现值得称道的东西。"（参看《神学思辨》第 1 卷第 66、303 页）。也就是说，农民根本就无法适应禁欲的理性生活。施本尔这番话和类似的说法对于澄清禁欲的阶级限制的问题具有重要的价值，此处不再深入讨论。

302 可举下列例句（同前书，第 336 页以下）："你要是不能更直接地侍奉神，那你就勤勉于自己的天职，竭尽全力"；"要在履行天职中刻苦劳作"；"要有一项天职，以使你能够利用你直接侍奉神之外的所有时间"。

303 给予劳动崇高的伦理评价和尊严，并非源自基督教，也非为基督教所特有。哈纳克（Harnack）最近又特别强调了这一点（*Mitt*．*Des Ev*．*Soz*．*Kongr*．，14. Folge，1905，Nr.3,4，p. 48）。

304 这一重要对比在本笃会制定出章程之后更加明显可见了，其中有深意存焉，只有在一项更大规模的研讨中才能揭示出来。

305 虔敬派也持有同样看法（参看前引施本尔《神学思辨》卷三第 429、430 页）。虔敬派的典型观点是：职业忠诚乃是人类堕落后被课以的惩罚，这有助于我们消除深层的私欲。履行天职的劳动作为一种爱邻人的表现，是为感激神的恩宠而尽的义务，所以，若勉强为之反而会使神不悦（一种路德教的观念）。由此，基督徒也应该"在劳动上表现出如同尘世之人一般的勤奋"。（同上第 278 页）显然，这样的说法相比清教徒的观点要和缓得多。

306　按照巴克斯特的说法，床笫之欢的目的在于"清醒冷静地繁衍后代"。施本尔也有相似的看法，但他同时对路德派的见解采取包容的态度，按照路德的粗野说法，夫妻之乐的附带目的是为了避免原本难以避免的道德败坏。可是禁欲的新教认为，导致性生活的肉欲本身也是罪孽，即使在婚姻中也是如此。在施本尔看来，由于人类的堕落，使得这种自然的、神设定的程序不可避免地为罪恶的情欲所污染，结果做爱成了可耻之事。许多虔敬派的支派也都自有其主张：基督教婚姻的最高形式是保留童贞，其次是为了生育而性交，最低级的乃是纯粹为性欲或是为外在原因而形成的婚配。从道德上来讲，这种婚姻无异于姘居。在低级形式的婚姻中，出于经济考虑的婚姻要胜于出于性欲考虑的婚姻，因为前者的考虑发端于理性。至于胡格诺教派的婚姻观及其实践我们暂不讨论。理性主义哲学家沃尔夫所采纳的是这样一种禁欲理论：性欲和性欲满足只是手段，且不可将其本身当作目的。从富兰克林时代开始，便朝着以卫生为导向的纯功利主义婚姻观的方向转变，这也是现代医生的伦理立场：把"贞洁"理解为无损健康的适度做爱。众所周知，这些医师还就如何适度做爱进行过理论指导。这些微妙之事一旦成为理性思考的对象，那随时随地就会群起效尤。清教徒与讲究健康的性理性主义者的看法总会南辕北辙，可在性卫生这一个问题上他们可说是"彼此心知肚明"。一位"卫生的卖淫"的积极拥护者在一次讲演中举出歌德的诗剧《浮士德》中浮士德与玛格丽特哀艳的爱情故事，以证明婚外性生活（他认为这有益于身体健康）道德上的正当性。在这里，演讲者把炽烈情欲的爆发与出于健康考虑而性交混为一谈，这两者都与清教的立场相吻合。一些杰出的医生往往会提出一些专家的观点：像节制性欲这一类微妙的、触及文化底蕴的问题应该交由专家医生来处理。对于清教徒来说，这种专家就是道德学家，在今天则是医学人士。尽管两者打的招牌相反，但都声称有能力处理这些问题。清教徒强有力的理想主义能够带来积极的效果，即使从保存种族的（纯粹健康意义的）角度来看也是如此。现代性卫生学提倡捐弃成见，不带偏见，因而也陷于毁掉其基础的危险。清教的影响促使人们用理智的眼光看待两性关系，由此渗透着优雅精神和道德因素的婚姻观也逐步兴起，尊重妇女的骑士做派也蔚然成风。这与宗法家长制的"故作多情"形成鲜明对照。后者是德国人的典型特征，即使知识界的精英也不例外。洗礼派对妇女的解放发挥了一定作用：保护妇女的良心自由，将普遍的天职观扩展到妇女界，这一切都冲破了宗法家长制的束缚。

沃尔夫，C. Wolf，1679—1754，德国哲学家、数学家、

科学家，德国启蒙运动的代表人物。——译注

307　巴克斯特一再提到这个问题。《圣经》的出处通常要不是我们已经从富兰克林那里知道的《箴言》第 22 章第 29 节，就是《箴言》第 31 章第 16 节以下赞扬劳动的那些段落（参看前引书第 377、382 页等处）。

308　就这一点而言，辛生道夫自己也说："人劳作不光是为了生存，而是生存本就是为了劳作。倘若无事可做，人就会度日如年似行尸走肉。"（参看普利特前引书第 1 卷第 428 页）。

309　摩门教的一个信条便是以下面这段文字作为终结："游手好闲的懒汉是不能成为基督徒并得救的。他注定要遭到攻击并被逐出人群。"摩门教在修道院和手工劳动之间保持中庸修行状态，迫使个人在劳动和毁灭之间进行选择。与此相联系的是宗教热忱，这种热忱带来了骄人的经济成就。

310　所以，巴克斯特对其各种表现进行了认真的分析（参看前引书第 380 页）。懒散懈怠之所以是重罪，因其有积重难返、变本加厉的性质。他甚至将其称为"恩宠的毁灭者"（前引书第 279 页），也就是说，它们与勤劳有序、安分守己的生活背道而驰。

311　参看注释 63。

312　参看巴克斯特前引书第 108 页。特别引人注意的

是以下几点："问： 难道财富不能成为摆脱劳动的理由吗?
答： 财富可使你从事更有益于他人的工作,可使你免于某些
低贱的工作,但你必须劳动,与最穷最苦的人一样。"另见
前引书第 367 页:"尽管他们（富人）没有承受任何外在的
压力,但他们同样必须服从神。……神已经严令人人都要参
加劳动。"另请参看注释 134。

313　施本尔也有类似的见解（《神学思辨》第 3 卷第
338、425 页）。他提出,过早退休是不道德的。反对放贷获
取利息的人认为,享用利息会导致人惰怠。对此施本尔强
调： 任何靠利息生活者,仍须遵从神的命令劳动。

314　其中也包括虔敬派。凡是涉及职业变更的问
题,施本尔总是抱持这样的立场： 一旦履行某一天职,就
要坚守它,矢志不移,这也是服膺天意的表现,此亦是人
的义务。

315　我已经在《世界各宗教的经济伦理》一书中指
出,印度的救世学说根据来世转运的原则提倡人在其经济生
活中听天由命、逆来顺受、顺从命运的安排,其力量之大支
配了人的全部生活方式。据此可以说明,在单纯的伦理学说
与有某种宗教背景、对某些行为类型给予心理认可的伦理学
说之间的差异。虔诚的印度教徒只有严格按照传统恪尽他出
身的那个种姓应尽的义务,才能在轮回中更上一层楼。对传
统主义来说,此乃所能想象到的最强有力的宗教依据。印度

的伦理观与清教的伦理观是相反的，判若云泥。恰如它在种姓结构（身份的传统主义）方面与希伯来人截然对立一样。

316　参看巴克斯特前引书第377页。

317　这并不是说清教的观念在历史上是由后者派生出来的。相反，真正的加尔文派观念都是自生自灭自行发挥作用的。加尔文派的要旨乃是：宇宙万物全都服务于神的荣耀、神的自我美化。其功利主义的转型，亦即经济秩序转向服务于多数人的利益、公共利益等，则是如下观念的结果：对它进行任何其他解释都会导致贵族式的被造物崇拜，或者至少无助于神之荣耀的增加，只能满足被造物尊荣化的目标。然而神的意志，即它如何体现在经济秩序的目标明确的塑造之中的意志，就我们的考察而言，同样也只能是"全体人"的福祉，非个人的"利益"。由此可见，正如所指出的那样，功利主义产生于博爱的非个人的塑造、清教徒摒弃对现世的一切美化以及以服务于神的荣耀为唯一目标。对被造物的崇拜与神的荣耀相左，因而被造物崇拜是绝对的邪恶。这样的观念主宰了禁欲的新教。以下情况可以清楚地表明，是否应该力排众议而坚持使用"金刚不坏之身"的称号？这一类的问题曾使没有任何民主观念的施本尔犹豫不决，顾虑重重。最后他是这样反省的：在《圣经》中，甚至使徒也使用"大人"二字来称呼罗马执政官菲斯都。关于这个问题的政治意义，此处不再多论。

318 亚当斯认为:"反复无常的人在自己家里也不受待见。"(参看《清教神学家文集》第 77 页)

319 关于这一点请参看福克斯(G. Fox)在《教友丛书》(费城 1837 年版)第 1 卷第 130 页的论述。

320 至关重要的是,这样的宗教伦理绝非经济状况的反映,还不如说是各个行业的专门化,中世纪的意大利远比同时代的英格兰更为发达。

321 清教文献常常强调,神从来没有命令人"爱邻人甚于爱自己",而是要求"爱邻人若爱己"。所以说自爱也是一种义务。假如一个人能比邻人更有效地利用自己的财产,亦即更有效地增添神的荣耀,那么他就没有义务因爱邻人而退缩。

322 施本尔也有相类似的观点。只是当问题涉及经商还是从事神学研究时,他就会迟疑不决,他总觉得经商有损道德,是危险的,因而倾向于反对(《神学思辨》第 3 卷第 435、443 页,第 1 卷第 524 页)。针对"能否改变自己天职"这一问题,施本尔还是带有偏见的。这表明诠释《哥林多前书》第 7 章有着很大的实际意义。

323 这类想法至少在欧陆虔敬派领军人物的著述里是见不到的。施本尔对于获利的看法摇摆于路德教派(从生计的立场出发)和重商主义(从是否有利于商业繁荣的立场出发)之间(《神学思辨》第 3 卷第 330、332 页,第 1 卷第

418 页："烟草种植让国家获得经济收益，因此它是有益的，并非罪恶。"），另请参看此书第 3 卷第 426、427、429、434 页。不过，施本尔并没有忘记指出，如贵格派和门诺派的例子所示，谋求利润和保持虔诚可以并行不悖，而且正如我们后面要说到的，高额利润甚至可能是虔诚正直的直接结果（《神学思辨》第 435 页）。

324　巴克斯特的这些观点并非他生活于其中的经济环境的反映，恰恰相反，根据他的自传，他在家乡传教获取成功，在一定程度上乃是因为基德明斯特的商人并不富有，只能赚得衣食而已；而工匠也像其雇主一样勉强糊口。"接受福音的是穷人。"亚当斯在谈及对获利的追求时说，"有识之士知道……金钱虽可使人变富，却不能使人变好。所以他入睡时宁可怀着一颗虔诚的心，也不愿伴着满满的钱袋。……所以不要指望比一个诚实的人挣得更多的财富。"（《清教神学家文集》LI）。然而，他希望获取更多的财富，这意味着只要诚实获得，就都是正当的。

325　巴克斯特，前引书第 1 卷第 10 章第 1、9 页第 24 段，第 1 卷第 378 页第 2 段。《箴言》第 23 条第 4 行的"勿为致富而疲于奔命"被解释为"勿将满足世俗目的的财富当成终极目的"。令人厌恶的不是占有财富本身，而是像王公贵族那样大肆挥霍财富（参看前引书第 1 卷第 380 页关于"贵族中放浪形骸者"的评述）。弥尔顿在《为英国人民申辩》中有个著名的理论：仅有中产阶级才会坚守美德。这里的中产阶级指的是与贵族阶层相对立的市民（资产）阶级，其道理在于：奢侈和匮乏皆有害于美德。

326 这一点具有关键意义。对此不妨再多说几句：这里我们所关心的当然不是神学伦理理论发展中的几个概念，而是在宗教信徒的实际生活中发挥实际作用的道德观，亦即天职伦理的宗教导向。在天主教，特别是耶稣会的决疑论文献中会读到一些决疑论者所进行的讨论，比如对于利息正当性的辩论，他们的态度显得更为宽松和包容。人们常常会这样非难清教徒：他们的伦理观和耶稣会士的伦理观并没有本质区别。加尔文派经常援引天主教道德家的话（不仅有托马斯·阿奎那、伯尔纳、伯纳文都拉等人，还有同时代的天主教作家），天主教决疑论者也常常摘取异端（基督新教）的伦理主张。关于这一问题的政治意义，只能留待别处探讨。两大派别都要求俗人禁欲，即使撇开这一关键事实不谈，它们之间依然存在着根本性差异，甚至理论上也是如此。天主教内部的自由主义思想只是一些松散的伦理学说的产物，并未得到教会权威的认可，而且还受到保守的教徒的反对。再者，新教的天职观将禁欲的教众推上了为资本主义获利活动效劳的道路。在某些条件下也许能做一些天主教有条件允许的事，而这在新教那里就是道德上的善。这两种伦理观的差异显而易见，并在道德实践上具有非常重要的意义。詹森派对抗教廷的"克雷芒通谕"则体现出两种理论的根本差异。

克雷芒通谕，是教皇克雷芒十一世于1713年应法王路易十四请求发出的谴责詹森派的通谕。——译注

327 原文中有这样一段话："要想成功，要想增进你合法的财产，就得增益你的才干。"在天堂对财富的追求直接对应于在世俗天职中谋求成功，这种说法出现在例如詹韦（Janeway）的《尘世天堂》中。（参看《清教神学家文集》第275页）

328 甚至是呈送给特伦特宗教会议的符腾堡克里斯多夫公爵的忏悔（路德教派）也反对发誓守贫："身处贫困者应该自甘守贫，但发誓守贫岂不等于发誓长病不起，或者说永受冤屈永担恶名。"

329 巴克斯特的著述和克里斯多夫公爵的忏悔都有这样的思想。请参看以下的说法："……居无定所的恶棍，人生不过是非分之旅，以乞讨为生。"等等（托马斯·亚当斯，见《清教神学家文集》第259页）。加尔文也严禁乞讨，荷兰宗教会议也力主取消托钵许可书及旨在乞讨的证书。在斯图亚特王朝，特别是在查理一世治下的劳德政府时期，提出了国家济贫和为失业者提供工作的原则。清教徒则大声疾呼："施舍不是慈善。"（这也是笛福晚年名作的标题。）17世纪末开始推行专为失业者设置的强制劳动的习艺

所制度（参看伦纳德的《英国早期济贫史》剑桥 1900 年版，以及列维的《英国国民经济史中经济自由主义的基础》1912 年第 69 页以下）。

330　大不列颠和爱尔兰洗礼派联盟主席 G. 怀特 1903 年在伦敦大会发表就职演说时指出："清教教会里最为优秀的人物乃是那些实业家，因为他们相信，宗教信仰应当渗透进整个人生。"（参看《洗礼派手册》1904，第 104 页）

331　在这里表现出清教观点与所有封建观念颇具特色的差异。按照后者的观念，有权获取社会公认之地位并可享受劳动成果的不是创造财富的（政治上抑或社会的）新贵本人，而是他们的子孙后代。随着美国人民族性格的急剧变化和欧化，这些差异逐渐消失。尽管如此，与封建观念截然对立的资产阶级立场仍不时突显出来，其典型特征是把事业成功和获利看成是个人的精神成就，而对于继承来的财富则抱着鄙夷的态度。然而在欧洲也有与此相反的情况出现，詹姆斯·布莱斯曾经指出过这一点，如今在欧洲能用金钱买到任何社会荣誉，只是买家不会亲自亮相而已（信托制由此而生）。关于对血统贵族的抨击可参看亚当斯的著述，见《清教神学家文集》第 216 页。

332　家庭教派的创立者尼可拉斯（Herdrik Nicklace）就是这类商人。参看巴克莱的《英联邦宗教社团的内部生活》第 34 页。

家庭教派，16、17世纪流传于欧洲的秘密教派，主张绝对信仰说。——译注

333　比如胡恩比克就坚持这样的看法。因为《马太福音》第5章第5节和《提摩太前书》第4章第8节已对圣徒做了纯世俗的允诺（前引书第193页），一切皆为神的旨意的结果，但在特殊情况下神会予以子民特殊关照。前引书第192页说："根据神的旨意，与其他人相比，神的子民能得到神意的特别眷顾。"紧接着便是讨论一个人如何交上好运并非源自"普惠的天意"，而是来自神的特殊关照。贝雷（前引书第191页）也把世俗劳作的成功诠释为天命。兴旺发达往往是对虔敬生活的回报，这样的说法在贵格教派的著述里俯拾皆是（直到1848年人们还坚持这种说法。参看《基督教劝世文选》第6版，伦敦，1851，第209页）。我们在后文里还会谈到贵格会的伦理观。

334　清教徒对其先辈的行状何时在意，这也是他们人生观的特色。亚当斯对雅各和以扫之间的争论所进行的分析便说明了这一点（参看《清教神学家文集》第235页）："他（以扫）小看了长子的特权，所以才轻易将其转让出去；条件低廉，为的是换一碗羹汤。"这充分显示出以扫之愚，后来又以受骗为名拒不承认这笔买卖，而这更是背信弃义了。换句话说，他是一个"狡诈的猎人，一个四处游荡的游民，

一个过着毫无理性生活的家伙"。"而雅各则是居住在帐篷里的人"，是"蒙受恩宠者"的代表。寇勒发现，荷兰的农民也普遍意识到自己的内心活动与犹太教息息相关。这甚至体现在罗斯福的名著里。另一方面，清教徒十分清楚自身在实际事务方面与希伯来伦理观的差异。普林在克伦威尔的宽容令草案出台之际，对犹太人的抨击就足以表明了这一点。

335 在"一位图林根乡村牧师"撰写的《论农民的信仰及社会道德》（第 2 版，哥达，1890，第 16 页）中描绘的农民乃是典型的路德派教徒。凡是在这位杰出作家谈及农民的宗教意识之处，我都在旁边批注"路德教的"。

336 参看里切尔的《虔敬派的历史》第 2 卷第 158 页所引。在一定程度上，施本尔也是依据《便西拉智训》的内容反对改变天职和追求利润的。参见《神学思辨》第 3 卷第 426 页。

337 不过贝雷确实建议过要读此经，有时也引过其中内容，当然他不会一直这样做。现今我已经记不起他是否引用过《便西拉智训》（偶尔有之也说不定）。

338 如果外在成功降临于被舍弃者身上，加尔文派教徒（比如胡恩比克）就会这样来安慰自己：神赐予他们如此的机遇，为的是使他们变得冥顽不灵，陷入更深的罪孽，更难摆脱他们的厄运。

339 对这一点在此无法进行深入讨论，这里所感兴趣的是"合法性"的形式主义性质。至于《旧约》伦理对自然法的意义，特吕尔齐的《基督教社会思想史》已有详尽论述。

340　在巴克斯特看来（《基督徒指南》第 3 卷第 173 页），《圣经》的伦理规范的约束力若非是对自然法的效仿，就是在具有明确的普遍性和永恒性时所具有的明显性格。

341　参看道顿论班扬时的叙述，前引书第 39 页。

342　对此我在《世界各宗教的经济伦理》里有详尽论述。比如，特别是摩西十诫第二诫（"不可制造和敬拜偶像"等）对犹太教徒性格的形成与发展产生了无可估量的影响，它使犹太人崇尚理性，厌恶感官文化，不过对此不能展开分析。且举一个具有代表性的事例来说明：美国有个"教育联盟"，资金庞大，致力于推进犹太移民美国化，工作极富成效。该组织一位领导人告诉我：他们所有形式的艺术和教育工作首要目的就是要把人们从第二诫中解放出来。以色列人禁止以任何拟人形式来描绘神，这与清教严禁被造物崇拜可说是异曲同工，两者实质上并无大的区别。清教的道德观一些基本特征与犹太律典有着密切的关联，比如说犹太律典（参看唯尔舍的《塔木德》第 2 卷第 34 页）指出：相比律法没有规定的善行，履行义务的善行更为高尚，神对此酬劳也更高。也就是说，并非出于同情的爱心而行善，要比感情用事而行善者在道德上更可取。清教徒原则上接受这一立场，哲学家康德也十分接近这一观点。之所以如此，部分是因为他有苏格兰血统，未成年时曾受虔敬派的影响。在这里我们无法探讨康德的学说，但需要指出的是，他的许多系统的论述都与禁欲的新教的观念有着密切关系。再者，犹太律典的伦理观又深深浸透着东方传统主义的元素。"塔朱姆（Tanchum）对查尼莱（Ben Chanilai）说：'切勿更改习俗。'"（《密西拿补全》第7卷第86页第93条。这里涉及的是日酬劳工的生计问题）。这种对传统的绝对服从仅有一个例外，那就是与外人的关系。犹太人无条件履行诫命，与此相比，以合法性为依据的清教观念显然为积极行动提供了更为强烈的动机。取得成功即表明神赐予了恩宠，这种观念对于犹太教当然并不陌生，但是由于其伦理观具有双重性，他们的这种观念和道德涵义与清教截然不同。两者不可能在重要问题上取得一致，此乃本质不同使然。对外人可以采取的行为严禁用到自家兄弟头上；正是依据这样的原则有必要将神的命令和你自己要做的区分开来，为的是显示宗教的价值，并促使人们按照律法行事才容忍后者的存在。所以在这样的领域内犹太教徒绝对不会像清教徒那样追逐成功。桑巴特在其《犹太人与经济生活》中对这一问题的论述可说是错误连篇，请参阅上面提到的我的有关论文。犹太教伦理观有着浓厚的传统主义色彩，乍听使人觉得有些奇怪。基督教的恩宠说和得救论以其独特的方式孕育着不断发展的可能性。

随着它的影响不断深入，犹太教对待世界的心态也发生了巨大的变化，对此我们此处不能进行深入讨论。关于《旧约》的合法性问题，参看里切尔的《辩护与调和的基督教理论》第 2 卷第 265 页。在英格兰清教徒的心目中，他们那个时代的犹太人是以战争、军需筹措、国家垄断、投机倒把、王侯的土木工程与融资计划为取向的资本主义代表，而这些全都是清教徒所谴责的对象。事实上，两者的差异可以概括如下：犹太人的资本主义是投机性的贱民资本主义，而清教的资本主义则是市民阶级的劳动组织。

343 巴克斯特认为，《圣经》的真理归根结底从"信神还是不信神这种惊天的差异"中推导而出，亦即重生者和他人的区别，以及神对其选民的特殊照顾。参看《基督教指南》第 1 卷第 165 页。

344 这一点的独特之处，只消读一下班扬的书——他有时会拐弯抹角地模仿路德的《基督徒的自由》（例如《论律法与基督徒》，见《清教神学家文集》第 254 页）的氛围——即可得知他是如何历经曲折最终接受法利赛人与税吏的寓言的。法利赛人之所以应受谴责，是因为他们未能真正遵循神的诫命。显然，他是一个拘泥于外在细节和礼仪的偏狭之徒，尤为可恶的是他自命不凡，像贵格派那样滥用神的名义，把自己的美德归结为神的意旨，并以罪恶的方式吹嘘美德的价值，借此含蓄地否定了神的得救预定论。因此，他的祈祷就是被造物崇拜，其罪恶盖源于此。另一方面，正如诚实的税吏的忏悔所表明的那样，他已经获得了精神上的新生。这是因为"老老实实服罪认罪，就必然有宽恕的可能"。典型的清教徒就是这样减轻了路德教派那样的罪恶感。

345 例如迦丁纳尔的《宪章文献》。我可将这场针对（反权威的）禁欲的斗争与路易十四对波尔罗亚尔修道院和詹森派教徒的迫害相比较。

346 在这方面，加尔文的立场要温和得多，至少就他在生活享受方面表现出贵族式的温文尔雅的态度而言。但对《圣经》他态度极为严肃庄重，从不触犯。凡是能坚守《圣经》的准则且问心无愧的人，没有必要焦虑不安地监督自己的生活享受的冲动。《基督教原理》第 10 章关于这一点的讨论（"即使并非必需的享乐，我辈也不必坚辞不受"）可看出，这为放纵的生活敞开了大门。但是对于后来的门徒而言，除了越来越渴望获得得救的确定性外，还有一个环境因素：在"战斗的教会"时代，小市民成了加尔文派伦理观的主要代表。以后还会谈起。

347 托马斯·亚当斯（《清教神学家文集》第 3 页）曾在布道会上谈到"命运三女神"（说爱神是三女神中最伟大的）时开门见山：甚至是帕里斯也向爱神阿佛洛狄忒献上了金苹果！

348　小说之类的东西不宜多读，那是"浪费时间"（巴克斯特的《基督教指南》第 1 卷第 51 页）。众所周知，英国伊丽莎白女王时代之后，抒情诗、民谣就开始衰落了。绘画艺术方面，清教徒还算是手下留情，没有过分压制。不过最令人讶异的是，一度前景远大的音乐最后竟然消失到真空状态，此后盎格鲁－撒克逊民族在这方面一直如此，至今仍是。而在美国，除了黑人教会——如今成为教会招牌的职业歌手，波士顿三一教会在 1904 年花了 8 000 美元的费用——我们大多只能听到一种叫做教会歌唱的全场大合唱，简直是嘈杂一片，德国人无法忍受，荷兰人也不会入耳。

349　荷兰的情况也同样如此，有宗教会议的记录为证。参看 *Reitsma'schen Sammlung* 第 6 卷第 78、139 页以及他处的关于五月花柱的决议。

350　"《旧约》的复兴"与虔敬派的取向，可以追溯到《以赛亚书》和《诗篇》第 22 篇的基督教对于艺术里的某些美的敌意，这必然助长丑恶事物成为艺术表现对象的倾向。同时，清教徒摈弃被造物崇拜也使得这种情况愈演愈烈。不过一旦深入分析，似乎一切都难以确定。在罗马教会里，完全不同的动机也会导致形似的影响，但对艺术造成的效果则是迥然不同。站在伦勃朗的《扫罗与大卫》（现藏于海牙的莫里斯宫）面前，似乎可以直接感受到清教炽热的情感。C. 诺依曼的《伦勃朗传》对荷兰文化的影响力进行了精彩分析。关于禁欲的新教在何种程度上可以给艺术带来积极的影响，促成它的繁荣，就目前来说，他已经提供给我们所需要的一切说明。

351 加尔文教派的伦理观渗入这个国家的实际生活的程度相对较低，之所以如此，原因却相当复杂，这里无法进行深入探讨。早在 17 世纪初，禁欲的精神便开始在荷兰式微（1608 年逃亡到荷兰的英国公理派教徒发现那里对安息日缺乏尊重），在腓特烈·亨利希统治下情况更糟。清教徒的势力在荷兰远不如在英国强大，部分原因在于政治体制（各个城镇、省份的松散联盟）有薄弱环节，军事力量也过于薄弱（独立战争主要由阿姆斯特丹资助和雇佣军的作战）。英国传教士曾提到，荷兰军队的涣散混乱犹如巴比伦塔的语言那样，这样一来宗教战争的沉重后果转嫁给了他人，部分政治权力丧失殆尽。另一方面，克伦威尔的部队虽则部分是征召而来，可他们自己觉得是国民军（这支部队后来也废除了征召制，因为官兵意识到自己是为了神的荣耀而战，不是为某个君王所驱使时，才会有高昂的士气。按照传统的德国观念，不列颠军队根本不具备道德素质，但在历史上这支军队起自非常道德的动机。当时，这支队伍所向无敌，百战百胜。只是在王政复辟之后才成了王冠上的羽毛——服务于王室利益）。多德雷赫特宗教会议之后还不到半代人的时间，大战期间还是加尔文派担纲者的荷兰国民军，在哈尔斯（Frans

Hals) 的绘画里已经看不出丝毫的禁欲表情了。宗教会议对他们频频发出责难和抨击。荷兰语中，"Deftigkeit"是市民—理性的诚实与贵族等级意识的混合物。荷兰教堂的座次是按照阶级划分来安排的，这表明它的教会制度至今还具有贵族性质。沿袭的市镇经济阻碍了工业的发展，工业的发展完全依靠外来流亡者，因而其繁荣也是阵发性的。尽管如此，加尔文教派和虔敬派的入世禁欲仍然发挥着重要影响。而且正如普林斯特尔所言，强调禁欲赎罪也是这种影响的体现。此外，在加尔文派盛行的荷兰，纯文学几乎消失殆尽，而这可谓事出有因（可参看布斯肯－会特的《伦勃朗时代的荷兰》以及罗伯特的德文译本）。早在 18 世纪，哈勒（Albertus Haller）在其著作中就清楚阐明了以强制禁欲赎罪为宗旨的荷兰宗教意识的意义。关于荷兰人的文艺论及其题材别具一格的特点，请参看海恩斯（Constantine Huyghens）的自传性记述（写于 1629—1631 年，收入《我们的荷兰》1891）。（前面所提到的普林斯特尔的著作《荷兰与加尔文的影响》（1864 年）对我们的问题毫无重要性可言。）美洲的新尼德兰殖民地乃是一个半封建社会，是庄园主和预支资金的商人的移居地，所以与新英格兰不同，不能吸引平民百姓前去定居。

腓特烈·亨利希，Friedrich Heinrich，1584—1647，荷兰独立之父威廉的次子。——译注

352　回想当年，清教的镇政府当局关闭了爱文河畔的斯特拉特福剧院时，莎士比亚还在世并在当地安度晚年。莎翁不管在什么地方都表现出对清教徒的憎恶与轻蔑。直至1777年，伯明翰还拒发开设剧院的许可，理由是上演戏剧会使观众惰怠，以致妨碍经商，不利于商贸。（见艾什礼的《伯明翰的工商业》1913年版，第7页）

353　对于清教徒来说，至关重要的是要在神的意志和被造物的虚荣之间做出非此即彼的选择，无法逃脱。这样一来，清教徒就不可能抱持"无所谓"的态度。不过加尔文本人对此种态度不予认可：重在结果，只要灵魂不致成为物欲的奴隶，吃什么穿什么都无关紧要。对于耶稣会士来说，超脱尘世就应该表现为淡定，而在加尔文看来则意味着，凡是尘世供应之物均可有节制地适度利用（《基督教原理》初版第409页以下）。

354　贵格会在这方面的态度众所周知。早在17世纪初，阿姆斯特丹的流亡者教团便因一位牧师的妻子穿戴时髦而引起10年之久的轩然大波（详见戴克斯特的 *Congregationalism of the last 300 years*）。桑福德（在前引书）曾指出，现今流行的男式发型，是那种可笑的"圆头党"发型；清教徒的男装也很可笑，但与现今服装基本一致。

355　参看凡布伦的《商业理论》。

356　我们一再强调这样一个观点："为你们自己、你们的孩子和朋友所花费的每一个便士都符合神的意旨，都服务于神并为神所喜。你们要严加注意，否则那个贪财好色的自己不会给神留下一点。"（巴克斯特《基督徒指南》第 1 卷第 108 页）。关键在于："凡是为个人目的而花费，就是取消了对神的花费。"

357 人们往往会忆起克伦威尔抢救拉斐尔（Raffaels）的画作和曼特尼亚（Mantegnas）的绘画《凯撒的凯旋》，而查理二世却想方设法将它们卖掉。众所周知，王政复辟时期的社会对英国民族文学要不是极其冷淡，就是直接排斥。法国凡尔赛的影响却是强烈无比，在英国各个宫廷可说无处不在。压抑日常生活的尽情享受，分析清教最高的精神和受过清教训练的人所受的这种影响的确是一项任务。华盛顿·埃尔文（在 Bracebridge Hall）曾概括地说："它（埃尔文指政治自由，我们则说清教）并没有多少空想，但有更多的想象力。"我们只需想想苏格兰人在科学、文学、技术发明以及英国经济生活中所据地位，他的那些话虽不无狭隘，却也道出了某些真相。在这里，不可能全面地探讨清教对于技术和经验科学的发展所具有的意义。其中的关联在日常生活中也能体验到，比如说贵格会教徒（据巴克莱说）就允准这样一些消遣：访友、读史、理化试验、园艺、谈论生意等世俗事务。原因前文已经说明。

358 在卡尔·诺依曼的《伦勃朗传》中已有精彩分

析，可与以上评论相互比照。

359　巴克斯特在《基督教指南》第 1 卷第 108 页如此说。

360　参看哈钦森在其遗孀执笔的传记中的那段著名陈述（常被引用，比如桑德福前引书第 57 页）。其中描述了他那具有骑士风度的种种美德，热爱生活的乐天性格："他生活上极为简约整洁、彬彬有礼，而且对艺术具有鉴赏力。但很早就不再穿什么昂贵衣服了……"下面这位开明而有教养的女清教徒有着类似的理想，不过在两件事上极为小气：一是时间；二是用于浮华享乐的修饰的花销。详见巴克斯特的汉默（Mary Hammer）葬礼演说词（《清教神学家文集》第533 页）。

361　有很多这样的例证，我尤其想起了一位制造商。在其商业生涯中他获得了极大的成功，晚年极为富有。他身患消化不良症，医生建议他每天只吃几个牡蛎，虽不高兴，但他还是照办了。出于慈善的目的，他大量捐赠，可说是乐善好施。从另一方面来说，这也是那种禁欲主义的影响所致，认为财富独享应该受到良心的谴责，与贪婪可说是风马牛不相及。

362　工场和店铺、"买卖"和私人住宅、公司和姓氏、营业资本和私人财产的分离，从而使商业（至少就公共财产而言）成为"神秘团体"的趋势全都沿着这个方向发展。关于这一点，参看拙作《中世纪的商业社会》，见《社会和经济历史文论集》第312页及以下诸页。

363　桑巴特在其《近代资本主义》（第1版）中已经准确地指出了这一特殊现象。值得注意的是，财富的积累来自两个不同的心理源头。一个可以追溯到古代的影响力，并以基金、家产和信托财产等方式表现出情愿在物质财富的重压之下死去的愿望，渴望确保产业延续，即使损害拥有继承权的多数子女的个人利益也在所不惜。在此种情况下，要使自己死后有一个理想的生活，从而保持家庭的荣耀，延续祖先的声誉，可以说全都是利己主义的打算，这不是在这里讨论的资产阶级的动机。后者的禁欲主义的座右铭是"获得你该得的"，在这一积极的资本主义意义上，"抛弃你应该抛弃的"。从其货真价实的非理性而言，这是一项绝对的命令。只有神的荣耀和自己的义务，而不是人类的虚荣。只有履行天职的义务，才是今天清教徒的动机。为了说明这一观念，不妨举个极端的例证。美国某些亿万富翁认为自己的家财不应留给儿女后代，否则会使他们坐享其成、不去劳作，从而使良好的道德风尚丧失。今天谈论这种观点，难免会成为理论泡沫。

364　这一点要反复强调，这是最后的具有决定性的宗教动机（除了扼杀肉欲的纯粹禁欲观点外），这在贵格会教徒那里表现得尤为突出。

365　巴克斯特（《圣徒的永恒安憩》第 12 页）以与耶稣会士一样的动机来否定这一点：必须供给肉体所需要的一切，否则人会变成肉体的奴隶。

366　这一理想在贵格会发展的第一阶段就已经清楚地体现出来了。韦格登（Weingarten）在他《英国革命教会》一书中已说明各重要之点。巴克莱深刻的解析也使这些要点更趋明晰（前引书第 519 页）。需要注意避免的是：1）被造物的虚荣心，即一切浮夸和轻佻之举以及重表面轻实质的东西。2）凡事大手大脚，对财富挥霍浪费。"对创造物的适度利用"是完全许可的，只要不出于虚荣，当然也可以讲究物品的质量和耐用性。可参看 1846 年出版的《文明读者早报》（*Morgenblatt fuer gebildete Leser*）第 216 页（有关贵格会教徒的舒适和殷实的观念，参看施乃肯贝格的《讲座》第 96 页）。

367　前面已经提到，我们在这里不能探讨宗教运动中的阶级局限性问题（参看《世界各宗教的经济伦理》）。像巴克斯特这样我们已经多次提过的作者，他并未以他那个时代资产阶级的眼光来看待问题，想想以下情况也就足够了：在为神所喜的职业排序中，首先是受过学识训练的职业，继而便是农民、水手、布商、书商、裁缝等。再者，他还颇有特色地认为海员这一行当至少还应当包括渔夫和船员。在这方面，犹太律典里的许多文句属于另外一个类别。例如唯舍尔的《巴比伦塔木德》卷二第 20 页上，拉比以利萨的警句。这些话都是主张商业优于农业，当然也引起质疑。但总之是说：营利比农耕好（卷二第 2 章第 68 页论及明智的投资方式，称：三分之一投入土地，三分之一投入商业，三分之一留作现金）。有人认为，如果没有做出经济上的（遗憾的是人们至今仍称之唯物主义的）解释，那么任何因果关系的说明都是不充分的。我认为，经济的发展对宗教观念的改变有着重大的影响，后面我将试图说明两者之间是如何适应的。只不过，宗教观念本身绝不能简单地从经济因素中推导出来。它们本身，毫无疑问就是国民性格形成的最强有力因素，而且自有其发展规律和与生俱来的力量。此外，最大的差异——例如路德派和加尔文派之间的差异，若非宗教因素的影响，那么主要是政治环境引发的。

368　爱德华·伯恩施坦在前引论文中（前引书第 625、681 页）说"禁欲是资产阶级的美德"，指的正是这一点。他的论述最早提到了其中的关联。然而这关联比起他推想的要广泛得多。因为其中所涉及的不仅是资本积累，还有整体职业生活的禁欲的理性化，这才是关键所在。对于美洲殖民地来说，清教控制的北部由于"禁欲的强制节俭"而寻求投资的资本都是现成的，与南方情形形成对比，对此多伊尔（Doyle）已经清晰地揭示了。

369　参看多伊尔的《美洲的英国殖民地》卷二第 1

章。新英格兰从殖民地初创起，即有了公司形态的钢铁工场（1643），继而建起了织布厂（1659）以供应市场（其他手工业也是发展迅速），从纯经济角度看，是一种时代倒错，和南方的情形以及虽非加尔文派但是良心自由的罗得岛的情况形成鲜明对比。后者港口设施良好，但直到1686年州长和议会的报告中仍说："发展贸易，障碍重重。我们中间缺少有经验的商人，也没有家道殷实之人。"（参看阿诺德的《罗得岛的历史》第490页）实际上，在清教抑制消费的影响下，教徒节省下来的资本不得不一再寻求再投资的机会，这无疑促成了此种情形。至今教会纪律仍在发挥作用，此处不再赘述。

370　这些圈子的人数却在荷兰很快减少。参看布斯肯-会特的表述（前引书第3、4章。不过，即使就《威斯特伐利亚和平条约》签订之后的情况来讲，普林斯特尔仍说："荷兰人卖得多，花得少。"（*handboek der geschiedenis van het vaderland*，第3版第254页）

371　关于英国，查理二世进入伦敦后，一位保皇党人递交了一份请愿书。该请愿书曾被兰克（Ranke）的《英国历史》卷四第197页引用过。该请愿书呼吁用法律形式禁止以市民的资本来购置地产，从而迫使他们不得不转向商业经营。荷兰的城市贵族是从城市的市民新贵中重新划出的一个等级，该等级专事购买古老骑士家族的领地从而与城市贵族有别（参看弗洛英在 *Tien jaren uit den tachtigjarigen oorlog* 引用的 1652 年的请愿书，说这些城市贵族已成坐食者，而不再是商人了）。从根本上来说，这些圈子里的人从来就不是严格的加尔文教徒。17 世纪后半叶，荷兰大批市民阶层争当贵族，争夺贵族头衔，这是尽人皆知的丑恶历史事实。由此可见至少就当时而言，有关英国和荷兰两国情形的对比，必须小心采纳。就这一事实本身而言，强大的世袭化财富冲垮了禁欲的精神。

372　随着市民资本大举进入英国的土地市场，继之而来的是英国农业的大发展时期。

373　甚至直到本世纪，英国国教会的地主仍拒绝接受不信奉国教的新教徒为其佃户，此种情形不在少数（目前，两派教会的人数大致相当，而过去非国教派教徒总占少数）。

374　列维在最近发表的论文（参看《社会科学和社会政治文献》第 46 章第 605 页）中不无正确地提醒我们，按照英国人的民族素质来说，英国人在接受禁欲的伦理观和市民道德的取向方面，不如其他民族；粗俗且尽情享受生活才是（现在仍是）他们最根本的性格特征。在清教的禁欲极为风行的时期，这种禁欲产生了强大的力量，将教徒耽于享乐的民族素质置于教规约束之下。

375　这种比对在多伊尔笔下一再出现。在清教徒的生活态度上，宗教动机影响着他们对待所有事物的态度（当然宗教动机也不是唯一具有决定性的）。文思罗普（John Winthrop）治下的殖民地马萨诸塞州，对于移民到此之人，唯有缙绅乃至上流社会的世袭贵族加入教会时才被获准。为了教会风纪，殖民地采取排他性的移民政策，致使这里成了一个封闭的殖民地。（国教会的大商人建立起新罕布什尔和缅因的殖民地，还筹划建立大型牧场。他们和清教徒之间几乎没有什么社会联系。）早在 1632 年就有人抱怨新英格兰人的唯利是图（参看威登［Weeden］的《新英格兰的经济和社会史》卷一第 125 页）。

376 佩蒂（在前引书）着重提到了《政治上的运算》。那个时代所有的资料都毫无例外地认定清教各教派（洗礼派、贵格会、门诺派等）信徒部分来自无产者，部分来自小资产阶层，并将他们与大商人贵族和金融冒险家对比。不过，正是从小资产阶层，而不是从那些金融巨头、垄断寡头、国家承包商、王室债权人、殖民企业家的手上孕育出了西方资本主义的特征：私有财产基础上的中产阶级工业劳动组织（参看昂英［Unwin］的《16、17 世纪的工业组织》伦敦 1914 年版，第 196 页）。那个时代的人也知道这一差异，参看帕克（Parker）的 *Discourse Concerning Puritans* (1641)，其中亦强调投机的筹划者与王公大臣的敌对关系。

377　关于这是以何种方式表现在 18 世纪的宾夕法尼亚州政治上，特别是独立战争期间，参看沙普里斯（Sharpless）的著作《贵格会治国理政的实验》（费城，1902）。

378　这段文章，骚塞的《卫斯理传》（美国第 2 版卷二第 308 页）引用过。我原不知此文，感谢艾什礼教授来信告知。出于研究项目，我也告知了特吕尔齐此文，他数度采用。

379　我建议那些自以为比禁欲运动的领袖和同时代人更为了解当时情况、更明智的人来读读这一段引文。正如我们了解到的，这些领袖和同时代人究竟干了些什么，又破坏了什么。我的一些批评者现在竟然质疑这些不争的、迄今为止无人提出任何异议的事实，这实在令人无法容忍，真不知他们内心里想什么。17 世纪没有人会怀疑这些关联的存在（参看曼里的《对百分之六高利的考察》1669 年版第 137页）。除了声名赫赫的现代著述者，像海涅、济慈等诗人，还有麦考雷、卡宁汉姆、罗杰斯等史学家，马修·阿诺德等随笔作家，也都认为这些关联非常明显。最新的文献，还可参看艾什礼的《伯明翰的工商业》（1913）。艾什礼在通信中表示同意我的看法。关于整体问题，参看本章所引列维的论文。

380　对于正统清教徒来说，情况同样如此。班扬笔下的那位"财迷"倒是说得一针见血："为了发财，不妨信教，信教可以吸引更多的顾客。"信教就是信教，至于为何信教，没必要计较（参看道科尼兹版，第 114 页）。

381 笛福是个热心的非国教派信徒。

382 施本尔也是如此（参看《神学思辨》第 426、429、432 页及以下诸页）。虽然他认为商人的天职充满了诱惑和陷阱，但在回答咨询时他这样宣称："我欣然看到，亲爱的朋友在生意方面无所迟疑，而是将其看成一种生活方式，既可以给人类带来益处，又能使神的意志通过仁爱得以实现。"这一点在其他段落中也以重商主义的论点得到了很好的说明。施本尔有时会以路德派的路数把发财的欲望称为主要的陷阱，予以拒斥（依据《提摩太前书》第 6、8、9 章并援引《便西拉智训》），并采取了"生计的立场"（《神学思辨》卷三第 435 页）。此外，他还提到，再洗礼派诸教派成员很是富裕，却过着受神祝福的正直生活，这在一定程度上减轻了对发财欲望的批判。因为他以为，财富若是勤劳的结果，那就无可非议。但因为受到路德派影响，他的立场并不像巴克斯特那样一以贯之。

383 巴克斯特（前引书卷二第 16 页）劝人不要将那些"迟钝、冷漠、怠惰、多欲且懒散的人"雇为仆人；仆人要优先在那些信神的人里找。这不仅是因为不信神的人会表里不一，更因为"一个真正信神的人会因顺从神而为你效劳，就像神亲自吩咐他这么做一样"。

其他人则倾向于"不把它当作良心上的大事"。反之，所雇之人虔诚与否并不在于他的信仰声明，而在其"恪尽职守的良心"。在这里，雇主利益与神的利益融为一体，非常和谐。施本尔（《神学思辨》卷三第 272 页）主张要花更多时间来想念神，同时也提出，劳动者对其所能支配的最低限度的空闲时间（甚至包括礼拜天）定要感到满足。英国作家称新教移民为"熟练劳动的开拓者"，所言非虚。其他例证可见于列维的著作《英国国民经济史经济自由主义的基础》第 53 页。

384　得救预定论仅能惠及少数人，这显然是不公正的（按照常人的标准）；财富分配由神明决定，这显然也是不公正的。这两者之间的类比性显然被忽略了。参看胡恩比克的前引书卷一第 153 页。巴克斯特（前引书卷一第 380 页）也认为"贫困往往是罪恶懒惰的结果。"

385　托马斯·亚当斯认为（参看《清教神学家文集》第 158 页），神之所以让那么多人处于贫困之中，可能觉得这些人无法抵挡财富的诱惑，财富能轻而易举让人丧失信仰。

386　参看前注（329）及该处所引列维的著作。所有讨论都集中于这一点上（比如说曼里对胡格诺派的研究）。

387　英国类似的情况也并不少见。比如虔敬派是从劳

(William Law) 的《严肃号召》（1728）开始宣传守贫、守贞和（原先包括在内的）与世隔绝的教说。

388　巴克斯特刚到基德明斯特教区时，那里的教会可说是完全衰落了。巴克斯特在那里的传教活动风生水起，达到了空前的成功。巴氏在当地的成功是禁欲如何教化大众勤于劳作的一个典范，或者用马克思主义的术语来说，是如何生产剩余价值的一个范例，同时有可能是把他们用于资本主义劳动关系（比如承包制工业、纺织业等）的典型范例。这是一种具有普遍意义的因果关系。而巴克斯特本身之所以为资本主义生产兢兢业业，尽力尽责，乃是出于宗教的伦理上的关切。从资本主义的发展来说，却是宗教和伦理的关切促进了资本主义精神的发展。

389　中世纪手工业者对自己打造出来的物品在多大程度上感到喜悦，在多大程度上成为心理动因，也是大可怀疑的。无论如何，禁欲使得劳动丧失了世俗的吸引力，并使现世激励转向了来世。而今资本主义使劳动乐趣永远丧失殆尽，履行天职的工作本为神之所愿。现今劳动的非人性，从个人角度观之，导致乐趣的缺乏和了无意义，仍需宗教加以神化。资本主义当其兴起时需要劳动力，需要那些为着信仰的缘故而甘愿被剥削的劳动者。而今资本主义早已站稳了脚跟，即使没有来世的激励，也能迫使人们进行劳动。

390　参看佩蒂的《政治上的运算》（赫尔编，卷一第262页）。

391　参看列维的《英国国民经济中经济自由主义的基础》第51页及以后。

392　这里还有一些尚未追溯其宗教渊源的组成部分，特别是"诚信为上策"这样的命题（富兰克林关于信用的说法），其实有清教的渊源，这一点在另外关联的背景下会予以证明（见下一篇论文）。此处我只能引用郎特里（J. A. Rowntrre）（承蒙爱德华·伯恩施坦的提醒）在《贵格会的今昔》一书中（第95、96页）的话："教友们有着崇高的精神，处理事务又那么机敏练达，两者可说是并驾齐驱。这只是一种偶然的巧合呢，还是瓜熟蒂落之果呢？ 人若是真的虔诚，真的正直，再加之深谋远虑，这些都会保证他获取商界崇高的地位和信誉，财富的积累也会日新月异，获取成功也是指日可待。"这正像坦普尔爵士（Sir W. Temple）赞美荷兰人对法律的尊崇，这种尊崇可说家喻户晓；一个世纪以后，英国人（与没有经过这种伦理教化的欧陆人）那种对法的重视也是家喻户晓。

393　比尔少夫斯基（Bielschowsky）的《歌德》卷二第18章对此有深刻的分析。关于科学的"宇宙秩序"的发展，温德尔班在其著作《德国哲学的全盛时期》的结尾处也表达了类似的看法。

394　参看巴克斯特的《圣徒的永恒安憩》第12章。

395　"那老头年收入75 000美元难道还不餍足、不歇息歇息吗？ 不！ 店面要扩大到400英尺，有必要吗？ 他说气派胜过一切。晚间，当他的妻女挑灯夜读，他只想上床睡觉。礼拜天他每5分钟看一次钟，看这一天何时才能结束。这是多么庸碌的日子！"家住俄亥俄州某市的一个纺织品贸易商的女婿（来自德国的移民）用这样的话来表达对其岳父的看法。在老头看来，女婿这样的评价让他摸不着头脑，他会认为，这可能是德国人缺乏活力的表现。

396　仅凭这一说明（自发表后没有任何改变）就足以让布伦塔诺明白，我从未怀疑过人文主义的理性主义所具有的独特意义。最近，人文主义也不单纯是理性主义的观点被波林斯基（Borinski）大力强调，参看《慕尼黑科学院论文集》（1919）。

397　参看贝娄于1916年在弗莱堡所作的学术报告，他没有涉及这个问题，只是一般地谈到了宗教改革，特别是路德方面的问题。对于此处所研讨的问题，尤其所引起的争论，最后可参考赫尔默林克（Hermelink）的著作《宗教改革与反改革》，兴许有所助益，尽管它不是专门论述这一问题的。

398　以上的描述确实对各种关系进行了深入的思考。

就是在这些关系中，宗教意识的内涵的发展对"物质"文化生活发生了确凿无疑的影响。由此轻易生发出一种刻板的构想，即将现代文化的所有特色都合乎逻辑地归结为新教的理性主义。不过这类事不妨让那些浅薄之辈去做吧，这些人相信"社会心理"的一致性，还相信可将其还原为简单易行的公式。还要说明的是，在我们所研究的资本主义发达之前的时期，资本主义可说是无处不受基督教影响，既受到阻碍，也受到促进。至于受到何种影响，我们将在下一章研讨。此外，上面所涉及的问题更为广泛，是这个还是那个课题放到这一期刊物上加以讨论，现在还不能确定。要对本文所探讨的问题详加研究，非得撰写一部大部头不可，神学家和史学家的专著也不得不参考，对此我可没什么兴趣。对于宗教改革之前的早期资本主义时代理想与现实之间的张力问题，请参考斯特来德（Streider）的《资本主义组织方式史研究文集》（卷二，1914）。

399 我认为，这句话以及前面的补充和注解足以防止对这一论文所要达到的目的产生任何误解，因此无需再添枝加叶狗尾续貂了。我没有按照上面的纲要继续写下去，部分是出于偶然的原因，特别是特吕尔齐的《基督教教会和教派的社会学说》的出版。该书所涉及的问题我必须认真研究，必须对神学进行学习钻研，否则就无法探讨特吕尔齐所提出的诸多问题；部分是为了修正这一论文所处的与世隔绝的状态，使其与整个文化发展联系起来。我决定，首先对宗教与社会的总体历史关系进行一番比较研究，这些研究论文会陆续发表。在此之前我安排一篇短文，目的是弄清上文中用过的各种教派的概念，同时说明清教教会的社会观对于现代资本主义精神所具有的重要意义。

图书在版编目(CIP)数据

新教伦理与资本主义精神/(德)马克斯·韦伯(Max Weber)著;
袁志英译. —上海:上海译文出版社,2018.12 (2024.10重印)
(译文经典)
ISBN 978 - 7 - 5327 - 7932 - 1

I.①新… Ⅱ.①马…②袁… Ⅲ.①新教—研究—
西方国家 Ⅳ.①B976.3

中国版本图书馆 CIP 数据核字(2018)第 160721 号

Max Weber
Die protestantische Ethik und der Geist des Kapitalismus

新教伦理与资本主义精神
〔德〕马克斯·韦伯 著 袁志英 译
责任编辑 / 钟 瑾 装帧设计 / 张志全工作室

上海译文出版社有限公司出版、发行
网址:www.yiwen.com.cn
201101 上海市闵行区号景路159弄B座
江阴市机关印刷服务有限公司印刷

开本787×1092 1/32 印张10.5 插页5 字数172,000
2018 年 12 月第 1 版 2024年 10 月第 6 次印刷
印数:13,001—15,000 册

ISBN 978 - 7 - 5327 - 7932 - 1
定价:58.00 元